BARD –

De Critério Técnico a Recurso Honorífico

Luíza Guimarães Campos
Batista Gomes

BARD –

De Critério Técnico a Recurso Honorífico

2023

EDITORA
*Jus*PODIVM
www.editorajuspodivm.com.br

EDITORA *Jus*PODIVM
www.editorajuspodivm.com.br

Rua Canuto Saraiva, 131 – Mooca – CEP: 03113-010 – São Paulo – São Paulo
Tel: (11) 3582.5757
• Contato: https://www.editorajuspodivm.com.br/central-de-relacionamento

Diagramação: Equipe *Jus*PODIVM

Capa: Ana Caquetti

G633b Gomes, Luíza Guimarães Campos Batista
Bard: De Critério Técnico a Recurso Honorífico / Luíza Guimarães Campos Batista Gomes - São Paulo: Editora JusPodivm, 2023.

272 p.
(Coleção Dissertações, Teses e Ensaios de Processo Civil)

Inclui Bibliografia
ISBN: 978-85-442-4391-6

1. Direito Processual Penal. I. Gomes, Luíza Guimarães Campos Batista. II. Título.

CDD 341.5

BIBLIOTECÁRIA RESPONSÁVEL

Ana Carolina Ribeiro Mois – CRB7 – RJ 007348/0

"(...) Raisa foi colocada no regimento de caças, e pela primeira vez conheceu garotas como ela que entraram para o clube de aviação local, que tiveram de lutar pelo privilégio de aprender a voar. Em seu clube, Raisa fora a única garota. No início, os garotos não a levaram a sério, riram quando ela apareceu querendo fazer as aulas para conseguir a licença. Mas ela continuou a ir a todas as sessões, todos os encontros e todas as aulas. Eles tiveram de deixar que entrasse. Verdade seja dita, não a levaram a sério nem mesmo depois de ter feito voo solo e se saído melhor que qualquer um na prova de navegação. Ela nunca disse em voz alta, mas o que a deixava furiosa era a hipocrisia de tudo. A grande experiência soviética com seus nobres princípios igualitários, que deveria levar a igualdade a todos, mesmo entre homens e mulheres, e ali estavam os garotos lhe dizendo para ir para casa, trabalhar numa fábrica com outras mulheres, se casar e ter filhos, pois era o que as mulheres deveriam fazer. Elas não deveriam voar. Elas não podiam voar. Ela teve que provar várias vezes que estavam errados."

Carrie Vaughn, Raisa Stepanova in George Martin (org.), Mulheres Perigososas.

Para minhas avós Katucha e Maria José.

APRESENTAÇÃO

Quando Luíza me apresentou o desafio de escrever uma dissertação com análise de decisões judiciais a partir da teorização fundamentada nos dados, confesso que minha primeira reação foi de um certo ceticismo. São raros os trabalhos que conseguem, em análise de julgados, compatibilizar o rigor metodológico necessário com um referencial teórico adequado para se chegar a conclusões cientificamente demonstráveis. Alie-se a isso o fato de que a teorização fundamentada de dados não é usualmente adotada em estudos jurídicos.

No entanto, ela aceitou o desafio e realizou um trabalho de excelência. A partir de uma análise exaustiva de sentenças proferidas no âmbito da denominada "Operação Lava Jato", Luíza conseguiu desconstruir, por dentro, a ideia de que nas decisões ali tomadas se valiam do *standard* probatório do *beyond a resonable doubt* (*BARD*). Com efeito, no seu trabalho há um cotejo entre o que se entende pelo *BARD* como técnica de justificação racional da prova, e aquilo que se utilizou como fundamento de decidir nas situações concretas analisadas. E a dissonância é manifesta.

Esta dissonância, para além de mera opinião ou libelo sobre os contornos processuais penais que envolveram as decisões citadas, ancora-se num estudo preciso e raro, e termina por demonstrar que a expressão *beyond a resonable doubt* termina sendo uma expressão retórica para fundamentar condenações alicerçadas em outros critérios, ou mesmo em puro decisionismo.

Assim, o trabalho que agora chega às suas mãos representa um paradigma de estudo que precisa ser mais replicado. Com seu trabalho, Luíza obteve título de Mestre em Direito pela Universidade Federal da Bahia. Ele reforça sua trajetória de pesquisadora séria, comprometida e obstinada, e sempre digo que não é possível esconder a pessoa por detrás de uma pesquisa científica.

A linha de pesquisa, o método escolhido, as preocupações e a curiosidade acadêmica sempre fizeram de Luíza uma pesquisadora brilhante. Acompanho sua trajetória há muito, e me recordo de quantas vezes algumas conversas sobre a dissertação – cuja duração anunciada seria de dez minutos – duravam por horas. Tudo isso por conta das inquietações, descobertas e perplexidades diante de inconsistências encontradas, às vezes bem disfarçadas num discurso cheio de atavios que, com elegância, ela consegue desnudar a partir das incongruências observadas em seu objeto de estudo.

A sua dissertação não é, portanto, um caminho para demonstrar erudição: é o enfrentamento claro de uma retórica de condenação a partir da exploração de um método científico, e demonstra sua hipótese sem recorrer a um discurso vago e opinativo.

Para mim, foi uma ventura ter participado desta trajetória. Ver Luíza vencer cada etapa de sua pesquisa, descortinar cada descoberta, e, ao final apresentar um trabalho que merece ser lido.

Salvador, 11 de agosto de 2022.

Sebástian Borges Albuquerque Mello
Professor Associado da Graduação e pós-graduação da
Universidade Federal da Bahia

PREFÁCIO

Receber o convite para prefaciar um livro é sempre motivo de orgulho. Neste caso, à honraria se soma a alegria em apresentar uma obra escrita sobre o tema de minha linha de pesquisa, sobre prova e verdade no processo penal.

O livro que ora se apresenta ao público – "*BARD*: De critério técnico a recurso honorífico" – é fruto da dissertação de mestrado de Luíza Guimarães Gomes, intitulada "O *beyond a resonable doubt* no caso da lava-jato: uma análise conduzida pela teorização fundamentada nos dados", apresentada no Programa de Pós-graduação em Direito da Universidade Federal da Bahia. Tive a honra de compor a banca julgadora, presidida pelo Professor Sebástian Borges de Albuquerque Mello e também composta pelos Professores Fredie Souza Didier Jr. e Alessandra R. Mascarenhas Prado.

Foi meu primeiro contato com a Autora e seu excelente trabalho. Depois disso, foram várias conversas sobre a prova penal. Atualmente, Luíza é minha orientanda no Doutorado do Programa de Pós-Graduação em Direito da Faculdade de Direito da Universidade de São Paulo.

O objetivo da pesquisa, que ora o leitor encontra no presente livro, foi analisar qual teria sido o marco teórico referente ao *standard* de prova "*beyond a resonable doubt*" (BARD), que teria sido adotado nas sentenças da chamada "Operação Lava Jato", e se os aportes doutrinários sobre o tema tiveram ou não consonância com as posições adotadas nas sentenças. Para tanto, valeu-se de metodologia específica, bem descrita no livro, da "teorização fundamentada dos dados".

O tema dos *standards* de prova é importante e desafiador. Não é possível imaginar a persecução penal que tenha por finalidade legitimar o poder de punir estatal, sem que o juízo de fato seja exercido de modo racional e intersubjetivamente controlável. E, para tanto, é necessário que no momento culminante, isto é, no contexto da decisão, haja critérios claros e que não sejam fruto de um subjetivismo incontrolável do julgador.

Mas, além da grande importância, vem a enorme dificuldade em procurar definir um conteúdo para essa fórmula que, nas palavras de Laudan "atualmente, trata-se de uma uma noção penosamente inadequada, deliberadamente pouco clara e totalmente subjetiva".[1]

Ressaltada a relevância e dificuldade do tema, não cabe ao apresentador resumir o conteúdo do livro. Gostaria de aproveitar a oportunidade para destacar dois pontos que me parecem fundamentais para o direito processual penal.

O primeiro: a importância de um olhar para a prova. Estudar prova não é só conhecer o direito probatório, decorando regras legais sobre prova. Exige-se muito mais. É preciso ter consciência de seu caráter interdisciplinar e da necessidade de visão muito mais ampla do fenômeno probatório. Restringir-me-ei aos aportes que a epistemologia pode e deve trazer ao estudo da prova, naquilo que se convencionou denominar epistemologia jurídica ou, como prefiro, epistemologia judiciária.

Parte-se da premissa de que o juízo de fato no processo penal implica uma relação de correspondência entre linguagem e mundo, entre a proposição que descreve o que ocorreu e a realidade sobre a qual essa se refere, isto é, o passado a ser reconstruído. O juiz deve verificar se é verdadeira a afirmação de que o acusado praticou a conduta que lhe é imputada, enquanto essa corresponda a fatos da realidade. Para o processo, a realidade deve ser o critério de verdade. É necessário que haja uma relação de correspondência entre uma entidade linguística (o enunciado que contém o fato a ser provado) e uma entidade extralinguística (o fato real objeto do julgamento). Mas, como o fato passado somente é acessível por meio inferencial, há sempre um campo de incerteza inerente ao método indutivo. Logo, o resultado será, sempre, meramente probabilístico.

Todavia, a impossibilidade de a verdade ser conhecida, com certeza "absoluta", não deve levar à conclusão de que o conceito de verdade deve ser relativizado, ou que inexistiriam verdades absolutas no sentido de que um enunciado fático corresponda aos fatos objetivos, isto é, empiricamente ocorridos. A verdade é "relativa" no sentido de que é impossível se atingir um conhecimento que corresponda totalmente à realidade dos acontecimentos passados. Mas a verdade não é "subjetiva", no sentido de ser fruto do mero convencimento pessoal do julgador ou mesmo de sua persuasão independentemente de dados objetivos. Ainda que não absoluta, se trata de uma verdade "objetiva", no sentido em que o parâmetro da correspondência do conhecimento é a realidade dos fatos empiricamente constatável.

1. LAUDAN, Larry. *Verdad, error y proceso penal*. Un ensayo sobre epistemología jurídica. Madrid: Marcial Pons, 2013, p. 61.

A limitação do conhecimento não retira a importância de se trabalhar com a epistemologia no processo penal. Até porque, para decidir com justiça, como bem observa Tonini, "não é necessário que a reconstrução histórica do fato seja 'perfeita', sendo suficiente que seja razoável".[2] A consciência da falibilidade do acertamento judiciário – uma vez que baseado num método indutivo – não significa que se deva renunciar a predispor meios para reduzir ao máximo o risco de erro. Embora não seja possível ao julgador afirmar, com absoluta certeza, que um enunciado fático é verdadeiro, porque corresponde à realidade dos acontecimentos, é viável e aceitável que, com base em uma probabilidade lógica indutiva, não matemática, como propõe Jonathan Cohen,[3] se considere racionalmente que um enunciado fático é preferível a outro, com ele incompatível ou mesmo apenas com ele divergente, diante da maior corroboração do primeiro. Mas não basta definir qual o enunciado fático prevalecente.

É necessário saber se ele atingiu o *standard* de prova suficiente para que seja considerado provado e, aceito como verdadeiro, passando a integrar a hipótese de trabalho do juiz para aplicação do direito ao caso concreto. Eis a importância do *standard* de prova e, no caso da sentença penal condenatória, de se definir qual será esse elevadíssimo nível de suficiência probatória que, se não atingido, implicará a aplicação subsidiária das regras de ônus da prova, no caso, o *in dubio pro reo*.

Embora o "além da dúvida razoável" seja largamente utilizado como *standard* de prova da sentença penal, não me parece um caminho que levará ao resultado desejado. Não só por sua vagueza de conteúdo da expressão prova "*beyond a reasonable doubt*" que, nas palavras de FERRUA, é uma "fórmula bela e sugestiva, mas que não resolve nenhum problema".[4]

Como procurei demonstrar, o equívoco na concepção do *standard* de prova sob a fórmula da prova – no sentido de resultado probatório positivo "além da dúvida razoável", está na concepção da finalidade da prova: de que ela se destina a gerar uma crença no julgador.[5]

Uma concepção racionalista da prova exige que a decisão judicial esteja fundada num método de corroboração de hipóteses fáticas, com base na prova produzida. O que importa é se a proposição fática está suficientemente corroborada – e não falsificada por hipóteses contrárias ou diversas – para ser tida por provada. Logo, o processo de valoração serve para verificar se

2. TONINI, Paolo. *La prova penale*. 4. ed. Padova: Cedam, 2000, p. 31.
3. COHEN, Jonathan. *The Probable and the Provable*, Oxford: Clarendon Library of Logic and Philosophy 1977, p. 58 ss.
4. FERRUA, Paolo. *Il 'giusto processo'*. 2. ed. Bologna: Zanichelli, 2012, p. 42.
5. BADARÓ, Gustavo Henrique. *Epistemologia Judiciária e Prova penal*. São Paulo: RT, 2019, p. 253 e ss.

as hipóteses fáticas que constituem o *thema probandum* estão ou não confirmadas pelas provas.

O que deve ser valorado é o grau de confirmação – e, conjuntamente, de não refutação – que o *standard* exige para que a hipótese seja considerada provada e não como um grau de crença do julgador. Assim sendo, o problema principal não é quanto o juiz está convencido, ou quanto de dúvida – razoável, séria, fundada, permanente – resta em seu espírito. Enfim, o *standard* de prova deve representar um fator de mensuração da intensidade da relação entre prova e enunciado fático, e não entre prova e convencimento do julgador, isto é, suas crenças, convicções ou dúvidas sobre os fatos.

O livro que ora se apresenta demonstra com metodologia rigorosa como a jurisprudência vem tratando o conceito de *beyond a reasonable doubt:* um artifício retórico para o juiz expressar sua convicção autocrática. Com isso, condenar quem quer e absolver quem deseja. Eis o desvalor prático do *BARD* como *standard* de prova.

O trabalho tem, ainda, outro mérito: buscar uma leitura conjunta e complementar entre a doutrina e a jurisprudência. Há muito venho destacando a importância de uma harmonização da Academia com o Poder Judiciário, com respeito e influências recíprocas. A jurisprudência deve influenciar a doutrina, que não pode viver em isolamento estéril. Por outro lado, a doutrina tem que colaborar para encontrar soluções tecnicamente adequadas e corretas, para problemas concretos da realidade forense. Mas há também um vetor em sentido oposto. Uma jurisprudência que não se pretenda autocrática, que falsamente se considere legitimada por si e em si, deve dialogar e se inspirar na doutrina, que sempre será uma fonte relevante para a solução de velhos e novos problemas. Nesse ponto, o livro que o leitor tem em mãos cumpre esse importante papel de diálogo e interação entre a academia e o foro.

Pelo conteúdo teórico e prático do livro, e também pelas qualidades da Autora, cabe-me felicitar a Editora Juspodivm pelo lançamento de "*BARD*: De critério técnico a recurso honorífico", de autoria de Luíza Guimarães Gomes, pois o livro que ora se traz a público, tem as qualidades necessárias para receber uma ótima acolhida dos leitores.

São Paulo, aos 11 de agosto de 2022, data da fundação dos cursos jurídicos no Brasil e dia da Leitura da "Carta às Brasileiras e Brasileiros em Defesa do Estado Democrático de Direito".

Gustavo Henrique Badaró

Professor Titular de Direito Processual Penal da
Faculdade de Direito da Universidade de São Paulo

SUMÁRIO

Capítulo 1

INTRODUÇÃO 21

Capítulo 2

METODOLOGIA 29

2.1. Breve explanação sobre a TFD 31

2.2. Codificação e apresentação da categoria central da pesquisa 35

Capítulo 3

CONCEITOS ESSENCIAIS 49

3.1. Verdade e prova 49

3.2. Atividade probatória e admissibilidade da prova 53

3.3. Valoração da prova e critérios de decisão 59

3.4. *Beyond a reasonable doubt (BARD)*: compromisso político, jurídico-processual e epistêmico 63

3.4.1. Histórico e tentativa de conceituação da expressão 63

3.4.2. Lógica hipotética dedutiva, indutiva e os métodos de decisão aplicáveis ao *BARD* 69

3.4.3. O método elegido para verificação do elevado grau de confirmação hipotética e atingimento do *BARD* nas sentenças analisadas 84

Capítulo 4

A ANÁLISE QUALITATIVA DOS ASPECTOS PROBATÓRIOS DAS DECISÕES ANALISADAS DIANTE DA CATEGORIA CENTRAL DESTA PESQUISA 89

4.1. Sentença nº 01 89

4.1.1. Das provas eleitas pelo Juízo e sua análise de validade 95

4.1.2. Da análise do atingimento de elevado grau de suficiência probatória 97

4.2. Sentença nº 02 109

4.2.1. Das provas eleitas pelo Juízo e sua análise de validade 120

4.2.2. Da análise do atingimento de elevado grau de suficiência probatória 126

4.3. Sentença nº 03 133

4.3.1. Das provas eleitas pelo Juízo e sua análise de validade 140

4.3.2. Da análise do atingimento de elevado grau de suficiência probatória 146

Capítulo 5

CONCLUSÃO 149

REFERÊNCIAS 165

ANEXOS 173

ABREVIATURAS

13ª VFCPR = 13ª Vara Federal de Curitiba - Paraná.
ACP = Ação penal.
AP470 = Ação penal nº 470 (STF).
AP521 = Ação penal nº 521 (STF).
BARD = *Beyond a reasonable doubt.*
CNCC = Consórcio Nacional Camargo Correia.
CP = Código Penal.
CPP = Código de Processo Penal.
FCPA = *Foreign Corrupt Practices Act.*
JFPR = Justiça Federal do Paraná (Seção Judiciária).
MPF = Ministério Público Federal.
Op. LJ = Operação Lava-Jato.
PF = Polícia Federal.
PRF = Polícia Rodoviária Federal.
PPGD-UFBA = Programa de pós-graduação em Direito da Universidade Federal da Bahia.
RNEST = Refinaria de Abreu e Lima.
STF = Supremo Tribunal Federal.
STJ = Superior Tribunal de Justiça.
TFD = Teorização Fundamentada nos Dados.
TRF4 = Tribunal Regional Federal da 4ª Região.

SÍMBOLOS

$\cap$ Intersecção;

.: Logo.

Capítulo 1

INTRODUÇÃO

O contexto histórico dos últimos treze anos do nosso país[1] nos permite refletir se a função de constrangimento, que alguns reputam à doutrina jurídica, isto é, a função de desnudar erros técnicos e imprecisões jurídicas, tem sido de fato cumprida pela doutrina processual e penal brasileira; ou se estaríamos a permitir que a magistratura exerça os caminhos da docência às avessas do direito, seja pela omissão, seja pela adoção de posicionamentos e críticas amenas, que não servem ao propósito a que se destinam.

Independentemente disso, compreendo hoje que o intento de toda e qualquer produção acadêmica, cujo material de estudo se refira à *práxis* do direito, deve ser investigar tecnicamente se a doutrina empregada pelo exercício jurisdicional atende ao seu real sentido jurídico ou se a jurisprudência brasileira está apenas fazendo uso honorífico de suas expressões, que, como tal, estariam apartadas de seu real conteúdo semântico-jurídico.

A partir de tais inquietações, aliadas ao meu interesse em acompanhar o desenvolvimento da Operação Lava-Jato (Op. LJ), fui surpreendida com

1. Adota-se este marco temporal ilustrativo porque foi após o julgamento da AP470, pelo STF, que tivemos contato pela primeira vez, com a importação – declarada no voto do Min. Joaquim Barbosa – de conceitos jurídicos estrangeiros (penais) para fins de aferição da culpabilidade material dos sujeitos envolvidos naqueles crimes (complexos, organizacionais etc.) e suas respectivas diferenciações entre "autores e partícipes" do delito. A citação da teoria da autoria como domínio do fato, desenvolvida na Alemanha por Claus Roxin, naquele julgamento, me despertou especial interesse pelo tema (importação e utilização de categorias ou conceitos desenvolvidos por outros países, para outras realidades) e, ainda na faculdade, tive contato com o artigo intitulado: "O que é e o que não é a teoria do domínio do fato. Sobre a distinção entre autor e partícipe no direito penal" de autoria dos professores Luís Greco e Alaor Leite, posteriormente incorporado no livro "Autoria como domínio do fato: estudos introdutórios sobre o concurso de pessoas no direito penal brasileiro", dos mesmos autores; terminando por compreender, a partir das conclusões apresentadas pelos professores Luís, Adriano e Alaor, que a importação de conceitos estrangeiros demanda criterioso cuidado de nossa parte, para que não se torne um mero recurso retórico, desprovido de seu real significado ou, ainda, apresentando uma disfunção de seu real significado, como ocorreu no caso da AP470, em que pessoas foram consideradas culpadas da autoria de determinados crimes, apenas por ocasião de suas funções administrativas na corporação. Ver mais em: GRECO, Luís, LEITE, Alaor, TEIXEIRA, Adriano e ASSIS, Augusto. **Autoria como domínio do fato: estudos introdutórios sobre o concurso de pessoas no direito penal brasileiro**. 1ª ed. – São Paulo: Marcial Pons, 2014, p. 44-45.

uma novidade em sede de justificativa decisional – até então, desconhecida por mim, em citações da vida prática do direito[2] – a adoção de *standards probatórios* como ferramenta técnica apta a servir à racionalidade da extração da culpa dos sujeitos acusados e materialidade das práticas delitivas, por meio da análise e valoração das provas; em especial, o *standard* denominado *beyond a reasonable doubt* (*BARD*)[3].

Outro fator determinante para a escolha deste tema de pesquisa foi o fato de que à época de submissão do projeto no PPGD-UFBA, no período compreendido entre os anos 2014 e 2018, existiam apenas 774 dissertações e 239 teses sobre o tema "*standards probatórios*" – ligado ao filtro "direito público" –, enquanto que o tema "*beyond a reasonable doubt*" (*BARD*) – ligado aos filtros "direito público", "direito processual" e "direito penal" – resultou em 275 dissertações e 103 teses no banco de dados da CAPES[4]. Ou seja, a temática de *standards probatórios* é relativamente nova para a pesquisa brasileira, a despeito de sua inserção na nossa realidade jurídica não ser tão recente assim, conforme abordado no sucinto histórico descrito no tópico 3.4 do Capítulo 03 desta pesquisa.

Nosso objetivo geral, dessa forma, refere-se à investigação devida ao marco teórico adotado para a utilização do *BARD* nas sentenças analisadas; sendo que, do ponto de vista específico, nossa investigação se volta para os conceitos essenciais já desenvolvidos na realidade brasileira que se referem à temática probatória no âmbito da admissibilidade e valoração, e se tais conceitos teriam sido utilizados nas sentenças analisadas ou se poderiam atuar como instrumento de constrangimento dos eventuais erros técnicos identificados ao longo da nossa análise qualitativa.

Dada a repercussão do caso que elegemos como objeto de nossa análise e as questões pessoais (particulares) dos orientadores e orientanda, optamos por declarar o conflito de interesses com relação a determinados réus e grupos de réus (político), de sorte que os processos que continham tais grupos como acusados não fizeram parte sequer do levantamento secundário de

---

2. Até o início deste estudo, a despeito de meu especial interesse pelas matérias de direito processual, assim como pela teoria racional da prova, a menção aos *standards probatórios* como ferramenta da racionalidade processual, para mim, estava adstrita à doutrina. Contudo, tenho ciência de que isto foi uma deficiência pessoal, pois, do ponto de vista histórico-jurisprudencial, a Op. LJ não é o primeiro caso de manifestação jurisprudencial desta teoria, o que será abordado de maneira mais explicativa, adiante no texto.
3. Tradução e adaptação de sentido nosso: acima de uma dúvida razoável.
4. Dada a importância desta pesquisa e de todos os dados que foram obtidos com ela, chegamos à conclusão de que seria interessante para a coletividade acadêmica o compartilhamento integral das planilhas de codificação, que podem servir como filtro (e vetor) de outras pesquisas científicas relacionadas ao tema probatório e ao atingimento de seu grau de suficiência, para fins de comprovação da culpabilidade material de sujeitos.

dados (segunda etapa de codificação, própria da metodologia aplicada neste trabalho, descrita pelo capítulo 02).

Por ocasião de preferências políticas pessoais, assim como em decorrência de nossas relações profissionais, ainda que indiretas, declaramos conflito de interesses com relação às seguintes ações penais: 5012331-04.2015.4.04.7000, 5045241-84.2015.4.04.7000; 5054932-88.2016.4.04.7000; 5036528-23.2015.4.04.7000; 5054932-88.2016.4.04.7000; 5052995-43.2016.4.04.7000; 5022182-33.2016.4.04.7000; 5051606-23.2016.4.04.7000; 5022179-78.2016.4.04.7000.

Preferimos declarar o conflito de interesses em relação a estas ações desde o início do desenvolvimento do presente trabalho e, assim, desprezar os dados que poderiam emergir da análise de suas respectivas sentenças, por compreendermos que se, de um lado, isto não seria moralmente aceito, por outro, não seria eticamente possível; desse modo, eliminamos a possibilidade de nos depararmos com situações que comprometeriam o resultado obtido pelo presente trabalho.

Para a coleta dos dados, foram realizadas consultas ao sistema da Justiça Federal do Paraná (JFPR), vinculados ao Tribunal Região Federal da 4ª Região (TRF4), disponíveis no site sistema E-PROC: https://eproc.jfpr.jus.br/eprocV2/; tendo em vista que este sistema somente permite a consulta processual a partir de dados específicos dos processos que se pretende acessar (número CNJ; nome das partes; CPF das partes; OAB dos advogados cadastrados), se buscou, primeiramente, a lista de réus condenados pela Operação Lava-Jato (Op. LJ), mantida pelo próprio site do Ministério Público Federal (MPF): http://www.mpf.mp.br/grandes-casos/lava-jato/resultados, mas que também está disponível em outros veículos, ainda que atualizada posteriormente àquela[5].

Foi necessária a utilização do meu certificado digital (vinculado à OAB/BA), para acesso ao sistema E-PROC, de maneira que o acesso a todos os processos foi devidamente registrado pela JFPR.

Os autos que se encontram em segredo de justiça foram desprezados e, a fim de otimizar a pesquisa dos dados, assim como dividir o caminho que fora empreendido no curso da pesquisa, montamos a Planilha I, anexa a esta dissertação, com a designação de número processual e nome de todos os réus vinculados aos processos acessados. Ao final, chegamos ao total de

5. Além da lista mantida pelo site do próprio MPF, que é atualizado periodicamente, o site do Wikipédia, também acompanha tais atualizações através do sítio: https://pt.wikipedia.org/wiki/Lista_de_pessoas_condenadas_na_Opera%C3%A7%C3%A3o_Lava_Jato <acessado em 01/12/2019> e a Revista JOTA, que atualizou sua lista de pessoas condenadas pela Op. LJ até a data de 15/04/2019, disponível no sítio: https://www.jota.info/paywall?redirect_to=//www.jota.info/justica/lava-jato-curitiba-condenados-delatores-15042019 <acessado em 01/12/2019>.

179 réus e 24 processos, inicialmente considerados "aptos" à análise qualitativa do projeto (excluídos, portanto, os processos que foram inicialmente considerados como conflito de interesses, conforme explicado linhas acima)[6].

A busca pelos códigos e padrões de repetição foram realizadas pela ferramenta de busca do Software Adobe Acrobat Reader (disponível para download em: https://get.adobe.com/br/reader/ <acessado em: 01/12/2019>), ao passo que todos os planilhamentos e gráficos foram elaborados através do Software Microsoft Office Excel (pertencente ao pacote Office do sistema Windows, não disponível na internet para download gratuito).

Assim, as sentenças analisadas neste trabalho começaram a ser examinadas de maneira superficial, ainda na época de submissão e aprovação do projeto inicial no PPGD-UFBA, de sorte que alguns pontos da narrativa dessas decisões chamaram a nossa[7] atenção desde o princípio; tanto o é que inicialmente, à época em que iríamos trabalhar com o método indutivo em nossa análise qualitativa (apartado da metodologia posteriormente adotada), já cogitávamos a hipótese de que a menção aos "*standards* de prova", nas decisões analisadas, seria um mero recurso retórico, desprovido de seu real sentido.

Cada uma das sentenças proferidas, no contexto da Op. LJ, possui em média 120 (cento e vinte) folhas, o que inviabilizaria totalmente a análise qualitativa das decisões – que nos propusemos a fazer desde o início –, ou seja, era necessário estabelecermos uma técnica metodológica que fosse suficiente para filtrar os dados, propiciando a segurança necessária para o corte do excesso apresentado. Para tanto, já com o projeto em andamento, decidimos modificar a metodologia inicialmente escolhida (método hipotético-indutivo), a fim de adotar a teorização fundamentada nos dados e, posteriormente, após a colhida, codificação e corte dos dados, viabilizar a análise qualitativa das sentenças isoladas.

Com o avanço das nossas investigações nas sentenças, preferimos também declarar conflito de interesses em relação a outros réus relacionados ao Grupo Odebrecht[8], são eles: a) Márcio Faria da Silva; b) Rogério Santos

---

6. Nesse ponto, salientamos que a ação penal nº 5017409-71.2018.4.04.7000 foi excluída já na fase de codificação, pois a necessidade de declaração de conflito de interesses em relação aos réus Márcio Faria da Silva e Rogério Santos de Araújo apenas foi notada posteriormente.
7. Nesta época, apenas do primeiro orientador e orientanda.
8. Isto fez com que fosse necessário desprezar a sentença proferida na ação penal de nº 5017409-71.2018.4.04.7000, que havia sido selecionada ao final do processo da metodologia de análise de dados empreendida (TFD), cujas especificidades serão abordadas linhas abaixo, por conter, dentre os códigos selecionados para a fase de corte, o código "standard". A retirada desta sentença do conjunto daquelas que haviam sido selecionadas ocorreu já com os trabalhos em andamento, mas não representou qualquer alteração na fixação da categoria central desta pesquisa, tampouco representa alteração substancial da análise qualitativa que fora empreendida, já que o padrão de

de Araújo; ainda que não tenhamos tido qualquer contato profissional com nenhum deles.

Após a completude do levantamento de dados, iniciamos o processo de codificação inerente à metodologia adotada neste trabalho (teorização fundamentada nos dados – TDF) e, após o cumprimento de quatro etapas de codificação e corte teórico, identificamos a nossa categoria central de pesquisa (conforme descrição do capítulo 02).

Foi realizada uma leitura dinâmica de parte das sentenças, de modo a identificarmos o padrão de linguagem utilizado pelo juízo em sua fundamentação decisória, que nos permitiria isolar no primeiro quadro de codificação, os códigos eleitos para a primeira fase de corte.

Quando do processo de primeira codificação – etapa própria da metodologia adotada neste projeto, devidamente explicitada linhas abaixo –, descobrimos que três dos processos selecionados continham conflito de interesse indireto[9], a despeito do corte realizado em nossa declaração de conflito de interesse direto (no início da fase de colheita de dados); desse modo, tais processos foram igualmente desprezados já na fase secundária de análise dos dados[10] e não fizeram parte sequer da segunda etapa de codificação.

Na segunda fase de codificação, foram utilizados os códigos emergidos da leitura específica realizada por meio da primeira codificação, com a identificação dos signos que teriam relação com a primeira etapa de codificação. Exemplo: na primeira etapa elegemos o código "dúvida razoável" em razão de nossa leitura dinâmica e na segunda etapa, identificamos a emersão do código "comprovada a materialidade", ligado textualmente ao primeiro código.

Esse processo foi repetido na terceira etapa de codificação, momento em que passamos à análise dos processos de codificação, por meio da análise quantitativa da repetição dos códigos correlacionados, a fim de isolar as sentenças que seriam, dentre os 24 processos totais, as que representariam em dados numéricos, os padrões de repetição que pudessem ser agrupados para a quarta etapa de corte.

Isolados os padrões de repetição, maiores que cinquenta por cento, em relação aos códigos principais da nossa categoria central ("dúvida razoável", "*standard*") identificamos as três sentenças que serviriam à análise qualita-

---

repetição dos códigos relacionados à categoria central desta pesquisa e que se relacionavam com esta ação penal em específico também foram identificados nas demais ações penais cujas sentenças foram selecionadas.

9. Conforme abordado linhas acima.

10. São os autos de número: 5052995-43.2016.4.04.7000; 5083401-18.2014.4.04.7000 e 5083838-59.2014.4.04.7000.

tiva posterior, assim como as possíveis fórmulas lógico-jurídicas que teriam orientado o raciocínio empreendido pelo juízo em sua atividade decisória.

Iniciada a análise quantitativa dos dados obtidos inicialmente, identificamos que apenas quatro processos possuíam o código "*standard* de prova" associado ao código "dúvida razoável", sendo o padrão de repetição majoritário das sentenças ligados aos seguintes códigos: "confissão"; "depoimento"; "materialidade" e "testemunha".

Nesse momento da pesquisa, nos sentimos suficientemente seguros para restringir o número das sentenças que consideramos mais ricas em seu conteúdo, para fins de implementação da análise qualitativa, chegando ao total de três decisões.

Aprofundando nossa leitura nas decisões elegidas pelo método, compreendemos o nosso real objeto (de análise qualitativa); pois a despeito de quatro (das vinte e uma) decisões fazerem menção expressa à "*standards* probatórios", apenas um *standard* foi nominalmente utilizado nas sentenças analisadas, qual seja: *beyond a reasonable doubt* (*BARD*) – ou, na tradução livre dada pelo Juízo da 13ª VFCPR: "acima de qualquer dúvida razoável"[11].

Percebemos também, nesse ponto da leitura, outros dados que emergiram e que estavam diretamente relacionados ao que o Juízo da 13ª VFCPR acreditava ser uma prova "acima de qualquer dúvida razoável" (são alguns exemplos: delação premiada/acordo de colaboração realizada em outro processo ou por outro corréu no mesmo processo[12]; prova de corroboração apresentada por outro réu[13]; prova testemunhal de corréu[14]).

Assim, ao final das etapas de codificação, identificamos que a nossa categoria central de pesquisa possuía dois focos distintos de estudo (embora correlacionados): o *beyond a reasonable doubt* (*BARD*) e a prova indiciária pessoal.

Ante as limitações próprias de uma dissertação de mestrado, optamos pela análise da primeira categoria central identificada, ou seja, a técnica de decisão afeta ao *BARD* e de que forma ela foi utilizada nas sentenças.

Todavia, depois de a dissertação ter sido defendida, por sugestão de Maurício Stegmann Dieter, incorporamos também na nossa análise qualitativa a discriminação dos fatos que foram considerados provados acima

11. Essa tradução será objeto de análise indireta no tópico 3.4 do presente estudo, já que ao descrevermos nossa opção pela utilização da expressão *BARD* como "*beyond a reasonable doubt*" na condução do nosso estudo, nos dedicamos a descrever uma nota de adaptação do texto original e seu conteúdo semântico em relação à língua portuguesa.
12. Ver anexa Tabela I.
13. Ver anexa Tabela II.
14. Ver anexa Tabela III.

de uma dúvida razoável pelo TRF4 em sede recursal, em consonância com as decisões de primeiro grau; assim como aqueles que foram considerados como inatingidos pelo *BARD*.

Para a compreensão do método adotado neste estudo, assim como dos aspectos que nortearam a análise qualitativa apresentamos, no capítulo seguinte, uma descrição sucinta das bases filosóficas que sustentam a presente pesquisa empírica, em seus aspectos metodológicos, jurídicos e hermenêuticos.

Capítulo 2

METODOLOGIA

Conforme estabelecido de maneira resumida na introdução deste trabalho, por uma questão de logística e viabilidade da análise de dados que foram coletados, assim como para tornar possível a análise qualitativa de tais dados, optamos por modificar a metodologia anteriormente definida (qualitativa, hipotética-indutiva), no sentido de expor para o leitor um trabalho de direito em seu corpo metodológico usual[1] e decidimos adotar a teorização fundamentada nos dados, para, posteriormente, implementar nossa análise qualitativa, conforme esmiuçado a seguir.

1. Nesse sentido, afirma-se que o direito se estabeleceu na sociedade pós-moderna como importantíssimo instrumento de modificação das relações sociais, especialmente as que dizem respeito aos países referidos como de "terceiro mundo" e desenvolvimento precário. Compreender de que forma o direito dialoga com a realidade e as situações jurídicas particulares destes países, como é o caso do nosso, torna-se necessário, para não dizer imprescindível à evolução das ciências humanas e sociais, em especial, a jurídica. O distanciamento do direito em relação aos demais cursos ligados ao tronco das ciências humanas, prejudicou a forma como a pesquisa científica foi desenvolvida no Brasil; a massificação de trabalhos limitados a revisões bibliográficas (às vezes, antinômicas) e a precária compreensão de que o direito faz parte do corpo social culminaram no atraso de décadas das pesquisas jurídicas em relação às pesquisas realizadas pelos outros campos das ciências sociais. Por tal razão, aos pesquisadores ligados ao direito é recomendado o exercício de humildade e imersão no campo do estudo da metodologia do trabalho científico, antes de ser iniciada toda e qualquer pesquisa. Recomendamos a leitura de GUSTIN, Miracy Barbosa de Sousa e DIAS, Maria Tereza Fonseca. **(Re)Pensando a Pesquisa Jurídica: Teoria e Prática**. – 3ª ed. rev. e atual. – Belo Horizonte: DelRey, 2010, p. 19-30; esta crítica não é recente e não se limita ao campo da docência, pois em um relatório citado nos anais dos cadernos de direito da Revista da FGV, Marcos Nobre traz ao nosso conhecimento, um diagnóstico apresentado ao CNPq, em 1986, por Wander Batos Aurélio, cuja fala, por tamanha expressividade, merece o destaque integral: "(...) Numa sociedade em que as faculdades de direito não produzem aquilo que transmitem, e o que se transmite não reflete o conhecimento produzido, sistematizado ou empiricamente identificado, a pesquisa jurídica científica, se não está inviabilizada, está comprometida.". Ver mais em: NOBRE, Marcos. Apontamentos sobre a pesquisa em Direito no Brasil. *In*.: Simpósio "O que é pesquisa em Direito", organizado por Paulo Todescan Lessa Mattos, 2002, marco inicial das atividades da Coordenadoria de Pesquisas e Publicações da EDESP. Disponível em: https://bibliotecadigital.fgv.br/dspace/handle/10438/2779 <acessado em 28/12/2019>.

Ao iniciarmos nossos estudos com a pesquisa qualitativa de análise documental[2], o primeiro conselho metodológico que recebemos foi deixar bastante claro para o leitor quais são as nossas bases filosóficas e políticas[3].

Ou seja, o que existe dentro de nós impulsiona nossa pesquisa para determinada direção e, além disso, direciona a nossa interpretação no estudo de tais dados, já que a pesquisa científica e seu resultado são fruto do trabalho de um observador que participa do processo de observação[4]. O que, de forma alguma, compromete a objetividade dos resultados da pesquisa. Afinal, não passa de um erro "admitir que a objetividade da ciência dependa da objetividade do cientista". A objetividade, segundo essa perspectiva, baseia-se apenas numa tradição crítica, cujo trabalho torna possível submeter dogmas dominantes à crítica. A objetividade científica não é uma matéria de cientistas individuais, mas "o resultado social de sua crítica recíproca", uma vez não ser possível pensar senão a partir de uma perspectiva.[5]

Cientes dessa necessidade, fixamos o nosso ponto de observação.

A pesquisadora que conduziu este trabalho é advogada. Portanto, a necessidade de estudar o modo como o Poder Judiciário tende a aplicar determinados conceitos jurídicos advém de sua inquietude com relação à vida prática. A Op. LJ foi escolhida por razões de origem pessoais e que, de certo modo, relacionam-se com os aspectos políticos que a circundam, a

---

2. A pesquisa documental, realizada a partir da análise de casos no direito, permite-nos acessar a linha de atuação do Poder Judiciário em casos pontuais (a ex. do massacre do Carandiru), assim como investigar como se deu a tramitação de investigações/processos que tramitavam sob a jurisdição de determinado Tribunal. Ou seja, este tipo de pesquisa nos permite obter distintas informações acerca de inúmeros objetos jurídicos igualmente distintos (ex.: tipo de crime cometido, Tribunal específico, réu específico, vítima específica etc.), podendo ser utilizado como estratégia secundária da pesquisa, de modo a complementar determinado projeto a partir da adoção de múltiplos métodos de abordagem, assim como ser a própria estratégia metodológica a partir da qual se desenvolve uma pesquisa em direito.Todavia, a utilização do "estudo de casos" como método de pesquisa nas ciências sociais aplicadas, sobretudo no direito, não é exatamente muito usual, já que nas ciências humanas, mesmo nas linhas de pesquisa mais atuais, ainda impera o método intuitivo. Ver: MACHADO, Maíra Rosa. *In*: O estudo de caso na pesquisa em direito. MACHADO, Maíra Rocha (Org.). **Pesquisar empiricamente o direito**. São Paulo: Rede de Estudos Empíricos em Direito, 2017, p. 358-359.
3. Firmes no sentido de que o "olhar transparente" para os dados obtidos pela pesquisa é simplesmente uma ilusão, impossível de ser verificada na realidade, uma vez que o pesquisador também possui sua própria lupa e também está sugestionado em sua leitura dos dados. A análise qualitativa não é, então, apartada de aspectos subjetivos do pesquisador. É necessário, assim, o exercício da verdade na pesquisa desenvolvida, desde o início, pelo pesquisador que se propõe a fazê-la, mediante a fixação expressa das fases de análise e seus respectivos limites. GOMES, Romeu. A análise de dados em pesquisa qualitativa. *In*: MINAYO, Maria Cecília de Souza (Org.). **Pesquisa Social: Teoria, método e critatividade**. 21ª ed., Petrópolis: Vozes, 2002, p. 68-69.
4. VIANNA, Túlio. **Teoria quântica do direito: o direito como instrumento de dominação e resistência**. Prisma Jurídico, vol. 7, núm. 1, enero-junio, 2008, pp. 109-129, p. 118.
5. POPPER, Karl. **Lógica das Ciências Sociais**. 3ª ed. Rio de Janeiro: Tempo Brasileiro, 2004, p. 22-23.

possibilidade de ela ter sido utilizada como um *lawfare* político[6]; fato que tornou pessoalmente necessária esta investigação do ponto que consideramos ser o mais peculiar para fins de culpabilização nos crimes corporativos e complexos: a matéria probatória.

Como já abordado linhas acima, inicialmente o presente trabalho contava com um grande número de sentenças disponíveis à análise qualitativa documental. Contudo, a nossa opção foi reduzir o número de sentenças a serem examinadas, a fim de possibilitar um aprofundamento no estudo dos elementos que emergiram no curso da análise de dados[7] e que serão teorizados ao longo do desenvolvimento deste trabalho.

Para tanto, optamos por adotar a metodologia da teorização fundamentada nos dados (TFD), a seguir explicitada.

2.1. BREVE EXPLANAÇÃO SOBRE A TFD

Tendo em vista que a TFD ainda não é um método comumente utilizado no campo das ciências sociais aplicadas, como é caso do direito, é

6. O conceito de *lawfare* é perpassado pela intersecção entre direito e geografia. Não é possível conceber a utilização do direito como estratégia (política, social ou geopolítica) sem valer-se das dimensões próprias da geografia. Em primeiro plano adverte-se que o *lawfare* constitui uma das ferramentas de disputas contemporâneas (em substituição à forma de guerra convencional, híbridas e químicas), de modo que é, portanto, o uso estratégico do Direito para fins de deslegitimar, prejudicar ou aniquilar um inimigo. Não diz respeito apenas à matéria penal ou processual penal, mas sim a toda e qualquer forma de subversão da ordem normativa de determinado Estado para fins estratégicos (seja no âmbito cível, administrativo, tributário ou penal). Pode-se praticar *lawfare* contra uma empresa, por exemplo. O caso emblemático de *lawfare* geopolítico e comercial que nos é remetido diz respeito ao processo da Siemens Aktiengesellschaft, em 2006 e 2008, quando os Estados Unidos e Irã tiveram substancial acirramento de relações políticas e um embargo comercial foi proposto pelos EUA ao Irã. Apesar da adesão de parte significativa da comunidade internacional, a empresa alemã violou a proposta de embargo e continuou a operar comercialmente no Irã. A partir de 2006, o FBI e a FCPA deram início a inúmeras investigações e persecuções penais pertinentes à ocorrência de crime de lavagem de dinheiro, onde, supostamente, a empresa beneficiária seria a Siemens. O papel da mídia (uma das táticas de *lawfare*) na construção da adesão popular das investigações contra a empresa também é destacado, sendo este caso o primeiro caso de *lawfare* geopolítico e comercial estudado sob o ponto de vista do direito e da geografia. Ver mais em: ZANIN, Cristiano, MARTINS, Valeska e VALIM, Rafael. **Lawfare: uma introdução**. São Paulo: Contracorrente, 2019, p. 26 e p. 99-108.
7. Esta é a sugestão dada por Tiago Caocci, que, em artigo destinado a criticar a forma como a pesquisa empírica do direito tende a ser conduzida (sem uma devida preocupação com a exposição metodológica do trabalho, mesmo quando seu desenvolvimento depende de uma análise empírica), estabelece dez tipos de pesquisas possíveis de serem desenvolvidas no campo do direito (qualitativas ou quantitativas) e define, para cada uma delas, possibilidades de abordagem dos dados. A pesquisa qualitativa de análise documental, a qual este trabalho se filia, ocupa a quarta posição do *ranking* formulado pelo autor, cuja defesa, nesse sentido, estipula a necessidade de uma redução do número de documentos analisados para fins de um aprofundamento das relações de causalidade existentes no fenômeno jurídico que o pesquisador busca analisar. Ver mais em: CAOCCI, Thiago. A pesquisa com acórdãos nas ciências sociais: algumas reflexões metodológicas. Mediações – **Revista de Ciências Sociais**, Londrina, v. 18 n. 2, p. 86-109, jul./dez. 2013, p. 92-95.

importante a apresentação de uma breve contextualização pedagógica do método, quando de sua utilização[8].

A TFD aparece pela primeira vez na literatura relacionada à metodologia no trabalho científico no livro intitulado *The Discovery of Grounded Theory*, de autoria dos sociólogos americanos Barney Glaser e Anselm Strauss, no ano de 1967[9].

Insatisfeitos com os caminhos metodológicos adotados pela academia da sociologia nos Estados Unidos, Glaser e Strauss[10] apresentam para a comunidade científica uma proposta metodológica que permite elaborar conhecimentos teóricos a partir da observação dos dados obtidos em determinada realidade. As hipóteses, assim, não são pré-formuladas para posteriormente serem refutadas, pois com a utilização da TFD, as hipóteses

---

8. Nesse sentido, Ricardo Cappi reafirma a importância de apresentação do método (comum em outras áreas das ciências sociais e biológicas) para o leitor vinculado ao campo do direito, principalmente em uma perspectiva descritiva da pesquisa realizada através do método da TFD, ainda que tal descrição seja difícil, dado o caráter prevalentemente indutivo do método. (CAPPI, Ricardo. Pensando as respostas estatais às condutas criminalizadas: um estudo empírico dos debates parlamentares sobre a redução da maioridade penal (1993-2010). **Revista de Estudos Empíricos em Direito Brazilian Journal of Empirical Legal Studies**, vol. 1, n. 1, p. 10-27, jan 2014, p.12-13); por esta mesma razão, Camilo Carvalho, justifica sua escolha pela metodologia em questão, ao apresentar sua tese de doutoramento, já que a TFD inverte a ordem dos trabalhos que são usualmente realizados no campo do direito. Na TFD, conforme alerta, valendo-se da perspectiva transdisciplinar do método e da imersão nos dados, concomitantemente à imersão na revisão bibliográfica e teórica que o pesquisador deve ter antes de submeter a sua pesquisa a esse tipo de metodologia, é possível a obtenção de uma multiplicidade de resultados, pois a potencialização dos dados emergidos no curso da investigação e das conexões estabelecidas entre eles, faz com que o objeto de teorização se torne muito mais rico e dinâmico, dentro de uma lógica de modelo de pesquisa argumentativo, refletida na postura dialógica do pesquisador, que também reflete seu posicionamento político-ideológico, já que a escolha do método, nos obriga a dizer para o leitor quem somos e de que lugar de observação o trabalho é conduzido. (CARVALHO, Camilo de Oliveira. **Seletividade política e corrupção passiva no Brasil: uma análise empírica das decisões do Tribunal Regional Federal da 1ª Região, entre 2015 e 2018**. 360f. 2019. Tese (Doutorado) – Faculdade de Direito, Universidade Federal da Bahia, Salvador, 2019, p. 22-24).

9 À época de seu lançamento, o livro foi considerado inovador, pois trazia em seu bojo a inversão metodológica clássica (que privilegia a teoria), dando ênfase aos dados obtidos na pesquisa qualitativa e na riqueza teórica que deles poderia emergir. (Santos JLG, Cunha K, Adamy EK, Backes MTS, Leite JL, Sousa FGM. Data analysis: comparison between the different methodological perspectives of the Grounded Theory. **Revista Escola Enfermagem da USP**. 2018; 52: e 03303. DOI: http://dx.doi.org/10.1590/S1980-220X2017021803303, p. 2)

10 Os autores defendem que a teoria baseada na análise de dados, construída na lógica empirista, se constitui como uma teoria muito melhor para a comunidade acadêmica, pois, ainda que não seja completamente refutável (já que ligada a determinados dados analisados pelo pesquisador), o nível de vertifcalização proposto será muito mais profundo que o de trabalhos conduzidos apenas pela lógica hipotética-teórica (dedutiva), que, por muitas vezes, conduzem décadas de pesquisa científica baseadas em diferentes tipos de refutação, os exemplos tratados são o da teoria da burocracia de Weber e a teoria do suicídio de Durkheim. (Glaser-G., Barney e Strauss-L., Anselm. **The Discovery of Grounded Theory: Strategies for Qualitative Research**. 4th ed. New Jersey: Transaction Publishers, 2006, p. 3-4).

surgem durante a análise dos dados e somente depois disso parte-se para a investigação teórica dos dados coletados[11].

Após a implementação do método, os autores passaram a divergir com relação aos procedimentos de análise da TFD, de modo que Strauss em parceria com Juliet Corbin[12], desenvolveu novos métodos de análise dos dados, enquanto Glaser permaneceu com a defesa da abordagem clássica desenvolvida anteriormente por ambos[13]; posteriormente, Katy Charmaz, ex-aluna de Glaser, introduziu sua própria versão do método[14].

Existem, portanto, três versões mais difundidas do método da TFD, a primeira delas, chamada de clássica (Glaser e Strauss)[15]: utiliza-se a base filosófica do positivismo moderado, ao passo que a exposição da revisão bibliográfica ocorre apenas ao final do texto e o sistema de codificação é chamado de "original ou clássico" (tem por objetivo descobrir a teoria).

Nesse sistema de codificação (clássico), são utilizadas duas etapas; a primeira chamada de codificação substantiva (subdividida em codificação aberta e em codificação seletiva), a segunda chamada de codificação teórica; nesse segundo momento, o pesquisador descobre quais foram os dados emergidos da codificação seletiva e sede à teorização da explicação interseccional da relação existente entre tais dados.

A segunda versão, é chamada de straussiana (Strauss e Corbin)[16]: tem por base filosófica o pós-positivismo e o interacionismo simbólico, o uso

11. Assim, constitui um modelo de construção teórica sociológica e, ao mesmo tempo, um procedimento de análise de materiais empíricos, em uma dinâmica constante entre teoria, método e realidade. (CAPPI, Ricardo. Pensando as respostas estatais às condutas criminalizadas: um estudo empírico dos debates parlamentares sobre a redução da maioridade penal (1993-2010), *op. cit.*, p. 12).

12. A contextualização do método da TFD, desenvolvido inicialmente por Glaser e Strauss, e as premissas que nortearam o pensamento de ambos, até aquele momento, ganham destaque no livro produzido por Strauss e Corbin, que, em sua introdução, traz para o leitor a revisão histórica da TFD e seus idealizadores iniciais, para, em seguida, avançar no incremento/modificações das propostas procedimentais do método. (Strauss, Anselm e Corbin, Juliet. **Pesquisa qualitativa: técnicas e procedimentos para o desenvolvimento de teoria fundamentada**. Tradução de Luciane de Oliveira da Rocha. 2. ed. – Porto Alegre: Artmed, 2008, p. 22-23).

13. Santos JLG, Cunha K, Adamy EK, Backes MTS, Leite JL, Sousa FGM, *op. cit.*, p. 2; há por outro lado, quem afirme que a discordância dos autores (Glaser e Strauss), com relação aos procedimentos de análise do método, é anterior ao seu rompimento assumido, pois existiriam relatos de alunos com relação a diferença de posicionamento de cada um deles, desde os primórdios da teoria metodológica. (Andrews T, Mariano GJS, Santos JLG, Koerber-Timmons K, Silva FH. A metodologia da teoria fundamentada nos dados clássica: considerações sobre sua aplicação na pesquisa em enfermagem. **Texto contexto - Enferm.** vol.26 no.4. Florianópolis, 2017, Epub 11-Dez-2017. DOI: http://dx.doi.org/10.1590/0104-07072017000156001 7, p. 2).

14. Dando origem à perspectiva construtivista do método. (Santos JLG, Cunha K, Adamy EK, Backes MTS, Leite JL, Sousa FGM, *op. cit.*, p. 2).

15. Para saber mais sobre a TFD clássica, recomenda-se a leitura do artigo publicado por Santos JLG, Cunha K, Adamy EK, Backes MTS, Leite JL, Sousa FGM, *op. cit.*, p. 3-4.

16. Vide o artigo publicado por Santos JLG, Cunha K, Adamy EK, Backes MTS, Leite JL, Sousa FGM... *op. cit.*, p. 3-4 e Andrews T, Mariano GJS, Santos JLG, Koerber-Timmons K, Silva FH, *op. cit.*, p. 3-4.

da literatura ocorre de maneira interligada (em toda exposição do estudo) e o sistema de codificação é rigoroso e dividido em três etapas; na primeira etapa, chamada de codificação aberta, o pesquisador coleta todos os dados e promove uma verdadeira fixação analítica dos dados coletados, elegendo perguntas vetores que deverão guiar o afunilamento destes dados (a exemplo de: "o que é isto?"; "o que ocorre aqui?").

Na segunda etapa da versão straussiana, marcada pelo movimento indutivo-dedutivo, o pesquisador deve responder às perguntas específicas (exemplo: "por quê?"; "de que forma?"; "onde?"; "quando?" e "como?"), de modo que nesta etapa, a ferramenta analítica deve ser invocada para fins de ordenação dos dados em categorias e subcategorias.

Identificada a categoria central da pesquisa, após essa etapa, surge a terceira, chamada de seletiva ou de integração. Nesse momento, o pesquisador promove a leitura intencional dos dados colhidos e que possuem relação com a categoria principal identificada e a revisão bibliográfica já existente, para, então, identificar o problema teórico e fornecer uma possível resposta.

A terceira versão da TFD é chamada de construtivista (Charmaz)[17]: utiliza-se o construtivismo e interacionismo simbólico como base filosófica para a coleta de dados, a revisão bibliográfica é realizada pelo pesquisador em concomitância à apresentação dos dados obtidos na pesquisa empírica. Posteriormente, a bibliografia é compilada ao final do trabalho para fins de simplificação.

O sistema de codificação é aberto, pois o propósito desta abordagem não é "criar uma nova teoria" (como ocorre na perspectiva straussiana), mas sim construir a teorização a partir do que já existe de produção bibliográfica e das novidades que podem ser suscitadas, do ponto de vista teórico, pela análise de dados.

As etapas de codificação são mais simplificadas. São duas etapas, a de codificação inicial, onde o pesquisador realiza o levantamento de todos os códigos, a fim de isolá-los paulatinamente em categorias congêneres e identificar suas relações de causalidade; a segunda etapa, chamada de focalizada, visa à sintetização dos dados obtidos (emergidos) da etapa inicial, de modo a separar, classificar e segmentar os dados para fins de análise das categorias.

Uma vez sintetizado o processo, a categoria central da pesquisa aparecerá e o pesquisador, a partir disso, terá o seu problema de pesquisa cuja teorização deverá ser empreendida na busca por uma resposta ou proposição.

---

17. Para ler mais sobre a abordagem construtivista recomenda-se a leitura do artigo publicado por Santos JLG, Cunha K, Adamy EK, Backes MTS, Leite JL, Sousa FGM, *op. cit.*, a partir da p. 6.

A despeito de todas as versões trabalharem com a lógica *preponderantemente indutiva* da TFD, cada uma delas possui particularidades relacionadas a perspectiva metodológica da análise qualitativa dos dados[18].

Ao iniciarmos nossa codificação, havíamos optado pela utilização da metodologia sugerida pela TFD clássica, com a utilização de base filosófica ligada ao positivismo moderado e a exposição de revisão bibliográfica apenas ao final do texto; também utilizaríamos o sistema de codificação original (duas etapas: a) codificação substantiva/aberta e seletiva; b) codificação teórica). Entretanto, a codificação clássica não se mostrou satisfatória para a análise da grande quantidade de dados que emergiram durante a seleção aberta (comum a todas as perspectivas da TFD).

Assim, com a codificação aberta já realizada, optamos por adotar a metodologia TFD construtivista, para fins de facilitação da análise de dados (mais flexível), já que o seu objetivo metodológico aproxima-se mais do que é o objetivo deste trabalho (propor uma construção teórica, a partir da análise qualitativa dos dados).

2.2. CODIFICAÇÃO E APRESENTAÇÃO DA CATEGORIA CENTRAL DA PESQUISA

Inicialmente, foi realizada uma primeira leitura do material e fixadas as "palavras-chave" como códigos iniciais[19], que nos auxiliaram no tratamento dos códigos emergidos na primeira etapa de codificação. O quadro comparativo dos códigos fixados e dos códigos emergidos (ligados às palavras-chave), ficou da seguinte forma:

CÓDIGOS
1ª Codificação (fixados)
"BARD"
"Cessação do ilícito"
"Confissão"

18. Aqui, observa-se a crítica trazida por Santos JLG, Cunha K, Adamy EK, Backes MTS, Leite JL, Sousa FGM, *op. cit.*, no sentido de que, no Brasil, a despeito da TFD ter sido introduzida há algum tempo, não se observa estudos metodológicos dedicados a explicitar as diferenças de abordagem existentes em cada um dos três tipos do método. Este artigo foi publicado em 31/10/2017 (ReUSP). Curiosamente, o levantamento bibliográfico realizado para este trabalho trouxe ao conhecimento desta pesquisadora que, em 11/12/2017, Andrews T, Mariano GJS, Santos JLG, Koerber-Timmons K, Silva FH, *op. cit.*, publicaram seu artigo explicitando os três tipos de metodologia possíveis de serem adotadas na TFD, para a análise qualitativa de dados e suas respectivas distinções. Este segundo trabalho foi de suma importância para o desenvolvimento desta pesquisa, pois nos auxiliou na compreensão do tipo de TFD que deveríamos adotar para a leitura sistemática dos dados.

19. Os códigos iniciais não foram fixados aleatoriamente, pois a leitura de algumas sentenças antecedeu a fixação dos códigos iniciais. Dessa forma, a escolha das palavras-chave foi direcionada para os elementos de prova que buscávamos investigar e seu respectivo padrão de repetição/desdobramento.

"Delação premiada"
"Delatado"
"Depoimento"
"Dúvida razoável"
"Garantia da ordem pública"
"Leniência"
"Pagamentos"
"Para além de uma dúvida razoável"
"Planilhas"
"Presunção"
"Presunção da inocência"
"Probidade da administração"
"Prova emprestada"
"Prova testemunhal"
"Standard"
"Testemunha"
2ª Codificação (emergidos)
"Cadeia de provas"
"Colaboração premiada"
"Colaborador"
"Colaboradores"
"Comprovação"
"Comprovada a materialidade"
"Comprovadas materialmente"
"Confessou"
"Confissão parcial"
"Delação"
"Enriquecimento ilícito"
"Falta de prova de autoria"
"Falta de prova suficiente"
"Indício do caráter ilícito"
"Indícios de ilicitude"
"Indícios de sobrepreço"
"Indícios"
"Materialidade do crime"
"Materialidade"
"Não configura confissão"
"Ocultação de provas"
"Planilha"

"Presunção da elevada capacidade econômica"
"Proteção da Ordem Pública"
"Prova de corroboração"
"Prova documental"
"Prova indiciária"
"Prova Oral"
"Resguardar a Ordem Pública"
"Risco à Ordem Pública"
"Transações bancárias"
"Transações financeiras"
"Transações"

Posteriormente, unificamos os códigos fixados e os códigos emergidos e realizamos a busca textual (através da ferramenta de busca do software) de todos os códigos unificados, em todas as sentenças analisadas, o que resultou na terceira rodada de codificação e isolamento dos processos que continham os padrões de repetição.

A codificação mista ficou da seguinte forma:

	Processo	**3ª Codificação**
1	5000553-66.2017.4.04.7000	Dúvida razoável - "Testemunha" - "Delatado" - "Depoimento" - "Confissão" - "Pagamentos" - "Delação" - "Comprovada a materialidade" - "Cadeia de provas" - "Transações bancárias" - "Confessou" - "Prova de corroboração"
2	5012331-04.2015.4.04.7000	"Dúvida razoável" - "Testemunha" - "Delatado" - "Depoimento" - "Confissão" - "Planilhas" - "Pagamentos" - "Presunção da elevada capacidade econômica" - "Proteção da Ordem Pública" - "Enriquecimento ilícito" - "Delação" - "Prova documental" - "Prova de corroboração" - "Falta de prova suficiente" - "Colaborador" - "Materialidade do crime" - "Transações bancárias" - "Confessou" - "Prova de corroboração"
3	5014170-93.2017.4.04.7000	"Confissão" - "Testemunha" - "Delatado" - "Depoimento" - "Pagamentos" - "Indício do caráter ilícito" - "Enriquecimento ilícito" - "Delação" - "Prova documental" - "Planilha" - "Comprovação" - "Transações" - "Confessou" - "Prova de corroboração" - "Risco à Ordem Pública" - "Enriquecimento ilícito" - "Falta de prova suficiente" - "Colaboradores" - "Materialidade"

4	5017409-71.2018.4.04.7000	Dúvida razoável - "Prova testemunhal" - "Testemunha" - "Prova emprestada" - "Delatado" - "Depoimento" - "Confissão" - "Planilhas" - "Pagamentos" - "Leniência" - "Delação" - "Risco à Ordem Pública" - "Prova Oral" - "Colaborador" - "Materialidade" - "Transações financeiras" - "Confessou" - "Prova de corroboração" - "Prova documental" - "Falta de prova suficiente" - "Indícios" - "Comprovação" - "Transações" - "Colaboradores" - "Standard"
5	5022182-33.2016.4.04.7000	Dúvida razoável - "Testemunha" - "Depoimento" - "Pagamentos" - "Indício do caráter ilícito" - "Colaboração premiada" - "Prova documental" - "Comprovada a materialidade" - "Prova Oral" - "Não configura confissão" - "Planilha" - "Transações" - "Falta de prova suficiente" - "Colaborador" - "Materialidade do crime" - "Indícios de ilicitude" - "Materialidade" - "Indícios"
6	5025676-71.2014.4.04.7000	"Testemunha" - "Depoimento" - "Confissão" - "Planilhas" - "Colaboração premiada" - "Ocultação de provas" - "Materialidade" - "Confessou" - "Enriquecimento ilícito" - "Colaborador" - "Planilha" - "Colaboradores" - "Colaboração premiada"
7	5025687-03.2014.4.04.7000	"Dúvida razoável" - "Testemunha" - "Depoimento" - "Confissão" - "Pagamentos" - "Prova indiciária" - "Risco à Ordem Pública" - "Resguardar a Ordem Pública" - "Indício do caráter ilícito" - "Transações bancárias" - "Resguardar a Ordem Pública" - "Risco à Ordem Pública" - "Prova documental" - "Falta de prova suficiente" - "Colaborador" - "Materialidade do crime" - "Indícios" - "Prova documental" - "Comprovação" - "Transações" - "Risco à Ordem Pública" - "Materialidade" - "Prova indiciária" - "Resguardar a Ordem Pública" - "Standard"
8	5025692-25.2014.4.04.7000	"Dúvida razoável" - "Presunção da inocência" - "Garantia da ordem pública" - "Delação premiada" - "Testemunha" - "Depoimento" - "Confissão" - "Leniência" - "Delação" - "Comprovada a materialidade" - "Confessou" - "Enriquecimento ilícito" - "Prova documental" - "Falta de prova suficiente" - "Materialidade do crime" - "Transações" - "Materialidade" - "Indícios" - "Colaboração premiada"
9	5026212-82.2014.4.04.7000	"Dúvida razoável" - "Presunção da inocência" - "Garantia da ordem pública" - "Delação premiada" - "Testemunha" - "Delatado" - "Depoimento" - "Confissão" - "Planilhas" - "Pagamentos" - "Comprovadas materialmente" - "Prova de corroboração" - "Enriquecimento ilícito" - "Prova documental" - "Falta de prova suficiente" - "Colaborador" - "Materialidade do crime" - "Planilha" - "Transações" - "Colaboradores" - "Materialidade" - "Prova Oral" - "Indícios" - "Colaboração premiada" - "Prova indiciária" - "Comprovadas materialmente" - "Indícios de sobrepreço" - "Standard"

10	5026243-05.2014.4.04.7000	"Dúvida razoável" - "Delação premiada" - "Prova testemunhal" - "Testemunha" - "Depoimento" - "Confissão" - "Pagamentos" - "Leniência" - "Colaboração premiada" - "Colaborador" - "Comprovação" - "Confissão parcial" - "Falta de prova suficiente" - "Indícios" - "Materialidade" - "Planilha" - "Prova de corroboração" - "Prova documental" - "Prova indiciária" - "Prova Oral" - "Resguardar a Ordem Pública" - "Risco à Ordem Pública" - "Transações"
11	5026663-10.2014.4.04.7000	"Confissão" - "Depoimento" - "Dúvida razoável" - "Pagamentos" - "Testemunha" - "Colaboração premiada" - "Colaborador" - "Confessou" - "Falta de prova suficiente" - "Indícios" - "Materialidade do crime" - "Materialidade" - "Prova documental" - "Transações bancárias" - "Transações financeiras" - "Transações"
12	5030424-78.2016.4.04.7000	"Confissão" - "Depoimento" - "Dúvida razoável" - "Pagamentos" - "Planilhas" - "Testemunha" - "Colaboração premiada" - "Colaborador" - "Colaboradores" - "Confessou" - "Confissão parcial" - "Enriquecimento ilícito" - "Falta de prova suficiente" - "Indícios" - "Materialidade" - "Planilha"- "Proteção da Ordem Pública"- "Prova de corroboração" - "Prova documental" - "Transações financeiras" - "Transações"
13	5036518-76.2015.4.04.7000	"Confissão" - "Depoimento" - "Dúvida razoável" - "Leniência" - "Pagamentos" - "Planilhas" - "Testemunha" - "Colaboração premiada" - "Colaborador" - "Colaboradores" - "Confessou" - "Delação" - "Enriquecimento ilícito" - "Indícios"- "Materialidade do crime" - "Prova de corroboração" - "Prova documental" - "Prova Oral" - "Transações"
14	5037093-84.2015.4.04.7000	"Confissão" - "Depoimento" - "Dúvida razoável" - "Pagamentos"- "Testemunha" - "Colaboração premiada" - "Colaborador" - "Enriquecimento ilícito" - "Materialidade" - "Prova documental"
15	5037800-18.2016.4.04.7000	Confissão - "Delatado" - "Depoimento" - "Dúvida razoável" - "Leniência" - "Pagamentos" - "Prova emprestada" - "Testemunha" - "Colaboração premiada" - "Colaborador" - "Colaboradores" - "Confessou" - "Confissão parcial" - "Delação" - "Enriquecimento ilícito" - "Falta de prova de autoria" - "Indícios" - "Materialidade do crime" - "Planilha" - "Presunção da elevada capacidade econômica" - "Prova de corroboração" - "Prova documental" - "Prova indiciária" - "Prova Oral" - "Transações"

16	5045241-84.2015.4.04.7000	Confissão - "Delatado" - "Depoimento" - "Dúvida razoável" - "Leniência" - "Pagamentos" - "Planilhas" - "Prova emprestada" - "Testemunha" - "Colaboração premiada"- "Colaborador" - "Colaboradores" - "Confessou" - "Confissão parcial" - "Delação" - "Enriquecimento ilícito" - "Falta de prova suficiente"- "Indícios" - "Materialidade do crime" - "Materialidade" - "Planilha" - "Proteção da Ordem Pública"- "Prova de corroboração" - "Prova documental" - "Prova indiciária" - "Prova Oral" - "Risco à Ordem Pública" - "Transações bancárias" - "Transações"
17	5047229-77.2014.4.04.7000	Confissão - "Depoimento" - "Dúvida razoável" - "Garantia da ordem pública" - "Pagamentos" - "Presunção da inocência" - "Prova emprestada" - "Prova testemunhal" - "Standard" - "Testemunha" - "Colaboração premiada" - "Colaborador" - "Comprovação" - "Confessou" - "Enriquecimento ilícito" - "Falta de prova suficiente"- "Indícios" - "Materialidade do crime" - "Materialidade" - "Prova documental" - "Prova indiciária" - "Risco à Ordem Pública"- "Transações bancárias" - "Transações financeiras" - "Transações"
18	5083258-29.2014.4.04.7000	Confissão - "Delação premiada" - "Delatado" - "Depoimento" - "Dúvida razoável" - "Leniência" - "Pagamentos" - "Planilhas" - "Prova emprestada" - "Testemunha" - "Colaboração premiada" - "Colaborador" - "Colaboradores" - "Confessou" - "Delação" - "Enriquecimento ilícito" - "Falta de prova suficiente" - "Indícios" - "Materialidade do crime" - "Materialidade" - "Planilha" - "Prova de corroboração" - "Prova documental" - "Prova indiciária" - "Transações"
19	5083351-89.2014.4.04.7000	Confissão - "Delação premiada" - "Delatado" - "Depoimento" - "Dúvida razoável" - "Leniência" - "Pagamentos" - "Prova emprestada" - "Prova testemunhal" - "Testemunha" - "Colaboração premiada" - "Colaborador"- "Colaboradores" - "Comprovação" - "Confessou" - "Confissão parcial" - "Delação" - "Enriquecimento ilícito" - "Falta de prova suficiente"- "Indícios"- "Materialidade do crime" - "Materialidade"- "Prova de corroboração"- "Prova documental" - "Prova Oral"- "Transações"
20	5083360-51.2014.4.04.7000	Confissão - "Delação premiada"- "Delatado" - "Depoimento" - "Dúvida razoável" - "Leniência" - "Pagamentos"- "Planilhas" - "Testemunha" - "Colaboração premiada" - "Colaborador" - "Confessou" - "Delação" - "Enriquecimento ilícito"- "Falta de prova suficiente"- "Indícios"- "Materialidade do crime"- "Materialidade" - "Planilha" - "Prova de corroboração"- "Prova documental" - "Transações"

21	5083376-05.2014.4.04.7000	"Confissão" - "Delação premiada" - "Delatado" - "Depoimento" - "Leniência" - "Pagamentos" - "Testemunha" - "Colaboração premiada" - "Colaborador" - "Colaboradores" - "Confessou" - "Delação" - "Enriquecimento ilícito" - "Falta de prova suficiente"- "Indícios" - "Materialidade do crime" - "Materialidade" - "Prova de corroboração" - "Prova documental" - "Prova indiciária" - "Transações"

Feita a terceira codificação (mista), notamos que apesar do código "dúvida razoável" ter aparecido como padrão de repetição das sentenças analisadas nos vinte e um processos da lista, apenas em quatro deles esse código foi associado ao código "*standard* probatório" ou "*standard* de prova" – optamos por simplificar o referido código para "standard" pois este seria suficiente para identificar ambas as repetições[20].

Ainda na busca pelo corte teórico e a identificação da categoria central da nossa pesquisa, optamos pela diagramação dos códigos em números absolutos e em percentuais de repetição, em relação ao número de processos absolutos (vinte e um processos = cem por cento) e obtivemos o seguinte resultado:

	CÓDIGOS	REPETIÇÕES EM 21
1	"BARD"	0
2	"Cadeia de provas"	1
3	"Cessação do ilícito"	0
4	"Colaboração premiada"	16
5	"Colaborador"	19
6	"Colaboradores"	11
7	"Comprovação"	6
8	"Comprovada a materialidade"	3
9	"Comprovadas materialmente"	1
10	"Confessou"	16
11	"Confissão parcial"	5
12	"Confissão"	21
13	"Delação premiada"	7

20. São eles: ACP nº 5017409-71.2018.4.04.7000; ACP nº 5025687-03.2014.4.04.7000; ACP nº 5026212-82.2014.4.04.7000; ACP nº 5047229-77.2014.4.04.7000.

14	"Delação"	14
15	"Delatado"	11
16	"Depoimento"	21
17	"Dúvida razoável"	18
18	"Enriquecimento ilícito"	15
19	"Falta de prova de autoria"	1
20	"Falta de prova suficiente"	16
21	"Garantia da ordem pública"	3
22	"Indício do caráter ilícito"	3
23	"Indícios de ilicitude"	1
24	"Indícios de sobrepreço"	1
25	"Indícios"	16
26	"Leniência"	10
27	"Materialidade do crime"	14
28	"Materialidade"	21
29	"Não configura confissão"	1
30	"Ocultação de provas"	1
31	"Pagamentos"	19
32	"Para além de uma dúvida razoável"	0
33	"Planilha"	14
34	"Planilhas"	9
35	"Presunção da elevada capacidade econômica"	2
36	"Presunção da inocência"	3
37	"Presunção"	5
38	"Probidade da administração"	0
39	"Proteção da Ordem Pública"	3
40	"Prova de corroboração"	14
41	"Prova documental"	19

42	"Prova emprestada"	6
43	"Prova indiciária"	8
44	"Prova Oral"	8
45	"Prova testemunhal"	4
46	"Resguardar a Ordem Pública"	2
47	"Risco à Ordem Pública"	6
48	"Standard"	4
49	"Testemunha"	21
50	"Transações bancárias"	6
51	"Transações financeiras"	4
52	"Transações"	19

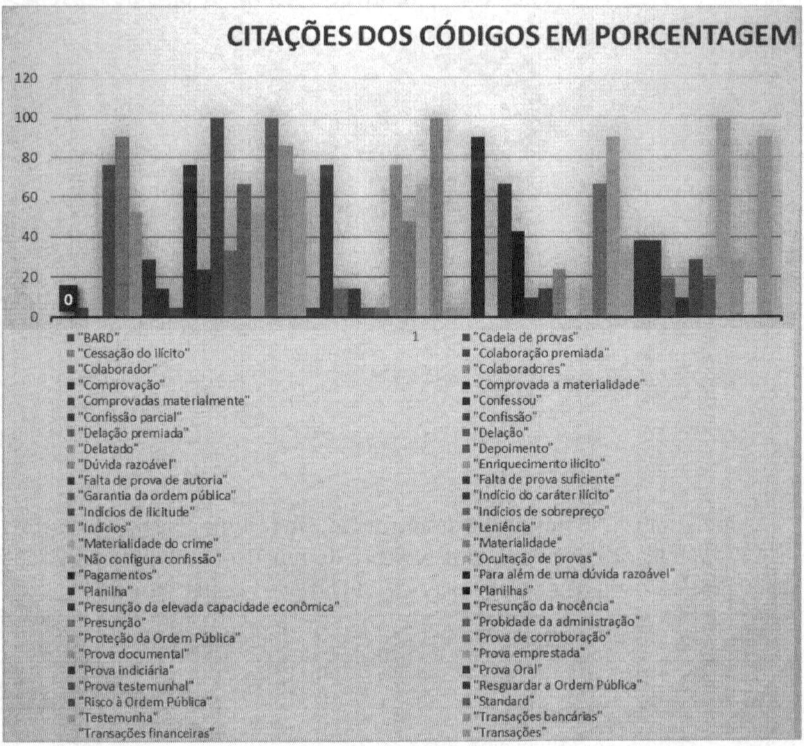

Aqui notamos que apenas *quatro* códigos apresentaram um *padrão de repetição* equivalente a "cem por cento", são eles: a) "Confissão"; b) "Depoimento"; c) "Materialidade"; d) "Testemunha".

Nesse ponto da pesquisa, identificamos que nossa categoria central possivelmente estaria dentro da categoria dos códigos ligados às provas (depoimento, confissão e testemunha) e que estes estariam também ligados ao código "materialidade"; em um raciocínio lógico-jurídico, estaríamos inclinados à percepção de que nossa categoria central seria a valoração de provas orais[21] e seu critério de suficiência para a configuração da materialidade e autoria (ou não) dos réus, seja para absolver ou condenar.

A fim de testar nossa possível identificação da categoria central, decidimos elaborar um gráfico de percentuais maiores que a metade (cinquenta por cento), em termos de padrões repetitivos dos códigos mistos nas sentenças analisadas:

CÓDIGOS ACIMA DE 50% DE CITAÇÕES

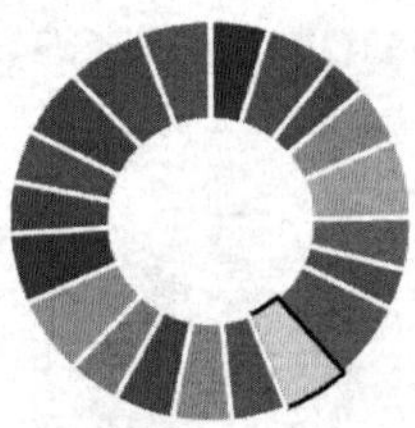

A textualização dos dados deste gráfico, em termos percentuais (acima de 50% a mais de ocorrência nos padrões de repetições analisados) para a repetição dos códigos da fase mista da TFD, ficou assim definida:

	CÓDIGOS REPETIDOS	ACIMA DE 50%
1	"Colaboração premiada"	76,19

21. À exceção da confissão que pode ser obtida também por meio escrito.

2	"Colaborador"	90,476
3	"Colaboradores"	52,38
4	"Confessou"	76,19
5	"Confissão"	100
6	"Delação"	66,666
7	"Delatado"	52,38
8	"Depoimento"	100
9	"Dúvida razoável"	85,714
10	"Enriquecimento ilícito"	71,428
11	"Falta de prova suficiente"	76,19
12	"Indícios"	76,19
13	"Materialidade do crime"	66,666
14	"Materialidade"	100
15	"Pagamentos"	90,476
16	"Planilha"	66,666
17	"Prova de corroboração"	66,666
18	"Prova documental"	90,476
19	"Testemunha"	100
20	"Transações"	90,476

Ou seja, após a etapa de testes, identificamos que nossa *categoria central* estaria dentro dos códigos afetos à matéria probatória eminentemente de produção pessoal e oral: a) "Confissão"; b) "Depoimento"; c) "Testemunha"; mas também estaria relacionado a um tipo específico de prova pessoal: a) "Delação"; b) "Colaboração premiada"; sendo que esta prova pessoal estaria ainda relacionada aos códigos ligados à categoria de provas de corroboração: a) "Prova documental"; b) "Pagamentos"; c) "Planilha"; d) "Transações".

Os códigos "Indícios" e "Falta de prova suficiente" apareceram ligados ao código "Dúvida razoável" e foram utilizados, respectivamente, para condenar e absolver os réus nas sentenças dos processos analisados em sede de codificação mista, que podem ser ilustrados nas seguintes fórmulas (lógico-jurídicas):

Indícios + Dúvida Razoável = CONDENAÇÃO
Falta de prova suficiente + Dúvida Razoável = ABSOLVIÇÃO

A compilação dos códigos ligados à nossa categoria central de pesquisa, por sua vez, ficou da seguinte forma:

Confissão	
Depoimento	PROVA PESSOAL E ORAL
Testemunha	
Delação	PROVA PESSOAL
Colaboração premiada	
Prova documental	
Pagamentos	PROVA DE CORROBORAÇÃO
Planilhas	
Transações	

O único *standard* de prova[22] nominalmente identificado nas quatro etapas de análise dos códigos – acima descritas – foi o *BARD* (código da "Dúvida Razoável"), de maneira que compreendemos, nesse ponto, que a nossa categoria central de pesquisa refere-se aos *critérios de suficiência probatória considerados atingidos para além de uma dúvida razoável, para absolver ou condenar pessoas, e sua relação com a prova indiciária, produzida de forma pessoal (testemunhal/depoimento prestado em delação/colaboração premiada) e de corroboração, nas sentenças analisadas.*

22. O verbete "standards of proof" no *Black's Law Dictionary* é definido como o grau de suficiência probatória atingido para além de uma dúvida razoável ou por preponderância de uma prova em relação à outra. (GARNER, Bryan A. Black´s Law Dictionary. 7th Ed. Saint Paul: West Group,1999, p. 1.413 *apud* BALTAZAR Jr., João Paulo. ***Standards* probatórios no processo penal**. Revista AJUFERGS, Porto Alegre, n. 04, p. 161-185, nov. 2007, p. 165); dentro da lógica processual penal, seriam, assim, dois os *standards* probatórios utilizados tradicionalmente pelo *common law* para fins de justificativa racional do atingimento do critério de suficiência mínima da prova: o *beyond a reasonable doubt* (*BARD*) e o *preponderance of evidence*. Tais *standards* se contrapõem à possibilidade de adoção de critérios de justificativa judicial vagos, que, justamente por sua abertura semântica, acabam por oportunizar o terreno fértil necessário à justificativa retórica da íntima convicção. Para ler mais a respeito, recomenda-se a leitura do artigo publicado por BALTAZAR Jr., João Paulo. ***Standards* probatórios no processo penal**, *op. cit.*, p. 163-165. Para ver uma explicação sobre outros *standards* probatórios utilizados no direito anglo-saxão (*beyond a reasonable doubt; preponderance of evidence; clear and convincing proof; much more likely than not*), ver também: COSTA, Guilherme Recena. Livre Convencimento e Standards de Prova. *In* ZUFELADO, Camilo e YARSHELL, Luiz Flávio (org.). **40 anos da Teoria Geral do Processo no Brasil. Passado, presente e futuro.** São Paulo: Editora Malheiros, 2013. p. 357-358.

Obtivemos, assim, como resultado da TFD, uma categoria central de pesquisa com dois focos distintos de estudo, a despeito de correlacionados: o *BARD* e a prova indiciária pessoal.

Tendo em vista as limitações naturais impostas pela natureza de nosso trabalho, para fins de submissão do material (decisões isoladas) à análise qualitativa, optamos por explorar neste estudo os aspectos pertinentes ao *BARD* e de que forma ele foi utilizado nas sentenças – ou seja, qual foi o grau de suficiência probatória atingido para além de uma dúvida razoável em relação às hipóteses fáticas apresentadas em cada caso concreto e o meio empregado para a sua aferição, de modo que a sua correlação com a prova indiciária, não será abordada neste estudo.

Aqui, fica a sugestão acadêmica para futuros projetos.

Da leitura integral dos relatórios anexos, extraem-se, ainda, inúmeras outras possibilidades de pesquisa, a exemplo da aparente utilização da teoria da cegueira deliberada de maneira equivocada, algo que já foi visto anteriormente pela doutrina brasileira com relação à teoria da autoria como domínio do fato[23].

Identifica-se, além disso, a aparente presunção de veracidade dos depoimentos prestados em acordo de colaboração premiada de corréu possuidor de interesse processual, sendo que, nesse ponto, em específico, ainda há que ser investigada a voluntariedade do negócio jurídico em questão (colaboração premiada), já que ao contrário do que poderia se imaginar (dentro de uma lógica processual garantista, assim como contratual privatista) a maioria das delações realizadas nas sentenças analisadas foram firmadas por "réu preso" preventivo ou seja, coagido, no sentido dado pelo art. 5º, LXVIII (*habeas corpus*) – algo que, também, já fora objeto de digressão por parte da doutrina brasileira[24].

---

23. GRECO, Luís, LEITE, Alaor, TEIXEIRA, Adriano e ASSIS, Augusto. **Autoria como domínio do fato: estudos introdutórios sobre o concurso de pessoas no direito penal brasileiro**, *op.cit.*).

24. BADARÓ, Gustavo. **Quem está preso pode delatar?**. Disponível em: <https://www.jota.info/paywall?redirect_to=//www.jota.info/opiniao-e-analise/artigos/quem-esta-preso-pode-delatar-23062015>. Acessado em 18/07/2020. Nessa mesma tônica, remete-se ao julgamento do HC 127.186/PR, Relator Ministro Teori Zavascki, Segunda Turma, julgado em 28/04/2015, onde a questão da voluntariedade dos acordos de colaboração, firmados por réu preso, chegou a ser enfrentada pelo STF. Desse julgamento, vale o destaque do seguinte trecho do voto do relator: "Seria extrema arbitrariedade (...) manter a prisão preventiva como mecanismo para extrair do preso uma colaboração premiada, que, segundo a Lei, deve ser voluntária (Lei 12.850/13, artigo 4º, caput e §6º). Subterfúgio dessa natureza, além de atentatório aos mais fundamentais direitos consagrados na Constituição, constituiria medida medievalesca que cobriria de vergonha qualquer sociedade civilizada". Disponível em: <http://portal.stf.jus.br/processos/detalhe.asp?incidente=4733030>. Acessado em 18/07/2020.

Capítulo 3

CONCEITOS ESSENCIAIS

3.1. VERDADE E PROVA

Partindo do pressuposto da relação teleológica existente entre prova e verdade, toda a minha análise assume como premissa básica que 'verdade' refere-se à verificação de uma hipótese fática diante da realidade (do mundo). Ou seja, é a reconstrução (ou retrospectiva) narrativa de determinada hipótese fática e a verificação de sua ocorrência no passado, onde se deram os fatos. Não se trata, assim, da existência de uma proposição hipotética sobre fatos de caráter absoluto, mas sim provável em sentido probabilístico[1].

Ainda que este não seja o escopo do presente trabalho, em razão da relação simbiótica existente entre prova e verdade para a corrente racionalista, adotada no curso desta pesquisa, torna-se necessária a afirmação do conceito jurídico de 'verdade' que também pretendemos adotar.

Em princípio, faz-se necessária a distinção entre verdade e certeza. A verdade, em seu sentido jurídico, é objetiva e condicionada pelas regras processuais que determinam o caminho que deverá ser percorrido para a *obtenção dos meios de prova*, assim como pela valoração que é feita pelo juiz em relação aos *meios de prova* apresentados no processo, no momento decisório. Por outro lado, a certeza é o *status subjetivo* relacionado ao comprometimento cognitivo de alguém, que demonstra o seu convencimento em relação à ocorrência ou não de determinado fato[2].

---

1. BADARÓ, Gustavo Henrique. **Processo Penal**. 7ª ed. rev., atua. e amplia. São Paulo: Thomson Reuters Brasil, 2019, p. 386. Neste mesmo sentido: SILVA, Luciano André da Silveira e. **O agente infiltrado: um estudo comparado da Legislação da Alemanha, Brasil e Portugal**. Dissertação (Mestrado). Universidade de Coimbra – UC. Coimbra. 118 p., 2015, p. 13; LOPES Jr., Aury. **Direito Processual Penal**. 12ª ed. – São Paulo: Saraiva, 2015, p. 352-354.

2. TARUFFO, Michele. **Uma simples verdade. O juiz e a construção dos fatos**. Trad. Vitor de Paula Ramos. São Paulo: Macial Pons, 2012, p. 108. Aqui, convém relembrar a lição de Ovídio A. Baptista da Silva, que, em notável crítica à concepção de processo como "ciência", insiste que o critério da certeza é um critério subjetivo, afeto ao que os autoritários concebem a resposta dada pelo Estado para os conflitos sociais como justiça. Sendo que "certezas" não se verificam *sequer* nas ciências

A segunda distinção necessária diz respeito ao conceito de 'verdade' e de 'verossimilhança'. Entende-se por *verossímil* aquilo que corresponde à normalidade de certos tipos de comportamentos e acontecimentos. O conceito de verossimilhança exige, assim, a noção preliminar do que seriam comportamentos e acontecimentos naturais ou aceitáveis (a depender da hipótese fática) para o aceite de que determinados eventos narrados por uma parte, no curso do processo, *podem* ter ocorrido[3].

Não há, pois, uma relação entre verdade e verossimilhança, já que o conceito de 'verdade' encarna a admissão ou não da *probabilidade* da ocorrência de um evento, a partir das informações e do *resultado probatório* obtido no processo, que servem de sustentação para a afirmação de determinada hipótese. A verossimilhança, por outro lado, lida com a *possibilidade* de tal evento ter ocorrido conforme descrito[4].

Esse ponto é de extrema importância para a condução desta pesquisa, tendo em vista que a categoria central, emergida pela TFD e descrita linhas acima no subitem 2.2, lida exatamente com o *juízo de probabilidade* da ocorrência de determinada hipótese, evento, proposição ou de sua inocorrência em relação às hipóteses, eventos e proposições contrárias, no momento da tomada de decisão pelo juiz.

O sentido probabilístico da verdade construída pelas hipóteses confirmadas em determinado raciocínio inferencial não representa um abandono do cientificismo; pelo contrário, representa, justamente, a certeza científica, no sentido de que a conclusão jurídica amparada numa determinada verdade absoluta é simplesmente impossível, e, no melhor cenário, a produção humana pode chegar apenas a uma verdade construída, a partir de um viés hipotético e juridicamente condicionado que satisfaça – do ponto de vista argumentativo – a eleição de uma hipótese fática *mais provável de ser verdade* em relação às demais.

O conceito de prova em sua concepção racionalista, e a partir da teoria geral das provas exige a compreensão de quatro prolegômenos: *o primeiro*, no sentido de que existe uma relação teleológica entre prova e verdade[5], de

---

naturais; de maneira que tal concepção nunca foi e nem poderia ser um critério objetivo do Direito, cuja missão política não vai além da busca de uma *solução razoável* para os conflitos humanos em coparticipação. Ver mais em: Fundamentação das sentenças como garantia constitucional. *In*: MARTINS, Ives Gandra da Silva e JOBIM, Eduardo (coord.). **O processo na Constituição.** – São Paulo: Quartier Latin, 2008, p. 454-456.

3. TARUFFO, Michele. **Uma simples verdade. O juiz e a construção dos fatos**, *op. cit.*, p. 108.
4. TARUFFO, Michele. **Uma simples verdade. O juiz e a construção dos fatos**, *op. cit.*, p. 112-113.
5. A explicação etimológica da palavra "prova" (*probam*) indica o seguinte significado: "demonstrar a veracidade de uma afirmação ou de um fato". Portanto, os signos "prova" e "verdade" se encontram etimologicamente interligados desde a sua gênese, sendo que o significado de um (prova) depende do prévio entendimento relacionado ao significado do outro (verdade).

modo que a verdade se configura como o objetivo institucional da prova no processo judicial; *o segundo*, no sentido de que o conceito de verdade se relaciona ao elevadíssimo grau de ocorrência de determinado evento, que se considera como provado; *o terceiro*, no sentido de que é impossível o alcance de uma decisão puramente racional, de modo que a enunciação fática (falsa ou verdadeira) se situa no contexto das incertezas (decide-se por uma hipótese fática em detrimento da outra); *o quarto*, no sentido de que o raciocínio probatório será sempre probabilístico[6].

A prova, em seu sentido lógico, entende-se como: a) a construção racional da investigação empreendida pelo juiz em sua atividade decisória; b) a possibilidade, assim como a necessidade de se distinguir questão de fato de questão de direito; c) a possibilidade e a necessidade da indicação de um modelo racional que permita a reconstrução dos fatos; d) a articulada qualificação jurídica dos fatos; e) a possibilidade de controle da racionalidade das escolhas do juiz, em sua atividade decisória, pelos jurisdicionados, Tribunais de revisão e demais cidadãos[7].

Em sua concepção processual, a prova é a soma dos fatos produtores da convicção do juiz, apurados no curso do processo, cuja contraposição importa em determinada conclusão, possível de ser reconstruída. Nesse sentido, não se pode deixar de pontuar que a prova não se relaciona apenas aos fatos jurídicos-processuais, pois, em sua concepção meta-jurídica, entende-se como prova tudo aquilo que pode ser objeto de demonstração (ciências naturais) ou argumentação (ciências reconstrutivas)[8].

Rejeita-se, contudo, a ideia de que a prova como objeto de argumentação estaria inserta na retórica, pois a construção argumentativa que é devida pela decisão do Estado (que é, para além de jurídica, uma decisão política), deve ser controlável e sustentável do ponto de vista da lógica: a) em sua manifestação formal (admissibilidade dos meios de prova); b) em seu conteúdo essencial, que demonstram as razões de decidir do juiz em relação à existência ou não de determinados fatos; c) e em relação ao seu resultado subjetivo, que é o convencimento do julgador[9] – sendo que este último elemento lógico é, também, o elemento funcional da prova[10].

---

6. BADARÓ, Henrique. **Processo Penal.** 7ª ed. rev., atua. e amplia. São Paulo: Thomson Reuters Brasil, 2019, p. 385 e FERRER-BELTRÁN, Jordi. **Prolegómenos para una teoría sobre los estándares de prueba. El test case de la responsabilidad del Estado por prisión preventiva errónea.** Disponível em: <www.catedrajuridica.com>. Acessado em 16/08/2020.
7. GRECO, Leonardo. O conceito de prova. **Revista da Faculdade de Direito de Campos,** Ano IV, Nº 4 e Ano V, Nº 5 - 2003-2004, p. 221.
8. GRECO, Leonardo, *op. cit.*, p. 224-226.
9. GRECO, Leonardo, *op. cit.*, p. 228.
10. GRECO, Leonardo, *op. cit.*, p. 228-229.

Em sentido amplo, prova é um fato supostamente verdadeiro, que se presume que deva servir como motivo de credibilidade para a existência ou inexistência de determinado fato; em sentido estrito, prova é o instrumento que apoia a construção do raciocínio do julgador, em relação aos fatos produtores da convicção do juiz e que abrange os fatos probandos e os fatos probantes[11].

A análise de verificação da prova possuiria, assim, três acepções principais: a) a atividade probatória em si mesma; b) os meios de prova utilizados para o seu desenvolvimento e a licitude dos meios empregados em sua obtenção; c) e o resultado lícito probatório obtido ao final da elucidação das correspondências fáticas[12].

Disso decorre a necessidade de exposição do caminho de decidir adotado pelo juiz, com a exposição da *ordem*[13] das induções realizadas em princípio, cujas inferências dos fatos analisados no curso do processo conduzem ou não para admissão da ocorrência de um evento factível que, por sua vez, conduz de forma argumentativa à conclusão mais próxima da verdade[14].

Em resumo, o conceito de "prova" é plurissignificativo e, em sentido jurídico, trabalha com três conteúdos primordiais: a) a prova seria o ato de provar, ou seja, a atividade probatória em relação às afirmações que se destina a demonstrar, comprovar ou convencer[15]; b) a prova seria utilizada como designação aos *meios de prova* apresentados e desenvolvidos no curso do processo; c) e por fim, a prova seria também a manifestação de seu produto final, isto é, do resultado probatório obtido[16].

---

11. GRECO, Leonardo, *op. cit.*, p. 243-244. Neste mesmo sentido, afirma-se que "*la prova, latamente intensa, è un'operazione volta a verificare, quindi ad accertare come fare o falsa una qualsiasi proposizione.*" FERRUA, Paolo. **La prova nel Processo Penale. Struttura e procedimento**. 2. ed. Torino: G. Giappichelli, v. I, 2017, p. 01.
12. BADARÓ, Henrique. **Processo Penal**, *op. cit.*, p. 391.
13. Nesse sentido, afirma-se que: "Senza ordine, non é possibile una forma correta di conoscenza, come è rivellato dalle forme prelogiche della mente umana, legate ai meccanismi psicologici della memoria e del ricordo."; que em nossa tradução: "Sem a exposição da ordem, não é possível extrair a interpretação correta do consciente, que é revelado pela mente humana através dos mecanismos psicológicos da memória e da lembrança." GIULIANI, Alessandro. **Prova in Generale.** A) Filosofia del dirito, in Enciclopedia del Diritto, XXXVII, Milano: Giuffrè, 1988, p. 519.
14. GRECO, Leonardo, *op. cit.*, p. 244.
15. Aqui pela superação do "cientificismo" do conceito moderno de prova, diante da complexidade das relações jurídicas postas diante do Direito; e o resgate do conceito de "prova como argumento" tal como fora concebido pela cultura clássica (o sentido dos fatos), como objeto judicial sobre o qual a controvérsia judicial é construída, como argumento para o convencimento judicial e dialeticamente construída através do debate processual. Ver mais em: SILVA, Ovídio A. Baptista. Fundamentação das sentenças como garantia constitucional. *In*: MARTINS, Ives Gandra da Silva e JOBIM, Eduardo (coord.). **O processo na Constituição**, *op. cit.*, p. 460.
16. DIDIER Jr., Fredie; BRAGA, Paula Sarno e OLIVEIRA, Rafael Alexandria. **Curso de direito processual civil: teoria da prova, direito probatório, ações probatórias, decisão, precedente, coisa julgada e antecipação dos efeitos da tutela**.10ª ed.- Salvador: Ed. Juspodivm, 2015, p. 38-39.

Ou seja, as provas são o conjunto dos *meios de prova* produzidos dentro e fora do processo (pré-processualmente), os quais: a) se destinam à verificação e elucidação de hipóteses fáticas; b) cuja validade se encontra adstrita à idoneidade das suas fontes, legalidade dos meios e formas utilizados para a sua obtenção, no momento de sua produção; c) a fim de conduzir à confirmação (ou não) de seu viés hipotético-fático no momento de análise do *resultado probatório* em sede de decisão[17].

3.2. ATIVIDADE PROBATÓRIA E ADMISSIBILIDADE DA PROVA

De modo geral, o desempenho da atividade probatória se constitui em quatro fases: a) no âmbito da propositura das provas; b) no momento de admissibilidade das provas; c) quando da produção das provas; d) e durante a valoração das provas[18].

Todavia, o conceito de prova por si só não é suficiente para a satisfação da racionalidade que se pretende obter com a adoção da teoria geral das provas. Há que se dizer também o que não pode ser considerado como prova, já que, se por um lado a teoria geral das provas é gênero da temática probatória; por outro, a teoria da proibição das provas é uma espécie deste gênero.

Assim, para além da fixação do conceito jurídico de prova, precisamos investigar a licitude dos *meios de prova* para determinar aquilo que não pode ser admitido como prova[19].

Em primeiro plano, faz-se necessário distinguir o que uma *fonte de prova* e um *meio de prova*; as fontes de prova se relacionam com os elementos externos ao processo e que antecedem a etapa da atividade probatória em si, devem ser idôneas[20], tanto em sua forma de obtenção quanto em seu conteúdo (por exemplo, uma testemunha não pode ser ouvida por pessoa desprovida da investidura da função pública para reduzir a termo o seu depoimento,

---

17. BADARÓ, Henrique. **Processo Penal**, *op. cit.*, p. 391; também neste mesmo sentido: SILVA, Franklyn Roger Alves. **Produção probatória defensiva: a possibilidade de exercício da investigação criminal defensiva e a sua repercussão no campo da avaliação de standards no Processo Penal**. Tese (Doutorado). Universidade Estadual do Rio de Janeiro – UERJ. Rio de Janeiro. 586p. 2019, p. 45-48.
18. BADARÓ, Gustavo Henrique. **Processo Penal**, *op. cit.*, p. 391; nessa mesma tônica: PEIXOTO, Ravi. ***Standards* probatórios do direito processual brasileiro**. Tese (Doutorado). Universidade do Estado do Rio de Janeiro – UERJ. Rio de Janeiro. 302p. 2020, p. 43.
19. WOLTER, Jürgen. **O inviolável e o intocável no direito processual penal: reflexões sobre dignidade humana, proibições de prova, proteção de dados (e separação informacional de poderes) diante da persecução penal**. Org., Intro. e Trad., Luís Greco. Trad. Alaor Leite e Eduardo Viana. – 1ª ed. São Paulo: Marcial Pons, 2018, p. 112-131.
20. DIDIER Jr., Fredie; BRAGA, Paula Sarno e OLIVEIRA, Rafael Alexandria. **Curso de direito processual civil: teoria da prova, direito probatório, ações probatórias, decisão, precedente, coisa julgada e antecipação dos efeitos da tutela**, *op. cit.*, p. 39.

do mesmo modo que não pode mentir em relação às declarações prestadas que se relacionam com o fato probando)[21].

Os *meios de prova* são os instrumentos que se revelam úteis à sustentabilidade de determinada afirmação sobre os fatos[22], ou seja, se a fonte de prova é, por exemplo, uma testemunha, o *meio de prova* é o seu depoimento reduzido a termo.

À exceção das provas pré-constituídas, em especial as documentais, os demais *meios de prova* devem ser produzidos em sede de contraditório judicial[23].

Importa distinguir ainda, nesse particular, *meios de prova* dos *meios de obtenção de prova* (ou meios de investigação ou pesquisa de provas), na medida em que o primeiro se relaciona com a garantia do argumento que sustenta determinada hipótese fática e o segundo diz respeito à eleição do método que será desempenhado para a obtenção desta prova (exemplo, interceptação telefônica, telemática, agente infiltrado e quebra de sigilos fiscal ou bancário)[24].

Há, no caso dos *meios de obtenção de prova* ou ainda da verificação das *fontes de prova*, o comprometimento cognitivo – inconsciente, no mínimo – do juiz que participa da eleição do método pelo qual a prova será obtida, pois no momento desta escolha, uma hipótese fática é presumida como verdadeira, ainda que de maneira superficial[25].

Tal comprometimento é, além disso, agravado em razão do fato de que – no nosso atual sistema processual – o juiz não apenas elege o método de obtenção dos meios de prova, mas também acompanha a sua desenvoltura, de modo a observar as garantias do sujeito acusado[26] e, ao mesmo tempo, fincar a licitude deste *meio de obtenção*[27].

---

21. BADARÓ, Gustavo Henrique. **Processo Penal**, *op. cit.*, p. 391.
22. BADARÓ, Gustavo Henrique. **Processo Penal**, *op. cit.*, p. 392.
23. BADARÓ, Gustavo Henrique. **Processo Penal**, *op. cit.*, p. 391-392.
24. BADARÓ, Gustavo Henrique. **Processo Penal**, *op. cit.*, p. 394-395.
25. BADARÓ, Gustavo Henrique. **Processo Penal**, *op. cit.*, p. 392.
26. De maneira a garantir a plenitude da imparcialidade do juiz da ação penal, em relação ao curso investigativo e a eleição dos meios para obtenção de prova, o PL 156/2009 (reforma do CPP), previa em sua exposição de motivos a criação da figura do juiz de garantias, mais tarde incorporada pelo art. 3º-B do CPP, introduzido pela Lei nº 13.964/2019 (pacote anticrime), cuja implementação se encontra – atualmente – suspensa por força da cautelar deferida nas ADIs 6298, 6299, 6300 e 630, de relatoria do Ministro Luiz Fux, do STF. Ver mais em: GARCIA, Alessandra Dias. **O Juiz de Garantias e a investigação criminal**. Dissertação (Mestrado em Direito) – Faculdade de Direito, Universidade de São Paulo (USP), 208p. 2014, p. 164-165.
27. TAVARES, Juarez e PRADO, Geraldo. **O direito penal e o processo penal no Estado de Direito: análise de casos.** 1ª ed. Florianópolis: Empório do Direito, 2016, p. 72-74.

A lisura do método de obtenção do meio de prova, eleito pela investigação e confirmado pelo juiz, proíbe, por exemplo, a admissibilidade dos elementos probatórios obtidos por métodos ocultos e dissimulatórios de investigação.

É o que acontece no caso da inadmissibilidade do flagrante preparado ou do elemento de prova decorrente da dissimulação (ocultação) do agente público em relação ao monitoramento (remoto ou pessoal) do investigado, que "dita" - inconsciente deste processo - a direção da atividade probatória, por meio de "confissões" (ou falas) não esclarecidas. A interceptação de comunicação (telefônica ou telemática) é o meio de obtenção de prova dissimulatória mais comum para os crimes enquadrados na Lei de organizações criminosas[28] e que foi amplamente utilizada no âmbito da OP. LJ.

Ainda que uma maior digressão quanto as *provas em espécie* não faça parte do recorte desta abordagem, tem-se por necessário estabelecer que elas podem ser: a) *típicas*, que são dotadas de procedimento de produção específico, previsto em Lei, como por exemplo o exame de corpo de delito (ritual descrito pelo art. 158 e seguintes do CPP); b) *atípicas*, que são as provas que não possuem procedimento de produção rígido ou previsto, por exemplo, a reconstituição simulada dos fatos (art. 7º do CPP); c) *anômalas*, que são as provas típicas que são utilizadas para fins diversos aos que eram inicialmente previstos, como ocorre, por exemplo, com a substituição de uma oitiva testemunhal por uma juntada de declaração (prova típica, documento particular, em substituição à outra prova típica)[29]; d) *emprestadas*, que são as provas originárias de outro processo e que possam ser aproveitadas em outra ação penal, desde produzidas diante do Juiz Natural, em observância do contraditório, com mesmo objeto de prova e comprometimento de cognição, em relação aos dois processos[30].

No caso das provas típicas e anômalas, que possuem determinado procedimento para sua apuração, a infringência de tais regras fulminará a capacidade demonstrativa de tal *meio de prova*, assim como a sua genuinidade[31] - de maneira que ela terá que ser descartada, repetida ou ter o seu aproveitamento atenuado no momento de valoração das provas, conforme os critérios lógicos de admissibilidade empregados previamente pelo juiz em relação a tais provas[32].

---

28. SILVA, Luciano André da Silveira e. **O agente infiltrado: um estudo comparado da Legislação da Alemanha, Brasil e Portugal**. Dissertação (Mestrado). Universidade de Coimbra – UC. Coimbra. 118 p., 2015, p. 12-20; BADARÓ, Gustavo Henrique. **Processo Penal**, *op. cit.*, p. 393-395.
29. BADARÓ, Gustavo Henrique. **Processo Penal**, *op. cit.*, p. 396-397.
30. BADARÓ, Gustavo Henrique. **Processo Penal**, *op. cit.*, p. 401.
31. BADARÓ, Gustavo Henrique. **Processo Penal**, *op. cit.*, p. 397.
32. BADARÓ, Gustavo Henrique. **Processo Penal**, *op. cit.*, p. 407-411.

Conforme dito anteriormente, de maneira superficial, o primeiro critério ao qual uma prova deve atender para ser admitida em juízo é o da legalidade. O elemento probatório obtido pela atividade de investigação, assim como pela atividade de instrução, deve ser lícito e legítimo ao fim a que se destina ou aproveita. Neste último caso, como ocorre nos casos de prova anômala ou emprestada.

Entende-se por prova ilícita aquela que é adquirida de maneira ilegal, caracterizando violação de normas legais e princípios gerais do ordenamento, seja de natureza de direito material, seja processual. Sendo que a prova ilícita porque constituída por meio de violações de leis e princípios gerais de direito pode ser ilícita e ao mesmo tempo ilegítima, se ao tempo de sua produção, a lei processual impedia a produção do meio em Juízo[33].

Nessa definição devemos acrescentar ainda: com a CRFB/88, foi estabelecida uma "ponte" entre a violação de direito material e o direito processual brasileiro, sendo que, como consequência jurídica, a prova ilícita – por ser contrária ao ordenamento jurídico –, será invalidada e maculará todos os atos dela subsequentes. Há, assim, além de uma eventual sanção de direito material (a exemplo do tipo penal descrito pelo art. 151 do CP, no caso de violação de correspondência), uma *sanção processual* que determinará a exclusão da prova ilícita e demais atos, no caso de sua verificação[34].

Por outro lado, compreende-se como prova ilegítima, aquela que é obtida ou produzida em infringência às normas de direito processual, como ocorre, por exemplo, no caso da oitiva testemunhal que não oportuniza perguntas às partes[35].

Essa distinção é importante, na medida em que estipula para o juiz em seu exercício de admissibilidade e valoração a impossibilidade de aceite das provas consideradas ilegais (ilícitas e ilegítimas), como base de sustentação de determinada ocorrência sobre os fatos.

A questão é que as provas obtidas por meios ilícitos possuem como reprimenda jurídica, prevista pelo legislador, sanções de direito material (tipificação penal, por exemplo, com relação à violação ao domicílio) e de direito processual (desentranhamento dos autos)[36]; enquanto as provas

---

33. Ver mais sobre essa definição em: GRINOVER, Ada Pellegrini. **Liberdades públicas e processo penal: as interceptações telefônicas**. 2ª ed. atua. – São Paulo: Revista dos Tribunais, 1982, p. 98-99.
34. Ver mais em: BADARÓ, Gustavo Henrique. **Processo Penal**, *op. cit.*, p. 412.
35. BADARÓ, Gustavo Henrique. **Processo Penal**, *op. cit.*, p. 411.
36. Em específico, é impotante destacar mais uma vez que a inadmissibilidade das provas obtidas por meios ilícitos é uma garantia fundamental, prevista no art. 5º, LVI da CRFB/88.

ilegítimas possuirão sanções processuais (deverão ser novamente realizadas ou inutilizadas pelo juiz no momento de valoração probatória)[37].

A prova poderá ainda ser considerada *ilícita por derivação*, desde que não possa ser obtida por fontes independentes da prova ilícita originária, ocasião que resultará não só na sua inadmissibilidade, mas também no comprometimento de toda a cadeia probatória sucessória realizada a partir dela, em razão da adoção no ordenamento jurídico brasileiro da teoria da árvore dos frutos envenenados[38].

No curso do desempenho inicial da atividade probatória (especialmente nos momentos de investigação e propositura da prova), assim como para a admissibilidade de tais provas no processo, deve o juiz prezar pelo respeito ao procedimento previsto para a obtenção de tais meios de prova, assim como ao elemento probatório produzido, cuja validade se encontra adstrita à legalidade dos meios de obtenção de prova e dos meios de prova.

Importa ressaltar que o direito à prova é um direito fundamental, garantido em sua dimensão substancial pelo contraditório pleno[39]; seu conteúdo é complexo e se exprime em diversas situações jurídicas, quais sejam: a) o direito à adequada oportunidade de requerer as provas; b) o direito de produzir provas; c) o direito a participar da produção de provas; d) o direito de se manifestar e, eventualmente, impugnar a prova produzida; e) o direito ao exame da prova produzida, por parte do juiz no momento decisório[40].

Para ser considerada como válida, uma prova deve ter sua legalidade reafirmada em distintos momentos processuais essenciais à sua verificação e passar pelo crivo do julgador em todos eles, até que possa fazer parte do momento final (valoração da atividade probatória). Tais momentos são divididos da seguinte forma: i) atos probatórios de investigação; ii) provas

37. BADARÓ, Gustavo Henrique. **Processo Penal**, *op. cit.*, p. 414-415.

38. Recentemente adotada pela segunda turma do STF no julgamento do HC 164.493/PR, ao determinar o reconhecimento da infringência aos limites constitucionais impostos para a obtenção dos meios de prova, por parte do Juiz que deveria funcionar como garante, ainda na fase de investigação. Decretando-se, por consequência, a nulidade de todos os atos subsequentes praticados, em razão da ocorrência da ilicitude dos meios de prova por derivação. Nesse sentido, remete-se o leitor para o voto proferido pelo Ministro Gilmar Mendes, assim como pelo voto proferido pelo Ministro Ricardo Lewandowski. Disponível em: <http://www.stf.jus.br/arquivo/cms/noticiaNoticiaStf/anexo/HC164493VotoGM.pdf>. Acesso em 06/04/2021 e em: <http://www.stf.jus.br/arquivo/cms/noticiaNoticiaStf/anexo/HC164493VotoRL.pdf>. Acesso em 06/04/2021.

39. Previsto no art. 5º, LV da CRFB/88.

40. DIDIER Jr., Fredie; BRAGA, Paula Sarno e OLIVEIRA, Rafael Alexandria. **Curso de direito processual civil: teoria da prova, direito probatório, ações probatórias, decisão, precedente, coisa julgada e antecipação dos efeitos da tutela**, *op. cit.*, p. 41. Neste mesmo sentido: GRINOVER, Ada Pellegrini. **Provas ilícitas, interceptações e escutas**. – 1ª ed. Brasília, DF: Gazeta Jurídica, 2013, p. 37-38.

propostas; iii) a admissibilidade das provas propostas; iv) a produção de tais provas e, por fim, v) a valoração de tais provas[41].

A título comparativo, em termos de vigia da legalidade do procedimento probatório, convém ressaltar que no processo penal italiano apenas importam os momentos de *assunção* - ou no italiano: "aquisição" –, e de *admissão* da prova[42]; sendo compreendido por *assunção* as provas pré-constituídas ao tempo do processo, cuja análise de legitimidade, caso realizada de maneira errônea ou equivocada (a exemplo da admissão preambular de uma prova ilícita), determinará a invalidação de todo o procedimento subsequente/dependente de tal prova[43].

Na realidade jurídica brasileira, cumprida a etapa inicial de admissibilidade das provas e, na sequência, da produção de tais provas, o juiz passa para a etapa subsequente, chamada de *valoração da prova*[44]. Este momento antecede a tomada de decisão e externaliza para o leitor quais foram as escolhas intersubjetivas racionais do julgador, realizadas em relação aos meios de prova admitidos, que determinam a veracidade ou não de uma determinada afirmação sobre os fatos[45]. Este raciocínio de inferências é também chamado de *atitudes proposicionais*[46].

Isso quer dizer que uma vez trilhado o caminho da descoberta da prova (obtenção dos meios de prova) e da instrução (meios de prova), tem-se por devida a exposição de motivos que deve ser feita pelo julgador em relação à admissibilidade de tais provas como instrumento base para a verificação/aceite de determinada hipótese (e, em via contrária, dos motivos que conduzem ao rechaçamento desta mesma hipótese em relação à outra)[47].

Feita a justificativa quanto à admissibilidade probatória e tomada a decisão em relação à verificação desta prova, em contraposição à proposição

---

41. Nesse sentido, ver mais em: TAKAYANAGI, Fabiano Yuji. Os momentos probatórios no direito processual penal. **Rev. Faculdade Direito da USP**. v. 106/107, p. 779 – 807, jan./dez. 2011/2012.
42. FERRUA, Paolo. **La prova nel Processo Penale. Struttura e procedimento**, *op. cit.*, p. 122.
43. CORDERO, Franco. **Tre studi sulle Prove Penali**. Milão: Giuffrè, 1963, p. 53.
44. É no momento de valoração da prova que o Juiz desenvolve seu raciocínio no sentido de verificar qual hipótese fática encontra maior respaldo nas provas produzidas, qual a hipótese fática que ganha maior corroboração diante das provas produzidas e qual é aquela que deixa de fazer sentido, ou seja, que não resiste, às provas produzidas em Juízo. Ver mais em: BADARÓ, Gustavo. A inferência probatória e a justificação do juízo de fato no processo penal. In: MALAN, Diogo; BADARÓ, Gustavo; ZILLI, Marcos; ASSIS MOURA, Maria Thereza Rocha de; SAAD, Marta; MORAES, Mauricio Zanoide de (Orgs.) **Processo penal humanista. Escritos em homenagem a Antonio Magalhães Gomes Filho**. Belo Horizonte: Ed. D'Plácido, 2019.
45. BADARÓ, Gustavo Henrique. **Processo Penal**, *op. cit.*, p. 434.
46. BELTRÁN, Jordi Ferrer. **Prova e verdade no direito**. Trad. Vitor de Paula Ramos. São Paulo: Revista dos Tribunais, 2017, p. 85.
47. BADARÓ, Gustavo Henrique. **Processo Penal**, *op. cit.*, p. 433.

ou hipótese fática que ela visa sustentar, extrai-se da decisão os *resultados probatórios*[48] obtidos e que foram utilizados pelo juiz como critérios de decisão.

É aqui que nosso objeto central de pesquisa se encontra inserido como *espécie*.

3.3. VALORAÇÃO DA PROVA E CRITÉRIOS DE DECISÃO

Na tentativa de imprimir a almejada racionalidade decisória, a doutrina propõe a adoção da técnica dos *standards* probatórios, no sentido de orientar a própria atividade jurisdicional, em relação ao *resultado probatório obtido* ao final da etapa de valoração das provas, decorrente do exame inferencial. Enquanto que, por outro lado, o ônus da prova orientaria o desempenho da atividade probatória para a defesa e para a acusação, em relação às hipóteses fáticas (tese e antítese) sustentadas por cada uma das partes e as eventuais consequências jurídicas atinentes ao peso de uma hipótese não comprovada[49].

É importante observar que, dentro da atividade probatória e, em específico, no momento de valoração das provas, tais institutos são complementares e não se confundem. O ônus da prova afirma a quem compete a carga probatória de determinada hipótese fática que, caso não seja atingida, culminará em uma determinada decisão (em termos processuais penais na absolvição do acusado, por ocasião de obediência ao princípio do *in dubio pro reo*)[50]; ao passo que os *standards* probatórios, visam estabelecer os critérios objetivos que deverão ser atingidos para que determinada hipótese fática seja considerada verdadeira[51].

A etapa de valoração das provas constitui, então, o momento em que o juiz externaliza sua avaliação em relação às provas apresentadas e a probabilidade de ocorrência das hipóteses e eventos ligados a cada uma delas

48. PEIXOTO, Ravi, *op. cit.*, p. 47-48; neste mesmo sentido: SILVA, Franklyn Roger Alves, *op. cit.*, p. 45 e p. 86.

49. MELIM, Mafalda. *Standards* de prova e grau de convicção do julgador. **Revista de concorrência e regulação**. - Coimbra: Almedina. - ISSN 1647-5801. - A. 4, n.º 16 (out.-dez. 2013), p. 148.

50. O art. 373 do CPC, por sua vez, traz a concepção dinâmica de distribuição do ônus probatório.

51. Conforme posicionamento defendido por PEIXOTO, Ravi, *op. cit.*, p. 44. Posicionamento contrário interessante é adotado por Franklyn Roger Alves Silva, no sentido de que a dúvida hipotética lançada pela defesa em relação à hipótese fática narrada pela acusação – que represente um desvio na apuração do fato delituoso conforme narrado pela inicial acusatória – representa um abalo à construção probatória da acusação, de modo a depender de uma atividade probatória mínima da defesa para se materializar no campo da dúvida razoável. Seria o caso da previsão dada pelo enunciado do art. 189 do CPP, de modo a estabelecer a necessidade de oferecimento de atividade probatória mínima para os casos em que a defesa nega a acusação, trazendo fato diverso ao que lhe fora imputado e para então prestar os devidos e coerentes esclarecimentos, indicando as provas que pretende produzir e que corroboram com a hipótese fática distinta da hipótese acusatória. Há, para o mencionado autor, uma desimcumbência do ônus probatório (para a defesa) nesse caso. SILVA, Franklyn Roger Alve, *op. cit.*, p. 87-88.

– ou seja, este é o momento processual em que há a avaliação da atividade probatória integralmente desenvolvida no processo.

O momento desta avaliação deve ser dividido em duas fases, sendo a primeira ligada à análise de licitude das provas produzidas (em relação à sua fonte, meio de obtenção, elemento essencial e resultado); e a segunda referente à investigação do apoio empírico das hipóteses fáticas, construídas pelas partes ao longo do processo e que encontram correspondência na atividade probatória resultante da instrução, isto é, o grau de corroboração existente entre determinada hipótese fática (em relação às demais) e a prova a ela relacionada[52].

Finalizada a etapa de avaliação, tem-se por exposta a premissa considerada como resultante do raciocínio empreendido pelo julgador, que diante do conjunto apresentado, deverá servir para valorar a prova em relação às demais premissas encontradas.

É nesse ponto que se revela a importância dos *standards* probatórios (também chamados de critérios de decisão), uma vez que a adoção desta técnica de decisão se revela útil no âmbito do controle decisório[53], pois denota o compromisso assumido (pelo julgador) no sentido de expor o seu raciocínio lógico inferencial – em sua acepção epistêmica, normativa e interpretativa –, de modo a submeter à conclusão de sua premissa fática a essa tríplice análise de viés confirmatório[54].

Não se ignora as críticas segundo as quais a exposição da lógica indutiva, dedutiva ou de abdução, por si só, não resolve o problema de interpretação da prova, uma vez que cada uma das narrativas lógicas poderá ser adaptada/modificada para atender à finalidade que pretende ao julgador, de modo a imprimir uma "falsa" racionalidade à decisão[55].

---

52. PEIXOTO, Ravi, *op. cit.*, p. 43.

53. Aqui compreendido como garantia, uma vez que a adoção da técnica em questão (*standards* probatórios) exige do julgador a exposição inferencial do seu raciocínio, assim como do método decisório por ele adotado, de maneira a especificar determinado procedimento que é inerente à utilização da técnica decisória. A compreensão do procedimento como garantia objetiva (como garantia ao correto exercício do poder) e, por outro lado, como garantia subjetiva (como garantia à obediência dos direitos individuais do réu) é explorada por Antônio Magalhães Gomes Filho e Ada Pellegrini Grinover, ambos referenciados na obra de: FERNANDES, Antônio Scarance. **Teoria Geral do Procedimento e o Procedimento no Processo Penal**. – São Paulo: Revista dos Tribunais, 2005, p. 41; nesse mesmo sentido: PEIXOTO, Ravi, *op. cit.*, p. 68.

54. MATIDA, Janaína e HERDY, Rachel. As inferências probatórias: compromissos epistêmicos, normativos e interpretativos. *In:* CUNHA, José Ricardo (org.). **Epistemologias críticas do direito**. Rio de Janeiro: Lumen Juris, 2016, p. 213-215 e 232-233.

55. Ver mais em: SCHMITZ, Leonard Ziesemer. **Raciocínio probatório por inferências: critérios para o uso e controle das presunções judiciais**. Tese (Doutorado). PUC São Paulo – São Paulo, 2018, 324f., p. 92-95.

Todavia, partindo-se do pressuposto da boa-fé, o que pretendemos é justamente testar a subversão (ou não) de determinada técnica de decisão, expressa por uma determinada lógica de inferência probatória, que, a despeito de não resolver todos os problemas interpretativos (e não é isto o que pretendem os *standards* probatórios), visa conferir no plano da linguagem, uma maior exposição do subjetivismo do julgador e, como consequência disso, uma maior possibilidade de controle externo das razões de decidir[56].

Nesse sentido, se por um lado temos a certeza de que todo e qualquer signo jurídico pode ser modificado em seu sentido para atender a determinado fim (por parte dos intelectuais desonestos), por outro, admite-se que a adoção de determinado "caminho" pelo julgador culminará em uma maior exposição das ideias que orientam aquela conclusão e, por via de consequência natural, maiores possibilidades para a análise dos critérios que foram utilizados ou não utilizados[57].

Diga-se com todas as letras: a adoção de *standards* probatórios como critério decisional não pode servir ao magistrado como autorização para o julgamento conforme sua íntima convicção[58], pois o que pretende tal técnica de decisão é justamente o inverso disso[59].

No modelo racional de valoração da prova, o método de verificação de uma hipótese será dado pela epistemologia (e não pelo legislador por meio de conceitos jurídico-positivos); especificamente, no modelo de *epistemologia garantista*, as condições de efetividade da sentença se baseiam em determinado cognitivismo processual acerca da determinação do fato criminoso, sendo que o atendimento ao axioma da estrita jurisdicionalidade[60] é indispensável para tal atividade cognoscível decisória (expressa pela

---

56. BADARÓ, Gustavo. Editorial dossiê "Prova penal: fundamentos epistemológicos e jurídicos". **Rev. Bras. de Direito Processual Penal**, Porto Alegre, vol. 4, n. 1, p. 43-80, jan.-abr. 2018, p. 74-75.

57. Já que a atividade decisional sucede um efetivo juízo, historicamente formulado no processo, em termos de existência e inexistência de confirmação das hipóteses fáticas aduzidas; e desse modo, fornece o limite cognoscível sob o qual um juízo afirmativo ou negativo se sustenta em relação à probabilidade da hipótese contrária. Neste mesmo sentido: CORDERO, Franco, *op. cit.*, 42-43.

58. GONZÁLEZ-LAGIER, Daniel. ¿Es posible formular un estándar de prueba preciso y objetivo? Algunas dudas desde un enfoque argumentativo de la prueba, **Revista Telemática de Filosofía del Derecho**, nº 23, 2020, pp. 79-97, p. 91.

59. Nesse ponto, valiosa é a observação de Antônio Scarance Fernandes no sentido de que o processo penal moderno, imbuído do critério da eficiência como valor fundamental, não pode servir ao magistrado como uma lógica puramente economicista de "produtividade pela produtividade"; pois, ao lado do critério de eficiência como valor fundamental está assegurado ao acusado o sistema de procedimentos como garantia. Remete-se para a leitura da nota de rodapé 55, da obra: FERNANDES, Antônio Scarance. **Teoria Geral do Procedimento e o Procedimento no Processo Penal**, *op. cit.*, p. 40.

60. FERRAJOLI, Luigi. **Direito e Razão – Teoria do Garantismo Penal**, 6ª ed. – São Paulo: Revista dos Tribunais, p. 32.

verificabilidade/falseabilidade de determinada hipótese fática em relação às demais, permitindo sua refutação/verificação através da prova empírica) [61].

Ou seja, para a *epistemologia garantista*, levando em consideração que toda decisão judicial é um *ato* político do Estado, para ser considerada como devidamente fundamentada, há que existir o comprometimento do agente estatal que a prolata. O juiz precisa se comprometer – argumentativamente – diante das diversas versões hipotéticas apresentadas pelas partes e corroboradas ou não pela não verificação das hipóteses contrárias, assim como das provas apresentadas e produzidas[62].

Este fato, garante não só uma maior racionalidade decisória, mas também (e, talvez, primordialmente) a observância das garantias processuais que orientam a atividade probatória em matéria processual penal e que apenas quando observadas conferem legitimidade[63] ao poder de punir Estatal (imparcialidade, contraditório, presunção inocência, motivação da decisão, duplo grau de jurisdição e razoável duração do processo)[64].

Importa destacar também que, para o contexto de valoração da prova, é possível admitir que o conjunto probatório conduza para a verificação de uma determinada hipótese fática, mesmo que, individualmente, a análise probatória não conduza para o resultado afirmativo[65]; a questão que se coloca é que isto não pode culminar no aceite de um conjunto probatório volumoso que, apesar do seu tamanho, quando submetido à determinada metodologia argumentativa de verificação de hipóteses não se sustenta.

---

61. FERRAJOLI, Luigi, *op. cit.*, p. 30.

62. Mais adiante, neste trabalho, faremos nossas considerações relacionadas a teoria de Toulmin e ao uso dos argumentos como base de apoio para a sustentação da aceitabilidade da ocorrência de uma hipótese em relação às outras, para que, então, o *ato* decisório seja considerado como justificado do ponto de vista linguístico. Ver mais em: KOCHEM, Ronaldo. **Fundamentando decisões: uma doutrina lógico-argumentativa**. – Londrina: Thoth, 2021, p. 119-121.

63. Nesse sentido, afirma-se que no momento de decidir, o juiz deve fazer uma verdadeira "prestação de contas" que antecede o próprio ato decisório, remetendo suas razões de decidir aos fatos verificados no curso do processo. Isso se deve à uma função de autocontrole, que é constitucionalmente exigida do juiz, e que implicará em determinada conformação o processo e da decisão; bem como, para garantir que os destinatários (diretos e indiretos) da decisão possam realizar o *controle externo* de convergência e coesão dos argumentos lançados no ato decisório. Ver mais em: KOCHEM, Ronaldo... *op. cit.*, p. 112-113. Neste mesmo sentido: GRINOVER, Ada Pellegrini Grinover. **Eficácia e autoridade da sentença penal**. – São Paulo: Revista dos Tribunais, 1987, p. 12-13.

64. BADARÓ, Gustavo**. Epistemologia judiciária e prova penal**. São Paulo: Thomsom Reuters Brasil, 2019, p. 20-62.

65. Destaca-se, nesse sentido, que a discussão referente à admissão do conjunto probatório como o meio hábil para considerar como provada determinada hipótese fática é recorrente na realidade do sistema norte-americano, especialmente no que diz respeito aos processos que visam a reparação/compensação indenizatória civil decorrente de intoxicação com substâncias medicamentosas e a utilização de provas/testemunhas científicas (a exemplo dos *cases* Oxendine *vs.* Merrell Dow Pharm Inc.; Daubert *vs.* Merrell Dow Pharm Inc.; e Joiner *vs.* Gen. Elec. Co.). Ver mais em: HAACK, Susan. **Perspectivas pragmatistas da filosofia do direito**. BRITTO, Adriano N. de e BARRETO, Vicente (orgs.); VIERIA, André Godoy e SCHNEIDER, Nélio (trads.). – São Leopoldo: Unisinos, 2015, p. 283-289.

Isto, será devidamente ilustrado e demonstrado no curso de nossa análise qualitativa das sentenças elegidas (capítulo 04).

Nesse ponto, convém distinguir o contexto de valoração da prova do contexto da tomada de decisão (quando o *standard* probatório será considerado ou não atingido); uma vez que a despeito do método de valoração da prova se valer de ferramentas da epistemologia para fins de construção da linha de raciocínio inferencial das hipóteses fáticas consideradas garantidas do ponto de vista argumentativo e – portanto, mais próximas do conteúdo da verdade –, a escolha pela utilização de determinado *standard* é fundada em razões axiológicas[66], e não simplesmente lógicas.

Por uma questão de atenção ao recorte teórico e ao que efetivamente faz parte da categoria central deste trabalho, focamos nossa atenção apenas no *beyond a reasonable doubt* (*BARD*)[67] – enquanto *standard* probatório[68].

3.4. *BEYOND A REASONABLE DOUBT (BARD)*: COMPROMISSO POLÍTICO, JURÍDICO-PROCESSUAL E EPISTÊMICO

3.4.1. Histórico e tentativa de conceituação da expressão

Conforme tratado anteriormente, a adoção de uma técnica de justificação racional nasce para conferir legitimidade[69] à decisão produzida pelo

66. Políticas e ligadas à epistemologia garantista.

67. Por uma questão de ética científica, assim como pela importância do tema, remetemos o leitor à tese de doutoramento apresentada à Universidade Estadual do Rio de Janeiro (UERJ), produzida por Ravi Medeiros Peixoto, intitulada "***Standards* probatórios do direito processual brasileiro**" que serviu de base conceitual (geral) para esta pesquisa. No referido trabalho, poderão ser encontradas maiores digressões acerca dos demais standards probatórios trabalhados pela doutrina nacional e internacional.

68. A doutrina (nacional e internacional) oferece distintas releituras e conceituações para a exposição dos *standards* probatórios. Todavia, conforme exposto no mencionado estudo de doutoramento, eles são – fundamentalmente – três: *preponderance of evidence, clear and convincing evidence* e *beyond a reasonable doubt*; sendo que os dois primeiros são afetos às matérias do direito civil e possuem menor grau de suficiência probatória em relação ao *BARD*, que se refere à matéria criminal e, justamente por isso, possui o mais alto grau de suficiência probatória dentre os *standards* já apresentados. Nesse mesmo sentido: BADARÓ, Gustavo. **Processo Penal**, *op. cit.*, p. 433-436.

69. Já que o objeto da declaração penal não é um fato jurídico, mas sim um *efeito jurídico*. O que se estabelece com o processo penal é se a declaração de ocorrência do fato constitui pressuposto necessário para a produção do efeito jurídico, sendo que tal declaração não exaure em si mesma o conteúdo da sentença ou ainda o objeto do processo; mas se manifesta no *iter lógico* da decisão (ligado à motivação). Apenas quando estabelecido tal liame lógico, é que se poderia permitir o alcance da coisa julgada em relação à declaração sobre a ocorrência de um fato. Ver mais em: GRINOVER, Ada Pellegrini Grinover. **Eficácia e autoridade da sentença penal**, *op. cit.*, p. 21; nesse mesmo sentido, convém ainda ressaltar que a necessidade de justificativa da decisão sancionatória para fins de legitimidade remonta aos processos eclesiásticos medievais, com a decretal *Sicut nobis*, de Inocêncio III (1199), tendo evoluído para uma *responsabilidade profissional* dos juízes em relação à justificativa racional das decisões tomadas, a partir do Concílio de Latrão (1215). Essa responsabilização profissional não se confunde com a responsabilidade disciplinar imposta aos juízes com o

Estado em relação ao acusado, assim como ao próprio poder punitivo estatal (em termos de eficácia *erga omnes* da decisão pela confirmação do critério subjetivo de justificativa)[70].

A técnica que se relaciona com a categoria central desta pesquisa é a de *standards* probatórios e, dentro desse gênero, a espécie aplicada nas sentenças analisadas diz respeito ao *BARD*, conforme disposto anteriormente no tópico 2.1.

A origem jurídica da expressão *beyond a reasonable doubt*[71] remonta aos julgamentos medievais e ao uso da teologia cristã como limite para a aplicação do direito como punição[72].

O *BARD*, no entanto, não era relacionado com a proteção do acusado, mas sim do julgador. Serviria como uma garantia de que a alma do julgador estaria resguardada do cometimento de uma injustiça, caso houvesse dúvida quanto a culpa do sujeito que estava sob julgamento[73].

Para a lógica cristã, condenar um inocente à pena de execução ou mutilação seria uma injustiça divina e, portanto, a certeza de eterna danação. Assim, em caso de dúvida, deveria o julgador isentar o acusado de sua possível pena, de modo a salvar a si próprio do risco de eterna danação e, ao mesmo

---

advento do absolutismo. Ver mais em: GOMES FILHO, Antônio Magalhães. **A motivação das decisões penais**. 2ª ed. rev. e atua. – São Paulo: Revista dos Tribunais, 2013, p. 44-47.

70. Aqui, registramos que, em nossa visão, o processo penal não se constitui como instrumento de garantia, haja vista que o fim a que se destina (execução de sentença penal) é fundamentalmente incompatível com a efetivação de direitos e garantias individuais, principalmente se consideramos que a teoria da prevenção-integração da pena rompe com a efetividade (garantia) dos direitos humanos (individuais) para afirmar uma posição favorável à ilusão da segurança jurídica ligada a estabilização do próprio sistema social (lógica de preferência assecuratória dos direitos coletivos). Ver mais em: ANDRADE, Vera Regina Pereira de. **A ilusão da segurança jurídica: do controle da violência a violência do controle penal.** – Porto Alegre: Livraria do Advogado, 1997, p. 166. Todavia, em uma lógica de contenção de prejuízos e redução de danos do sistema de justiça criminal, consideramos que o respeito às regras do jogo atua (funciona) como instrumento de garantia ao sujeito processual.

71. Ordinariamente o *BARD* é associado à expressão "*beyond a resonable doubt*", assim como à sua variante "*beyond any resonable doubt*". Optamos por nos referir ao *BARD* em sua forma "simples" por compreendermos que esse *standard* é melhor representado pelo artigo "a" (traduzido para o artigo indefinido "uma"), já que a técnica de decisão ligada aos *standards* probatórios lida com juízos de probabilidade e não de certeza. A utilização do "all" e "any" (traduzido para os vocábulos "toda" e "qualquer") poderia modificar o sentido do *standard* original exprimindo uma ideia de definição quanto ao sujeito "dúvida" – o que não seria interessante diante do raciocínio probabilístico que se pretende adotar com a utilização do *BARD*.

72. A confusão entre direito e religião também foi historicamente observada na codificação de condutas criminosas. No Estado de Massachusetts, por exemplo, os códigos de 1641 e 1648, previam a tipificação das condutas de blasfêmia e desobediência como crimes capitais (HOFFER, Peter Charles. **The Salem witchcraft trials: a legal history.** Lawrence: University Press of Kansas, 1944, p. 76).

73. SHAPIRO, Barbara. Beyond reasonable doubt and probable cause: historical perspectives on the Anglo-American Law of evidence. **Berkeley: University of California Press**, 1991, p. 22.

tempo, ser "desresponsabilizado" moralmente pela comunidade (sociedade), em razão do fato de ter optado pela não imputabilidade do sujeito[74].

É importante lembrar que, até o final do século XVII, as regras e formalidades referentes à evidência probatória não eram ligadas à noção empírica[75] e a "verdade absoluta" (típica do sistema inquisitorial) - ainda que sobre determinada hipótese –, era a acepção de verdade vigente para aquela época[76].

A noção de verdade sobre *fatos*[77], construída a partir de um ponto de observação, nasce anos mais tarde (no século XVIII) com a reivindicação de um processo penal menos desumano, marcado pela exigência de separação das funções de justiça repressiva, presunção da inocência, ampla defesa, publicidade e motivação das decisões[78].

Os *standards* probatórios possuíam uma descrição tão vaga - quanto ao seu conteúdo semântico –, que chegavam ao ponto de serem absolutamente inúteis para o fim a que se destinavam: atrair para a íntima convicção dos jurados certo discernimento frente aos rumores e suposições que eram levados ao seu conhecimento, durante determinado julgamento, em relação às provas apresentadas[79].

A primeira referência ao *BARD* como *standard* ligado à convicção do julgador é datada de 1770, no julgamento dos soldados responsáveis pelo Massacre de Boston[80] quando, segundo os registros históricos, acusação e defesa teriam enfatizado que os acusados estariam sendo julgados conforme as regras da experiência, fazendo menção expressa ao referido *standard*. A

74. WHITMAN, James Q. **The origins of reasonable doubt. Theological roots of the Criminal Trial**. Londres: New Haven & London, Yale University Press, 2008, 277 p.; disponível também em versão resumida em: <https://digitalcommons.law.yale.edu/fss_papers/1/>. Acessado em 15/08/2020.

75. HOFFER, Peter Charles. **The Salem witchcraft trials: a legal history**, *op. cit.*, p. 74.

76. BADARÓ, Gustavo. **Espistemologia judiciária e prova pena**l, *op. cit.*, p. 66-67.

77. BADARÓ, Gustavo. **Espistemologia judiciária e prova penal**, *op. cit.*, p. 71.

78. FOUCAULT, Michel. **Vigiar e punir: nascimento da prisão**; tradução de Raquel Ramalhete. 42ª ed. Petrópolis: Vozes, 2014, p. 73-78; TULKENS, Françoise. In DELMAS-MARTY, Mireille (org.). **Processo penal e direitos do homem: rumo à consciência europeia**. Trad. Fernando Freitas Franco. Barueri: Manole, 2004, p. 37.

79. HOFFER, Peter Charles. **The Salem witchcraft trials: a legal history**, *op. cit.*, p. 74-75.

80. Em 1767, os britânicos instituíram a Lei Townshend, aumentando a tributação de inúmeros insumos provenientes da colônia. A fim de garantir a obediência dos colonizados, a Inglaterra determinou a presença de uma ordem de oficiais do exército inglês para o Estado de Massachusetts. Com o passar do tempo, a tributação excessiva acirrou os ânimos entre os locais e os representantes da coroa, e em 05 de março de 1770, a população e o exército entraram em conflito diante da alfândega de Boston, localizada na King Street, no episódio que ficou conhecido como "Massacre de Boston" e que culminou na morte de três civis e no ferimento de outros oito. Tal acontecimento, gerou a publicação da gravura conhecida como "Os frutos do poder arbitrário", de Paul Revere, que mais tarde foi utilizada na Revolução de independência americana. A gravura e a sucinta explicação sobre o episódio, ora resumida, estão armazenadas na Library of Congress e disponível em: <https://www.wdl.org/pt/item/214/>. Acessado em 15/08/2020. Também citado por PEIXOTO, Ravi, *op. cit.*, p. 128-129.

partir dos julgamentos datados de 1878, o *BARD* teria ganhado a conotação de mais alto grau de corroboração probabilística de uma hipótese em relação a outra[81].

Entretanto, foi no julgamento do caso *in re Winship* em 1970, que a Suprema Corte Americana reconheceu a ligação do *BARD* com a presunção da inocência, afirmando que a sua utilização seria essencial para a diminuição dos riscos de condenações baseadas em falsos positivos[82], concedendo para este *standard status* constitucional na realidade jurídica norte-americana[83].

A partir deste julgado, é observada determinada variação na conceituação do *BARD* – pelas Cortes norte-americanas –, e do modo como poderia ser considerado como provada *para além de uma dúvida razoável* determinada hipótese fática[84].

A primeira tentativa de conceituação do *BARD* se referiria ao atingimento da convicção com relação a determinada hipótese fática, para além de uma dúvida razoável, o que não é aceito pela doutrina, já que a exigência do atingimento de determinado grau probatório em uma linha de "convicção" fulmina a própria ideia probabilística adotada pela técnica de *standards* probatórios. É dizer, em condições normais e naturais da vida humana, raras serão as situações jurídicas em que será possível afirmar-se a convicção de determinada hipótese fática, de modo que todo o manancial de situações jurídicas que não se encaixem neste padrão de convicção absoluta seria automaticamente excluído da apreciação do juízo[85].

Como uma segunda tentativa, surge a ideia de que o *BARD* estaria relacionado a uma dúvida razoável responsável pela hesitação em relação à tomada de decisão. Desse modo, ainda que o sujeito pense estar diante de uma situação que lhe permita assumir como verdade determinada hipótese, há uma hesitação para afirmar-se convencido desta hipótese e não da hipótese contrária. Este "conceito" também excluiria uma série de situações nas quais mesmo sabendo da veracidade de determinada hipótese, por questões outras,

---

81. SHAPIRO, Barbara, *op. cit.*, p. 22.
82. Nesse sentido, Janaína Matida e Antônio Vieira explicam que: por falso positivo, entende-se declarar provada uma hipótese fática em realidade falsa, por falso negativo, entende-se declarar não provada uma hipótese fática de realidade verdadeira (MATIDA, Janaina; VIEIRA, Antonio. **Para além do *BARD*: uma crítica à crescente adoção do standard de prova "para além de toda a dúvida razoável no processo penal brasileiro.** Revista Brasileira de Ciências Criminais, v. 156, jun.-2019., p. 232).
83. PEIXOTO, Ravi, *op. cit.*, p. 129; LAUDAN, Larry. **Verdad, error y proceso penal: un ensayo sobre epistemología jurídica.** Trad. Carmen Vázquez e Edgar Aguilera. Madri: Marcial Pons, 2013; BADARÓ, Gustavo. **Espistemologia judiciária e prova penal**, *op. cit.*, p. 205; BALTAZAR Jr., João Paulo, *op. cit.*, p. 166.
84. PEIXOTO, Ravi, *op. cit.*, p. 129.
85. LAUDAN, Larry. **Verdad, error y proceso penal**, *op. cit.*, p. 68-70.

o sujeito deixa de tomar determinada decisão (em relação à confirmação da hipótese que se sabe ser a verdadeira)[86].

A *convicção estável da culpa* do sujeito seria o terceiro "conceito" do *BARD*[87]. Essa terceira tentativa de conceituação representaria uma reafirmação paradoxal da íntima convicção dos jurados[88], pois a interpretação da expressão "convicção estável" abre margem à subjetividade dos julgadores e sua certeza moral[89], em oposição - justamente - à racionalidade da decisão, objetivada pela adoção da técnica dos *standards* probatórios[90].

O quarto "conceito" seria referente à dúvida razoável *racionalmente explicada*, ligada, assim, a uma lógica de inferência probatória obtida a partir da contraposição das hipóteses fáticas, processualmente disponíveis[91].

Essa tentativa de conceituação é passível também de críticas, pois não é possível, em uma lógica de decisões submetidas ao julgamento por júri, exigir que os jurados fundamentam suas decisões em uma detida análise de inferência probatória e hipóteses fáticas verificadas, assim como não se poderia exigir que fossem justificadas as dúvidas razoáveis utilizadas para absolver os acusados[92].

A última tentativa de conceituação é matemática. O *BARD* seria um juízo de probabilidade numérica, quando fosse possível a aferição entre 90 e 95% de certeza da culpabilidade do sujeito acusado por parte do julgador[93]. O conceito matemático, todavia, é considerado como uma complicação inadequada e desnecessária ao raciocínio lógico hipotético de probabilidade indutiva, pretendido pelos *standards* probatórios[94] (gênero do qual o *BARD* é espécie).

---

86. É utilizado como exemplo o caso da esposa que dia após dia é agredida pelo marido, mas que, por ocasião de sua relação familiar, decide calar-se diante da hipótese acusatória. Sabe-se da verdade da hipótese fática em questão, contudo, por razões de ordem pessoal, o depoente, responsável por sua confirmação em Juízo, decide não o fazer (LAUDAN, Larry. **Verdad, error y proceso penal**... *op. cit.*, p. 71). Este exemplo é também citado em PEIXOTO, Ravi, *op. cit.*, p. 129.
87. PEIXOTO, Ravi, *op. cit.*, p. 130.
88. HOFFER, Peter Charles, p. 74-75.
89. Resumidamente, podemos dizer que esta conceituação encontra vasta crítica criminológica, pois esbarra em situações esdrúxulas do ponto de vista prático, como, por exemplo, o etiquetamento de sujeitos afetos ao crime (LAUDAN, Larry. **Verdad, error y proceso penal**, *op. cit.*, p. 74).
90. BADARÓ, Gustavo. **Epistemologia judiciária e prova penal**, *op. cit.*, p. 237-245; KNIJNIK, Danilo. **Os *standards* do convencimento judicial: paradigmas para o seu possível controle**. Revista Forense, Rio de Janeiro, n. 353, jan-fev. 2001, p. 21-29.
91. Se referindo, assim, aos argumentos debatidos no processo e aos elementos probatórios produzidos no curso da ação penal. LAUDAN, Larry. **Verdad, error y proceso penal**, *op. cit.*, p. 74.
92. LAUDAN, Larry. **Verdad, error y proceso penal**, cit., p. 70-71.
93. LAUDAN, Larry. **Verdad, error y proceso penal**, *op. cit.*, p. 79-83. Também tratado em: MELIM, Mafalda. ***Standards* de prova e grau de convicção do julgador**, *op. cit.*, p. 145; BADARÓ, Gustavo. **Epistemologia judiciária e prova penal**, *op. cit.*, p. 243-244.
94. BADARÓ, Gustavo. **Epistemologia judiciária e prova penal**, *op. cit.*, p. 243.

Em razão das críticas epistemológicas direcionadas ao *BARD* – enquanto espécie de *standard* probatório –, e que se relacionam com a incerteza do seu conteúdo semântico, Gustavo Badaró propõe que o *standard penal*, para fins de condenação deva se relacionar com a ocorrência de duas condições: *a)* existência de elementos de prova que confirmam, com elevadíssima probabilidade as proposições fáticas que integram a imputação formulada pela acusação; *b)* inexistência de elementos de prova que tornem viável a ocorrência de fato concreto diverso às proposições fáticas que integram a hipótese da imputação[95].

No curso de nossa exposição introdutória, observamos que o *BARD* compõe uma temática que começou a ser explorada após a sua massiva utilização no âmbito das decisões proferidas na Op. LJ, sendo utilizado pelo primeiro e pelo segundo grau, para fins de condenações, especialmente pelo Desembargador João Pedro Gebran Neto (TRF4), que utiliza o referido *standard* como o seu critério pessoal de suficiência para a valoração da prova penal, em decorrência de sua previsibilidade no art. 66, item 3 do Estatuto de Roma (Tribunal Penal Internacional)[96].

Quanto ao acervo que se encontra digitalizado e disponível para acesso nos sítios dos Tribunais Superiores (STJ e STF) na rede mundial de computadores, a primeira vez que se tem notícia da utilização do *BARD* como *standard* probatório é no julgamento do HC 72.338/RJ, de relatoria do Min. Celso de Mello, julgado em 1996, pela 1ª Turma da Corte do STF, assim denominada àquela época. Foi no julgamento da AP n. 470, contudo, que o *BARD* conquistou notoriedade, já que seis dos onze ministros do STF utilizaram o referido *standard* ao proferirem seus votos[97], tendo sido posteriormente reafirmado e classificado como "regra de prova" pelo STF no julgamento da AP n. 521, de relatoria da Ministra Rosa Weber[98], julgado em 2014[99].

A jurisprudência brasileira, apesar de importar a referida técnica de decisão, todavia, não explica de que forma ela se dá. Mas não é de se cobrar que desse tal explicação, já que essa função não pertence primordialmente

---

95. BADARÓ, Gustavo. **Epistemologia judiciária e prova penal**, *op. cit.*, p. 259.
96. MATIDA, Janaina; VIEIRA, Antonio. **Para além do *BARD*: uma crítica à crescente adoção do standard de prova "para além de toda a dúvida razoável no processo penal brasileiro**, *op. cit.* p. 235.
97. MATIDA, Janaina; VIEIRA, Antonio. **Para além do *BARD*: uma crítica à crescente adoção do standard de prova "para além de toda a dúvida razoável no processo penal brasileiro**, *op. cit.* p. 233-234.
98. Que à época de votação da AP470 contava com o Juiz Sérgio Fernando Moro como seu assessor convocado.
99. A despeito da AP n. 521 ter sido processada em segredo de justiça, a ementa do acórdão se encontra disponível em: <https://stf.jusbrasil.com.br/jurisprudencia/863936914/acao-penal-ap-521-mt-mato-grosso-0008560-8120090010000/inteiro-teor-863937023?ref=juris-tabs>. Acessado em 16/08/2020.

ao aplicador do direito (embora admitamos que possa fazê-lo), mas sim à doutrina.

Conforme abordaremos nas linhas seguintes, a probabilidade da ocorrência de determinada hipótese fática coincide com o grau de solidez da inferência do conjunto, consistente na passagem do "fato A" ao "fato B" que, por sua vez, depende da solidez da regra geral que fundamenta tal inferência (ou, seja, que garante do ponto de vista argumentativo, que aquela hipótese fática mais se aproxima da verdade).

Para isso, é necessário o esforço analítico do juiz no sentido de verificar a sustentação de determinada hipótese em relação àquela que lhe falseia, de modo que a cada "passagem" dos *firewalls* epistemologicamente pré-estabelecidos, a hipótese fática que se reafirma diante das demais se solidifica como hipótese mais provável de ser verdadeira[100].

Há também quem admita que, em determinados casos, a despeito da não verificação de determinada hipótese em relação à sua hipótese contrária, poderá ocorrer uma *convergência de elementos probatórios* que confirmam a ocorrência de determinada hipótese fática, cuja análise conjunta poderá servir ao atingimento do *standard* penal aplicável ao caso[101].

Um ponto de destaque com relação à utilização da técnica de *standards* probatórios e que influenciará o resultado da decisão, se refere ao modelo de análise de prova escolhido pelo juízo – ou seja, a "metodologia da valoração da prova" – em relação às hipóteses fáticas existentes no processo.

Essa etapa de fixação da metodologia (ou do modelo de inferência), antecede a análise de prova em si e se apresenta como base de sustentação para o encadeamento de hipóteses e eventos que justificam o atingimento de um *standard*. Os modelos inferenciais são primordialmente dois: o narrativo e o argumentativo.

3.4.2. Lógica hipotética dedutiva, indutiva e os métodos de decisão aplicáveis ao *BARD*

Como dito nas linhas iniciais do presente tópico, o *BARD* em espécie é uma técnica de justificativa racional da prova, que se encontra inserida dentro do gênero "*standards probatórios*" e possui, guardado em si mesmo,

---

100. De maneira a reafirmar o compromisso axiológico dos *standards* probatórios com a proteção dos valores, enunciados normativos e regras jurídicas ligadas à primazia do princípio da presunção da inocência e interpretação *pro homine* (em caso de dúvida acima do razoável, como ocorre com o *BARD*).

101. Nesse sentido: FERRER-BELTRÁN, Jordi. **La valoración racional de la prueba.** Barcelona: Marcial Pons, 2007, p. 123.

importante postulado hermenêutico[102] ligado à presunção de inocência, a saber: no Estado de Direito é muito melhor se presumir inocente um culpado, cuja culpabilidade não possa ser considerada como suficientemente comprovada, do que se condenar um inocente[103].

É, assim, uma lei geral (mais abrangente) que pode ser desconstituída pelas premissas particulares contrapostas na equação do raciocínio inferencial devido à análise das hipóteses fáticas trazidas pelas partes no processo, conforme sua confirmação experimental[104] a partir do falseamento lógico de cada uma delas.

Propõe-se que o raciocínio empreendido pelo *BARD* segue o do gênero do qual esta espécie faz parte (*standards* probatórios) e se destaca pela adoção do modelo de raciocínio de probabilidade lógica-indutiva, também chamada de atomismo[105], e que tem por base a adoção de uma análise individual dos fatos prováveis[106] por meio do estabelecimento de premissas particulares, baseadas nas hipóteses fáticas narradas pelas partes, desencadeadas em uma operação lógica e sucessiva, que conduzem a determinada conclusão possível[107].

Ou seja, a adoção do *BARD*, pressupõe a existência de determinado raciocínio hipotético inferencial, convergente para a demonstração ou confirmação provável (em termos de probabilidade) de determinada hipótese em relação às demais que foram construídas no caso, em sede de raciocínio lógico-dedutivo inicial[108], de maneira que independente do método de ex-

---

102. DIDIER Jr., Fredie e OLIVEIRA, Rafael Alexandria. Dever judicial de considerar as consequências práticas da decisão: interpretando o art. 20 da Lei de Introdução às Normas do Direito Brasileiro. **Revista do Ministério Público do Estado do Rio de Janeiro** nº 73, jul./set. 2019, p. 188.

103. Segundo a Suprema Corte Americana: Reasonable doubt is required in criminal proceedings under the DUE PROCESS CLAUSE of the FIFTH AMENDMENT to the U.S. Constitution. In IN RE WINSHIP, 397 U.S. 358, 90 S. Ct. 1068, 25 L. Ed. 2d 368 (1970), the U.S. Supreme Court ruled that the highest standard of proof is grounded on "a fundamental value determination of our society that it is far worse to convict an innocent man than to let a guilty man go free.". Disponível em: <https://supreme.justia.com/cases/federal/us/397/358>. Acessado em 02/08/2020.

104. BADARÓ, Gustavo. **Epistemologia judiciária e prova penal**, *op. cit.*, p. 99.

105. ACCATINO, Daniela, *op. cit.*, p. 44; em crítica ao modelo atomista epistemológico, Ovídio A. Baptista da Silva estabelece que a "prova" – a partir de tal modelo – é concebida como uma infinidade de pequenas unidades elementares, independentes e desligadas umas das outras, como se fosse possível ao juiz formar o seu convencimento de modo a perceber cada fato individual em seu próprio sentido. Tal concepção para o referido autor guardaria em si duplo equívoco, o primeiro em razão de inexistir "fato puro" e em segundo lugar, porque seria falso supor que o juiz possa receber a prova "atomizadamente" (ou seja, de maneira fracionada). Ver mais em: SILVA, Ovídio A. Baptista. Fundamentação das sentenças como garantia constitucional. *In*: MARTINS, Ives Gandra da Silva e JOBIM, Eduardo (coord.). **O processo na Constituição**, *op. cit.*, p. 459-460.

106. Em sentido probabilístico.

107. Cita-se como exemplo, a seguinte operação: X, Y, Z são cisnes (premissa particular 01), X, Y, Z são brancos (premissa particular 02), logo, todo cisne é branco (conclusão indutiva, premissa 01 confirma a premissa 02). BADARÓ, Gustavo. **Epistemologia judiciária e prova penal**, *op. cit.*, p. 98-99.

108. Pela perfeita descrição da função do raciocínio hipotético-indutivo (inferencial) para a adoção da técnica de *standards* probatórios, vale a transcrição: "A inferência deve satisfazer os critérios da suficiência

posição do raciocínio (narrativo ou argumentativo), o texto precisa expor a contraposição dos eventos analisados, de maneira a justificar a hipótese vencedora em detrimento das demais.

Isto se dá pela força que o status do enunciado de uma proposição fática alcança como "provada" em relação às demais, em três diferentes dimensões: constitutiva, normativa e descritiva[109].

Importa destacar, nesse ponto, que a força de uma proposição fática considerada como "provada" não se confunde com a força de um termo modal de determinado argumento. Toma-se, como exemplo, o termo modal "não pode", cujo sentido exprime para o interlocutor que uma coisa é porque a outra não o é. A força deste termo inclui a injunção geral implícita de que se tem de excluir uma coisa-ou-outra, ou que algo deve ser deste-ou-daquele modo, assim como que determinada coisa é por-tal-razão[110].

Nossa atenção se voltará para isso no curso da análise qualitativa das sentenças, quando da análise dos aspectos modais dos argumentos de garantia utilizados para sustentar as hipóteses fáticas consideradas verdadeiras pelo juízo, conforme esmiuçado a seguir no Capítulo 04.

Distinguir o método utilizado pelo juízo é importante na medida em que nos fornece o "caminho" adotado até determinada conclusão e, por via de consequência inversa, a possibilidade de revisitar este caminho em busca de possíveis falhas de raciocínio lógico, que possam ter conduzido ao aceite de hipóteses que não poderiam servir como aptas para a explicação dos eventos e fatos observáveis.

É típico da ciência moderna, aliás, a exigência de um método para a busca da verdade. Trata-se de uma exigência lógica, que vincula verdade e prova. Tornar o método necessário à obtenção da verdade implica garantir a possibilidade de apresentar a justificativa em que se baseia a verdade de uma determinada hipótese. É por essa razão podemos dizer ser "muito melhor

---

da fundamentação lógica (as premissas devem fornecer um alto grau de suporte para a conclusão, este medido pela qualidade da fundamentação baseada em máximas da experiência, presunções e definições) e da suficiência da probabilidade causal (deve haver alto grau de probabilidade de que, ocorrendo um dado fenômeno, outro se seguirá). A hipótese deve preencher os critérios da refutabilidade (as provas não podem, direta ou indiretamente, contrariar a hipótese), da derivação (a hipótese principal deve estar concatenada com as hipóteses derivadas), da singularidade (as hipóteses explicativas alternativas devem ter sido afastadas), da coerência (deve haver compatibilidade da hipótese principal com o conhecimento geral) e da simplicidade (a hipótese principal deve poder ser comprovada sem a necessidade de um grande número de pressuposições). As provas devem sustentar a hipótese, e não a hipótese sustentar o exame das provas." (ÁVILA, Humberto. **Teoria da prova: *standards* de prova e os critérios de solidez da inferência probatória**. Revista de Processo, n. 282, p. 113-139, ago. 2018, p. 134).

109. FERRER-BELTRÁN, Jordi. **Prova e verità nel diritto.** Bologna: Società editrice il Mulino. 2004, p. 20.

110. TOULMIN, Stephen. **Os usos do argumento.** Trad. Reinaldo Guarany. São Paulo: Martins Fontes, 2001, p. 43.

jamais pensar em procurar a verdade de alguma coisa a fazê-lo sem método"[111]. O método impede que o falso seja tomado por verdadeiro. Uma vez que o método conduziu à verdade, deve ser possível, de posse do método, refazer os passos dados em direção à verdade, o que permite avaliar a consistência dos elementos probatórios da verdade afirmada.

Ao tecer as bases do raciocínio lógico-indutivo, em oposição ao raciocínio lógico-dedutivo, desenvolvido por Aristóteles e amplamente adotado pela Escolástica, Francis Bacon enumera que no caminho da busca pela verdade é necessário desvencilhar-se de dois "entraves" do método científico que são inerentes ao "conhecimento humano": os ídolos e as noções falsas deles decorrentes[112].

Por ídolos, em uma referência crítica às escolas eclesiásticas, Francis Bacon estabelece quatro espécies de influências negativas observadas no intelecto humano, sendo a primeira relacionada à *idola tribos* (ídolos da tribo) e aos equívocos que são próprios da espécie humana, em suas propensões ao erro natural, decorrentes de suas limitações; a segunda relacionada ao *idola specus* (ídolos da caverna), em alusão à alegoria da caverna (Platão), onde se estabelece a necessidade de rompimento com as premissas que são alimentadas pela educação ou conversação com os outros, em busca do conhecimento individual; a terceira, o *idola fórum* (ídolos do mercado), relacionada aos equívocos advindos do mau uso da linguagem, em suas imperfeições advindas da própria interação humana; e, por fim, a quarta relacionada ao *idola theatri* (ídolos do teatro), que seriam as ilusões despertadas pelas teorias e doutrinas filosóficas e científicas que geram para si autoridades (em uma relação autofágica inquebrantável)[113].

A lógica *baconiana* – a despeito de suas críticas[114] – guardaria em si uma importante contribuição da filosofia para o pensamento moderno, em especial para a ciência jurídica: o determinismo e o apego ao empirismo, sendo que tais conceitos foram essenciais para o desenvolvimento da teoria racionalista, em uma tentativa de contenção dos danos ocasionados pelo

111. DESCARTES, René. **Regras para a orientação do espírito**. São Paulo: Martisn Fontes, 2012, p. 19.

112. BACON, F. **Novum Organum ou Verdadeiras Indicações acerca da Interpretação da Natureza: Nova Atlântida**. São Paulo: Nova Cultural, 1997, p. 39.

113. BACON, F., *op. cit.*, p. 40-41; RUSSELL, Bertrand. **A história da filosofia ocidental – Livro 03: a filosofia moderna.** Trad. Hugo Langone – 1ª ed. Rio de Janeiro: Nova Fronteira, 2015, p. 74; PEREIRA, Maria Dorotéia. **A Teoria dos Ídolos de Francis Bacon**. Manuscrito (Especialização). Universidade Federal de Minas Gerais (UFMG). 2012. 17p., 09-14.

114. LAUDAN, Larry. Teorias do método científico de Platão a Mach: resenha bibliográfica. Trad. Balthazar Barbosa Filho. **Cad. Hist. Fil. Ci., Campinas**, Série 3, v. 10, n. 2, p. 9-140, jul.-dez. 2000, p. 37-41; RUSSELL, Bertrand., *op. cit.*, p.73.

que mais tarde seria descrito pela psicologia como inconsciente (primeira tópica da psicanálise desenvolvida pela teoria freudiana)[115].

Para essa linha de abordagem psicologista, toda produção humana – e dentro dela, a intelectual – guardaria pequena (ou nenhuma) relação de liberdade em relação ao determinismo linguístico da *psykhè*[116]. Tal abordagem, na história da lógica, remonta à concepção psicológica da lógica traçada pela Escola de Port-Royal, que consiste em definir a lógica como a arte de bem guiar a razão humana. O caráter psicológico dessa concepção está relacionado ao fato de ela partir de algumas realizações do pensamento, tendo como propósito delimitar a forma do pensamento em geral.[117]

Ora, é da certeza de uma impossível pureza das ideias que decorre a exigência inegociável da defesa do método científico racionalmente justificável para a produção de decisões judiciais[118], em oposição à metafísica – e ao que não pode ser objetivamente apresentado ou, ainda, que pela adoção de premissas maiores falsas podem conduzir a um falso-positivo –, conduzida exclusivamente conforme o raciocínio da lógica-dedutiva aristotélica[119]. Não se

---

115. Avanço tratado por Sigmund Freud como "terceira ferida narcísica da humanidade" (sendo a primeira de autoria de Nicolou Copérnico, Galileu Galilei e Giordano Bruno, com a comprovação do heliocentrismo, e a segunda com Charles Dawrin e a teoria da evolução das espécies). A descrição do inconsciente seria, então, a terceira ferida do narcisimo humano e seu ingênuo amor próprio (primeira tópica da teoria freudiana, a descrição dos três "Cs", do "princípio do prazer" e da "pulsão por morte"). Ver mais em: BARATTO, Geselda. Descobrindo o encobrimento da descoberta freudiana, a psicanálise e a "ego psychology". **Portal de Revistas da USP**, v. 7 n. 12 (2002), pp. 156-177. Disponível em: <http://www.revistas.usp.br/estic/article/view/61127/64127>. Acessado em 23/08/2020, p. 158-166.

116. CHATELARD, Daniela Scheinkman. Do determinismo psíquico às escolhas subjetivas. **Rev. Dep. Psicol., UFF vol.19 no.2** Niterói July/Dec. 2007, p. 340-343; STRAPASSON, Bruno Angelo e DITTRICH, Alexandre. Notas sobre determinismo: implicações para a psicologia como ciência e profissão. **Avances en Psicología Latinoamericana**, Bogotá (Colombia), Vol. 29(2), pp. 295-301, 2011, p. 297-298.

117. TUGENDHAT, Ernest. **Propedêutica Lógico-Semântica**. Petrópolis, Editora Vozes, 1997, p. 11. Ver mais: BLANCHÉ, Robert. **História da Lógica**. Lisboa: Edições 70, 2001, p. 182. A lógica de Port-Royal é um tratado publicado em 1662, de autoria de Antoine Arnaud e Pierre Nicole, intitulado La Logique ou l'art de penser. "O traço mais marcante deste tratado lógico é paradoxalmente, a pouca importância dada à lógica. (...) Uma Lógica que seria, como indica o título do livro, não uma ciência, mas uma arte; e não uma arte de combinar palavras ou fórmulas verbais, mas uma arte pela qual se aprenderia, para além das fórmulas verbais, a pensar melhor."

A mais célebre defesa de uma concepção psicologista de lógica, no entanto, é aquela elaborada por J. S. Mill, não apenas pela influência que ela se mostrou capaz de exercer, mas também porque se trata de uma formulação mais clara da perspectiva lógica contra a qual o psicologismo se voltará. J. S MIll, ao analisar a definição de lógica como "the Art of Reasoning", diz o seguinte sobre a importância da análise do conhecimento dos processos mentais para a análise lógica: "A right understanding of the mental process itself, of the conditions it depends on, and the steps of which a system of rules, fitted for the direction of the process, can possibly be founded. Art necessarily presupposes scientific knowledge: and if every art does not bear the name os a science, it is only because several sciences are often necessary to form the groundwork of a single art." (MILL, John Stuart. **A System of Logic:** Ratiocinative and Inductive. Havaii: University Press of The Pacific, 2002, p. 2.)

118. GRINOVER, Ada Pellegrini. **Provas ilícitas, interceptações e escutas**, *op. cit.*, p. 81-82; nesse mesmo sentido, GOMES FILHO, Antônio Magalhães. **A motivação das decisões penais**, *op. cit.*, p. 73.

119. Remete-se para a crítica ao Silogismo de Bárbara explicado no subcapítulo 2.4 deste Livro.

admite, contudo, qualquer confusão entre a corrente psicologista e a corrente racionalista; diga-se: elas não são a mesma coisa. Em verdade, funcionam em complementaridade, na medida em que a primeira se identifica com a motivação da decisão em sua expressão linguística (ou seja, das escolhas terminológicas elegidas pelo sujeito e que justificam suas escolhas[120] ao se expressar), enquanto a segunda analisa as razões que justificam a motivação de determinada decisão[121] e que são *controláveis a partir das garantias fornecidas pela argumentação do julgador*[122].

Por esse motivo, é necessária a exposição da subjetividade[123] do juízo em suas razões de decidir: desde a eleição das hipóteses ao encadeamento lógico que deve existir entre os eventos e fatos observáveis, a partir dos *meios de prova* produzidos e considerados aptos à comprovação da ocorrência de determinada hipótese, assim como da inocorrência das demais hipóteses oferecidas como explicação.

A adoção pelo método narrativo culminará em uma fundamentação ligada à apresentação de uma hipótese e a sequência explicativa de eventos, considerados como comprovados, que a elevam à categoria de hipótese comprovada ou mais provável de ser comprovada (*story model*)[124] em relação aos eventos narrados.

O método narrativo, a despeito de sua possível utilização para operações lógicas simples, não nos parece ser satisfatório para o atingimento de um *standard* probatório de elevado grau de confirmação, como é o *BARD*; pois o mero encadeamento sucessivo dos eventos narrados não seria suficiente para garantir a força das hipóteses narradas pelos adversários processuais,

120. Sendo que tais escolhas não são livremente pautadas pelo sujeito, mas sim motivadas por suas atividades associadas ao seu modo de pensar, conhecimento, memória e desempenho comunicativo. A psicologia cognitiva, concebida por Carl Jung, por exemplo, visa explorar e compreender tais padrões apresentados pelo sujeito – a partir da linguagem, oral, escrita ou visual –, que exprimem e ilustram a bagagem interna desse sujeito. Ver mais em: ANDRADE, Flávio da Silva. **Julgamentos criminais na perspectiva da psicologia. Heurísticas e vieses, dissonância cognitiva, falsas memórias e comparticipação**. – Salvador: Juspodivm, 2020, p. 23-29.

121. Nesse sentido, se adverte que a ambiguidade do termo "motivar" (com significado de "motivo", assim como de "razão") não deve conduzir o leitor ao erro de presumir que tais concepções sejam meros sinônimos conceituais, sob pena de termos reduzido o debate no entorno do que seriam as razões decisórias e os padrões linguísticos utilizados pelo magistrado no momento de justificação da decisão. Ver mais em: FERRER-BELTRÁN, Jordi. **Prueba sin convicción: Estándares de prueba y debido proceso**. – Madrid: Marcial Pons, 2021, p. 187.

122. E que funcionam como indicadores externos de sua subjetividade. Elas podem ser cogentes, no sentido de atribuir força para o argumento sustentado, assim como podem ser imprestáveis para conferir tal força necessária para a sustentabilidade do argumento exposto na decisão.

123. TOULMIN, Stephen. **Os usos do argumento**, *op. cit.*, p. 120-121.

124. ACCATINO, Daniela. **Atomismo e holismo en la justificación probatoria. Isonomía**, n. 40, abr.-2014, p. 26-44.

sobretudo se consideradas as especificidades da presunção da inocência como vetor direcional/limitador do processo penal em sua completude.

A escolha pelo método argumentativo, por outro lado, nos leva a uma fundamentação de verificação individualizada (ponto a ponto) dos elementos e hipóteses contrapostas na ação, que em razão do falseamento de cada um, se apresenta como hipótese vencedora, alçando a sua respectiva prova ao patamar de atingimento de elevada suficiência probatória exigida para a ocorrência do evento em questão[125].

Em termos linguísticos, sempre poderemos classificar uma afirmação como "possível", "provável" ou "talvez", a depender do nível de comprometimento que tenhamos – em termos de disponibilidade – para o argumento. Entretanto, importa menos de que forma esse comprometimento se dará no plano da linguagem, e mais que tal comprometimento seja externalizado para o leitor, pois a força do argumento se verificará pela qualificação da força de nossas asserções, promessas e avaliações, a partir de tal externalização, de modo a permitir para o leitor o controle da qualidade do argumento posto[126].

O raciocínio empreendido para o atingimento do *BARD*, pressupõe, portanto, a existência de uma argumentação inferencial de caráter majoritariamente indutivo, em vista de atender à confirmação das hipóteses trazidas pelas partes como explicação para a ocorrência dos eventos e fatos observáveis. A adoção da lógica-indutiva inferencial, entretanto, não anula a adoção do raciocínio lógico-dedutivo.

Na realidade, ambos funcionam em complementaridade, na medida em que a lógica-dedutiva pressupõe a veracidade de determinadas premissas fáticas e conduz invariavelmente a determinada conclusão, resultante do silogismo aristotélico[127]:

Premissa Maior (PM) + premissa menor (Pm) = Conclusão (C)

125. ACCATINO, Daniela, *op. cit.*, p. 26-44; MELIM, Mafalda. ***Standards* de prova e grau de convicção do julgador**, *op. cit.*, p. 158.

126. Nesse sentido, afirma-se que a qualificação das nossas conclusões e asserções autoriza o ouvinte a ter mais ou menos fé nas asserções ou conclusões, de modo a confiar nelas, tratá-las como correspondentes e mais ou menos dignas de confiança. TOULMIN, Stephen. **Os usos do argumento**, *op. cit.*, p. 129-130.

127. Cita-se como exemplo o popular silogismo chamado "Bárbara": Todos os homens são morais (PM), Sócrates é homem (pm), logo, Sócrates é mortal (conclusão dedutiva). BERTRAND, Russell, *op. cit.*, p. 248; também citado em BADARÓ, Gustavo. **Epistemologia judiciária e prova penal**, *op. cit.*, p. 96 e TOULMIN, Stephen. **Os usos do argumento**, *op. cit.*, p. 137-138.

A crítica da filosofia moderna em relação ao raciocínio lógico-dedutivo – baseado na lógica de Aristóteles – se faz no sentido de que o sistema de silogismos proposto não expõe os defeitos do próprio sistema, tendendo à supervalorização do silogismo quando comparado com outras formas de raciocínio dedutivo e à supervalorização da própria dedução enquanto forma de raciocínio. O principal problema disso é evidenciado pela própria operação lógica-dedutiva, que ao ser *parcialmente* falseada em suas premissas, pode vir a oferecer uma conclusão desviada (ainda que garantida)[128]. Além disso, uma outra crítica, anterior a essa, feita por George Boole, trata de evidenciar que as proposições universais, ao contrário do que supõe a lógica aristotélica, não possuem conteúdo existencial. Isso tem, naturalmente, consequências para o modelo lógico-dedutivo, pois provoca uma mudança fundamental no quadro de oposição da lógica tradicional, que descreve o nexo entre as diversas modalidades de proposições, determinando qual tipo de relação lógica elas mantêm entre si.[129]

Não se ignora essa crítica filosófica. Entretanto, a epistemologia jurídica cuida do ajuste necessário que é devido à epistemologia clássica da filosofia, uma vez que a conclusão (jurídica) a que se pretende chegar com a adoção do raciocínio hipotético regido pela lógica-dedutiva não é precisamente o estabelecimento de uma verdade absoluta, mas sim uma aproximação da verdade (construída, confirmada, garantida), a fim de se colocar fim a um determinado conflito[130].

---

128. Cita-se novamente o exemplo do silogismo "Bárbara" ao ser alterado em sua premissa menor: Todos os homens são mortais (PM), Todos os gregos são homens (PM), logo, todos os gregos são mortais (conclusão dedutiva equivocada). A premissa menor "todos os gregos são homens" contém dois enunciados: "existem gregos" e "se algo é grego, esse algo é homem" – ou seja, há a eleição hipotética de dois fatos que caso confirmados entre si tornam a premissa menor verdadeira. Se não há essa confirmação, a premissa menor deixa de ser verdadeira e conduz à uma conclusão viciada. RUSSELL, Bertrand, *op. cit.*, p. 248-249. Sobre a teoria silogística de Aristóteles, ver mais: KNEALE, William & KNEALE, Martha. **O Desenvolvimento da Lógica**. Lisboa: Fundação Calouste Gulbenkian, 1980, p. 69.

129. COPI, Irving. **Introdução à Lógica.** São Paulo: Editora Mestre Jou, 2001, p. 158: "Na interpretação booleana, considera-se que as proposições universais não têm conteúdo existencial. Contudo, uma proposição universal formulada em português corrente com o intuito de afirmar existência pode ser representada em termos booleanos. Isto realiza-se mediante o uso de duas proposições, a universal booleana não-existencial e a correspondente particular existencial." Uma das principais consequências disso, no que nos interessa, é que as proposições "Todo homem é mortal" e "Nenhum homem é mortal" podem ser verdadeiras, a despeito de "Algum homem é mortal" e "Algum homem não é mortal" serem falsas. No plano geral, a afirmação de existência passa a ser compreendida como de explicitação necessária, não podendo portanto ser pressuposta. A pressuposição incorre na Falácia Existencial. Com efeito, não se pode inferir validamente "Algum homem é mortal" de "Todo homem é mortal", pois a primeira constitui uma afirmação de existência, ao passo que a última é não-existencial, de acordo com George Boole.

130. MATIDA, Janaía e HERDY, Rachel. **As inferências probatórias: compromissos epistêmicos, normativos e interpretativos,** *op. cit.*, 209-210.

Levando em consideração as especificidades do mundo jurídico, a argumentação dedutiva será considerada válida se, a despeito do teor das premissas e da conclusão, se por sua forma, as premissas, de fato, implicarem resultado conclusivo. O imperativo lógico a ser explorado – para garantir a sua ocorrência – se dá no sentido de que não pode existir contradição entre as premissas proposicionais (ainda que implícitas) e a conclusão obtida[131].

Dentre as soluções propostas, para fins de garantia do argumento, está a adoção do esquema de Toulmin, que sugere que os elementos fundamentais de um argumento são o dado (D), a conclusão (C) e a justificativa (J), cuja estrutura de linguagem se dá pelo resultado obtido pela operação/equação: a partir de um dado (D), por causa da justificativa (J), tem-se a conclusão (C)[132].

Tal silogismo poderá ser objeto de uma adição, caso sejam fornecidos outros elementos qualificadores do argumento, chamados de qualificadores modais (Q), assim como também poderá sofrer uma subtração, por ocasião de uma refutação do argumento (R) e poderá, ainda, sofrer a influência de uma alegação categórica, também denominada de *backing* ou garantia (B), na base da justificativa (J); fornecendo para a estrutura do argumento um elemento externo à própria equação[133].

---

131. Cita-se como exemplo, o caso *Daniels e Daniels v. R. White & Sons e Tarbard*. Tratava-se de uma ação indenizatória por intoxicação alimentar. O marido do "casal *Daniels*" comprou uma garrafa de limonada produzida pela *R. White* e comercializada pelo *Sons e Tarbard*, tendo ingerido, em conjunto com a sua esposa, o conteúdo da garrafa e, posteriormente, ambos foram acometidos pelos efeitos da intoxicação alimentar advinda da ingestão de alta concentração de ácido carbólico. O parecer do juiz Lewis traz em seu conteúdo a afirmação de que "a garrafa que na realidade continha ácido carbólico com a limonada não era de qualidade própria para a comercialização" – sendo que, desta afirmação, extraímos a premissa tomada pelo juiz, a partir de duas proposições: (i) a garrafa de limonada comprada pelo sr. Daniels continha ácido carbólico. (ii) Portanto, a garrafa de limonada comprada pelo sr. Daniels não era de qualidade própria para comercialização. Ver mais em: MACCORMICK, Neil. **Argumentação jurídica e teoria do direito**. Trad. Waldéa Barcellos. Rev. da Trad. Marylene Pinto Michael. 2ª ed. – São Paulo: Martins Fontes, 2009, p. 24-28.

132. SÁ, Luciana Passos; KASSEBOEHMER, Ana Claudia e QUEIROZ, Salete Linhares. Esquema de argumento de Toulmin como instrumento de ensino: explorando possibilidades. **Revista Ensaio**: Belo Horizonte, v.16, n. 03, p. 147-170, set-dez, 2014, p. 150; MATIDA, Janaína e HERDY, Rachel. As inferências probatórias: compromissos epistêmicos, normativos e interpretativos. *op. cit.*, p. 216; TOULMIN, Stephen. **Os usos do argumento**, *op. cit.*, p. 143.

133. SÁ, Luciana Passos; KASSEBOEHMER, Ana Claudia e QUEIROZ, Salete Linhares, *op. cit.*, p. 150-151.

Levando tais operações em consideração, a figura que ilustra o esquema do argumento de Toulmin fica assim definida[134]:

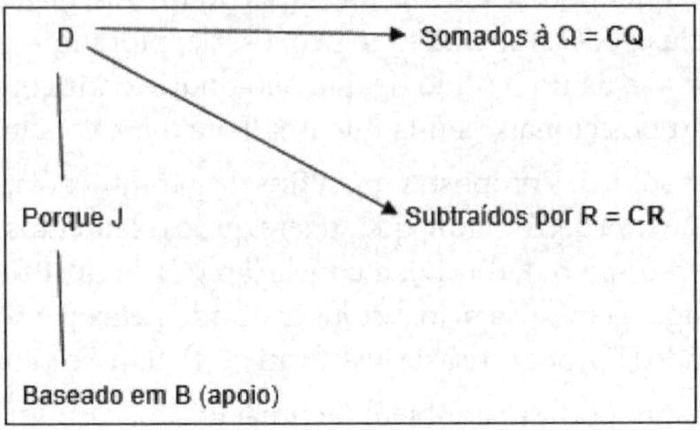

Desse modo, operada a equação ilustrada acima pelo *layout* de Toulmin o resultado do argumento obtido, diga-se: a conclusão final apresentada (C) será *sólida*, em caso de adição do argumento por qualificadores modais (Q); ou será *fraca*, em caso de subtração do argumento pela refutação (R).

Ou seja, em dada medida, a garantia do argumento é incidental e explanatória e possui como função, a tarefa de registrar a legitimidade do "passo a passo" que é dado no plano da linguagem para a construção do raciocínio[135].

Seguindo essa estrutura argumentativa, e de modo a transportá-la para o ambiente jurídico, Janaina Matida e Rachel Hardy[136] sugerem que a análise da justificativa, baseada na *garantia* fornecida pelo silogismo deverá partir da tipologia das inferências probatórias, a fim de identificarmos sua força, conforme o seguinte quadro:

TIPO	GARANTIA	FUNDAMENTO	FINALIDADE	FORÇA
EPISTÊMICA	Proposição que estabelece uma relação entre fatos	Regra da experiência	Aproximação da verdade	Cogência do argumento indutivo que dá suporte à regra da experiência

134. TOULMIN, Stephen. **Os usos do argumento**, *op. cit.*, p. 159; SÁ, Luciana Passos; KASSEBOEHMER, Ana Claudia e QUEIROZ, Salete Linhares, *op. cit.*, p. 150; MATIDA, Janaína e HERDY, Rachel. As inferências probatórias: compromissos epistêmicos, normativos e interpretativos, *op. cit.*, p. 216; KOCHEM, Ronaldo, *op. cit.*, p. 119-120; NUNES, José Messildo Viana e ALMOULOUD, Saddo Ag. O modelo de Toulmin e a análise da prática da argumentação em matemática. **Revista Educ. Matem. Pesq.**, São Paulo, v.15, n.2, pp. 487-512, 2013, p. 489-490.

135. TOULMIN, Stephen. **Os usos do argumento**, *op. cit.*, p. 143.

136. MATIDA, Janaína e HERDY, Rachel. **As inferências probatórias: compromissos epistêmicos, normativos e interpretativos**, *op. cit.*, p. 219.

NORMATIVA	Proposição que prescreve uma associação entre fatos; Proposição que prescreve uma preferência institucional;	Regra jurídica	Aproximação da verdade; Proteção de um valor;	Caráter autoritativo do Direito
INTERPRETATIVA	Proposições que expressam condições formais e materiais de correção de um conceito	Regra conceitual	Remete à função dos conceitos, ao ordenar, classificar, compreender, predizer etc.	Dependerá dos aspectos relacionados à sua finalidade e origem

Assim, a operação inferencial de lógica-dedutiva que deveria ser realizada, baseada no esquema de Toulmin, *pressupõe* – antes mesmo da formalização da equação (D) + (Q) - (R) – a análise da *garantia* do argumento e sua respectiva força probante em relação aos dados que pretende justificar sob o aspecto racional[137].

Desse modo, não se vislumbra, em tese, um problema quanto a adoção do raciocínio hipotético-dedutivo como forma de justificação racional das conclusões obtidas a partir de premissas consideradas verdadeiras (garantidas) pelo julgador (por meio da teoria argumentativa de Toulmin)[138], desde que preenchidas as três etapas inferenciais na construção do raciocínio jurídico – também chamadas de "tipologia das inferências probatórias" –, de modo a conferir exposição à subjetividade da decisão e fornecer o elemento que atribui força à garantia[139] após a sua verificação de *justificação externa* e *interna*[140].

A primeira etapa seria a epistêmica, guiada pelas regras de experiência e presunções de caráter geral, a exemplo das situações que podem ser

137. TOULMIN, Stephen. **Os usos do argumento**, *op. cit.*, p. 143-145.

138. Também tratada em: BADARÓ, Gustavo. **Epistemologia judiciária e prova penal**, *op. cit.*, p. 228-232.

139. MATIDA, Janaía e HERDY, Rachel. **As inferências probatórias: compromissos epistêmicos, normativos e interpretativos,** *op. cit.*, 214-218.

140. Sendo que a justificação externa estaria ligada ao "conjunto de razões pertencentes ao Direito" que condiciona a análise epistemológica, normativa e interpretativa, e a sustentação/resistência das hipóteses fáticas do caso concreto em relação a tal análise, de modo a atingir a suficiência da justificação interna quando confirmadas. GARCÍA-FIGUEROA, Alfonso. Justificación interna y justificación externa. *In:* GASCÓN-ABELLÁN, Marina (Coord.). **Argumentación Jurídica**. – Valencia: Tirant, 2014, p. 178-182.

observadas pelo cotidiano dos fatos ou por casos idênticos anteriores que confirmam o seu acontecimento do mundo do "ser"[141].

A segunda etapa seria a normativa, guiada pelo próprio regramento jurídico e os limites impostos pelo legislador, a exemplo das regras que implicam em uma tomada de decisão pré-determinada (ônus da prova e presunção da inocência)[142].

A terceira etapa, seria a interpretativa, guiada pelos conceitos jurídicos pré-estabelecidos pela doutrina, cuja aplicabilidade enquanto garantia implica na adoção de determinada escolha pelo julgador[143]. Ou seja, se no curso da justificativa de seu raciocínio hipotético-dedutivo, o julgador adota em sua primeira etapa de exposição uma correlação livre da hipótese dos fatos com o mundo do "ser", nas segunda e terceiras etapas a conclusão lógica primeva obtida deverá - necessariamente - passar ainda por dois *firewalls* que se referem ao mundo do "dever ser" e que atuam, em estrita relação, com o princípio da legalidade, enquanto limite legal imposto à livre valoração das provas[144].

A lógica hipotético-dedutiva serviria, assim, para orientar (e ao mesmo tempo expor a subjetividade) a conclusão obtida pelas premissas utilizadas pelo julgador na fase subsequente de valoração da prova; momento em que já estão estabelecidas as premissas base da decisão e a lógica-indutiva deve ser invocada para justificar a sobreposição de cada uma das premissas que sustentam as hipóteses fáticas contrapostas entre si, levando à conclusão decisional[145].

Em resumo: no esquema de Toulmin aplicado ao Direito[146], a força do argumento se dá a partir de uma probabilidade confirmada, ou mais confirmada, após a submissão de sua refutação epistêmica, normativa e interpretativa; sendo que a utilização deste esquema para fins de confir-

141. MATIDA, Janaía e HERDY, Rachel. **As inferências probatórias: compromissos epistêmicos, normativos e interpretativos,** *op. cit.*, 219-222.

142. MATIDA, Janaía e HERDY, Rachel. **As inferências probatórias: compromissos epistêmicos, normativos e interpretativos,** *op. cit.*, 222-228.

143. MATIDA, Janaía e HERDY, Rachel. **As inferências probatórias: compromissos epistêmicos, normativos e interpretativos,** *op. cit.*, 229-232.

144. MATIDA, Janaía e HERDY, Rachel. **As inferências probatórias: compromissos epistêmicos, normativos e interpretativos,** *op. cit.* p. 214 e 224.

145. Levando-se em consideração que as afirmações de garantias são hipotéticas (afirmações-pontes), mas o *apoio* para as garantias poderá ser expresso na forma de afirmações categóricas de fato, como também podem ser expressos pela invocação de dados que suportam de maneira direta as conclusões obtidas. Ver mais: TOULMIN, Stephen. **Os usos do argumento,** *op. cit.*, p. 151.

146. Nesse sentido, convém salientar que "se tivermos que expor nossos argumentos com completa imparcialidade lógica e compreender adequadamente a natureza "do processo lógico", teremos, com certeza, de empregar um padrão de argumentos tão sofisticado, no mínimo, quanto é necessário em Direito.". Ver mais em: TOULMIN, Stephen. **Os usos do argumento,** *op. cit.*, p. 139.

mação do viés lógico-indutivo das hipóteses pressupõe o conhecimento das três distintas áreas da tipologia das inferências probatórias. Em outras palavras, é necessário o domínio do julgador quanto a aplicação das regras da experiência, jurídicas e conceituais.

Para além da possibilidade trazida por Toulmin, a partir da análise da força dos argumentos pela exposição de seu viés confirmatório, outra proposta para a resolução dos problemas lógicos, que se dá partir da *probabilidade condicional*, advém da utilização do Teorema de Bayes. Este, por sua vez, prevê a igualdade entre duas afirmações hipotéticas de eventos permutáveis, onde a probabilidade 01 está contida na intersecção de eventos "A" e "B", tal qual a probabilidade 02 está contida na interseção de eventos "B" e "A", conforme a seguinte ilustração[147]:

$$P1 = (A \cap B) = P2 = (B \cap A)$$

O resultado da interseção obtida entre os eventos "A" e "B" se dá a partir da operação inferencial de tais eventos sucessivos, cuja expressão tem lugar na seguinte equação:

$$P(A/B) = \ . P(A)$$

Nesta equação, tem-se que P(A) é a chamada de *probabilidade a priori*, ou seja, é a informação que se tem primeiro a respeito de determinado problema, sem a interferência do evento "B" (também chamado de probabilidade secundária); ao passo que a resolução do problema, será o resultado obtido pela intersecção da *probabilidade a priori e o evento secundário* P(A/B) advindo da operação da razão existente entre *o evento secundário e a probabilidade a priori e o próprio evento secundário multiplicado pelo fator de atualização da probabilidade a priori*[148]. Onde:

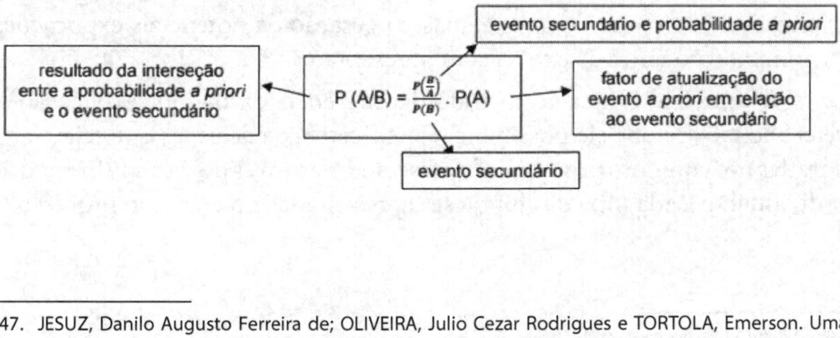

147. JESUZ, Danilo Augusto Ferreira de; OLIVEIRA, Julio Cezar Rodrigues e TORTOLA, Emerson. Uma proposta para o ensino do Teorema de Bayes na perspectiva da resolução dos problemas. Educação Matemática na Contemporaneidade: desafios e possibilidades. **XII Encontro Nacional de Educação Matemática**. São Paulo, 13 a 16 de julho de 2016, p. 04-06.

148. PENA, S.D, Thomas Bayes: O Cara. **Revista Ciência Hoje**, vol 38, nº 228, 2006. Disponível em: <www.icmc.usp.br/pessoas/francisco/sme0120/material/Thomas_Bayes_CH.pdf>. Acesso em 01/03/2021, p. 28.

Por fim, deve-se considerar, além disso, um terceiro caminho dentro do plano da argumentação linguística.

Em certa oposição ao raciocínio probabilístico, adotado pela lógica-indutiva e defendido pela corrente atomista, encontra-se o raciocínio lógico-abdutivo de *inferência da melhor explicação*, também chamado de corrente holística; cujo método permitiria identificar, dentre as hipóteses possíveis, qual seria a melhor hipótese, apta a explicar os fatos observáveis, sendo descrita conforme[149]:

D = coleção de dados (fatos e eventos observáveis) que devem ser explicados;
H = hipótese que, sendo verdadeira, explica D;
Nenhuma outra hipótese explica D tão bem quanto H;
.: H provavelmente é verdadeira.

A *inferência da melhor explicação* trabalha, assim, com a eleição de hipóteses que possam servir para explicar os fenômenos observáveis; de maneira que, para a avaliação da ocorrência de tais hipóteses, parte-se dos seguintes critérios: a) coerência interna (não pode existir contradição no discurso); b) amplitude (capacidade de aglutinação do maior número de explicações sobre os fatos/eventos observáveis); c) profundidade (melhor capacidade de relacionar/narrar os fatos/eventos observáveis entre si); d) simplicidade (capacidade de explicar os fatos sem a necessidade de inferências auxiliares); e) adequação empírica (coerência da hipótese em relação ao conhecimento sobre o mundo) – sendo este último critério um apêndice do primeiro[150].

Em se tratando de propostas inferenciais, tanto o raciocínio lógico-indutivo quanto o raciocínio lógico-abdutivo trabalham com o encadeamento de fatos/eventos narrados e as possíveis explicações para a sua ocorrência, em sentido probabilístico; sendo que, no raciocínio lógico-abdutivo, seriam os elementos probatórios observáveis que constituiriam a força do argumento explicativo[151], a partir de duas etapas: a) geração de potenciais explicações; b) comparação entre as explicações apresentadas[152].

A principal crítica ao método da inferência da melhor explicação se refere ao fato de que ele possibilita a justificativa de decisões que sejam amparadas no "conjunto probatório" apresentado, ao invés do viés confirmatório individual de cada uma das hipóteses apresentadas no curso do processo[153].

---

149. PEIXOTO, Ravi, *op. cit.*, p. 91.
150. PEIXOTO, Ravi, *op. cit.*, p. 93.
151. PEIXOTO, Ravi, *op. cit.*, p. 94.
152. PEIXOTO, Ravi, *op. cit.*, p. 95.
153. PEIXOTO, Ravi, *op. cit.*, p. 96.

Há também o problema relacionado à possibilidade de escolha, pelo julgador, da melhor hipótese explicativa dentre várias hipóteses fracas (em termos confirmatórios) – apenas porque aquela hipótese, ainda que fraca, refletiria a melhor explicação para a ocorrência dos eventos e fatos observáveis no processo[154].

Ainda que a exposição dos diferentes tipos de instrumentos utilizados para a medição de probabilidades do raciocínio lógico não seja o escopo principal do presente trabalho e que, nesta exposição, tenhamos dado preferência aos modos que consideramos como principais – a fim de justificar o método de inferência por nós elegido na fase de análise qualitativa das sentenças –, é necessária a apresentação da probabilidade matemática ao nosso leitor, para além dos padrões linguísticos.

A probabilidade matemática, amplamente utilizada para a definição de acontecimento (ou não) de eventos futuros, a partir da análise de padrões repetitivos e variáveis previsíveis, a despeito do esforço de muitos lógicos e filósofos, não constitui o método mais adequado para a análise do raciocínio inferencial da linguagem, pois nesta a discussão é estética, e não numérica; de modo que a teoria da matemática da probabilidade (utilizando-se da aritmética e da estatística) não poderia alterar a *força* do argumento linguístico[155].

Em termos lógicos, as operações matemáticas estariam ligadas a um resultado verdadeiro *necessário*, ao passo que as operações linguísticas admitiriam um resultado verdadeiramente *suficiente* (provável).

No que se refere especificamente aos recursos que envolviam as ações penais da Op. LJ, o Desembargador João Pedro Gebran Neto, do TRF4, expôs, em suas razões de decidir, que "a *convergência*" dos elementos probatórios do processo poderiam ser reputados como suficientes ao atingimento do *BARD*[156]; fato que demonstra uma inclinação do julgador em relação à inferência da melhor explicação, e que, em relação à adoção da técnica de *standards* probatórios, pode conduzir a resultados decisórios equivocados e insustentáveis do ponto de vista lógico.

154. PEIXOTO, Ravi, *op. cit.*, p. 97.

155. Não se quer dizer com isso que a matemática seja abandonada pela filosofia da linguagem e, em especial, pela análise de probabilidades lógicas. Isto sequer seria possível. A abstração fornecida pela matemática produz o refinamento teórico dos padrões de repetição e as lições que podem tirar dos diferentes graus de expectativa de ocorrência para eventos futuros. Ver mais em: TOULMIN, Stephen. **Os usos do argumento**, *op. cit.*, p. 130-131.

156. MELLO, Sebástian Borges de Albuquerque e GONÇALVES, Alana Stefanello. Suficiência Probatória no direito criminal brasileiro: descaracterizaçao do *standard* probatório *beyond a resonable doubt*. **Revista Brasileira de Ciências Criminais**, vol. 167, ano 28, p. 303-328. São Paulo: Revista dos Tribunais, maio de 2020, p. 319.

A adoção da técnica de decisão dos *standards* probatórios, e, em especial, o *BARD*, pressupõe a *confirmação* das hipóteses relacionadas aos fatos e eventos observáveis pelos *meios de prova* que servem para a sua sustentação. Não basta que as hipóteses apresentadas sejam convergentes. As hipóteses precisam ser confirmadas, uma a uma, em determinado encadeamento lógico de ocorrência e coerência, a fim de justificar a veracidade de uma proposição fática em relação às demais e a insustentabilidade da proposição que corresponde à sua negativa lógica.

O método inferencial da melhor explicação poderia ser aceitável para decisões proferidas em julgamentos que admitem a íntima convicção[157] (a exemplo das decisões proferidas pelo Tribunal do Júri). Todavia, em se tratando de um modelo de julgamentos singulares, cuja justificativa deve ser pormenorizada e apta à exposição da subjetividade das razões de decidir do juiz, tal metodologia é inaceitável e incompatível com a efetividade do sistema adversarial, assim como com a epistemologia garantista.

3.4.3. O método elegido para verificação do elevado grau de confirmação hipotética e atingimento do *BARD* nas sentenças analisadas

Conforme dito, a adoção da lógica-indutiva, para fins de atingimento de *standards* probatórios, faz necessária a eleição de uma lei geral, que será mais abrangente que as premissas utilizadas no raciocínio inferencial e que levarão até a sua conclusão[158].

No caso do *BARD* (lei geral), as premissas elegidas conforme as hipóteses fáticas apresentadas pelas partes (premissas particulares), contrapostas umas às outras, devem levar à conclusão de absolvição, caso não sejam confirmadas de modo a evidenciar a culpa (em seu sentido amplo) do sujeito acusado[159]; já que a opção política do Direito é no sentido de que a probabilidade de

---

157. GONZÁLEZ-LAGIER, Daniel. ¿Es posible formular un estándar de prueba preciso y objetivo? Algunas dudas desde un enfoque argumentativo de la prueba... *op. cit.*, p. 91; arbitrárias por excelência (do ponto de vista de sua justificação interna), já que ligadas à uma lógica que *admite validamente a incompletude das razões de decidir*, por uma força de escolha política do constituinte. Acerca da chancela do arbítrio por meio da íntima convicção, ver mais em: KOCHEM, Ronaldo, *op. cit.*, p. 131-132.

158. BADARÓ, Gustavo. **Epistemologia judiciária e prova penal**, *op. cit.*, p. 99.

159. Ou seja, a hipótese "X" não confirma a hipótese "Y", que não confirma a hipótese "Z" – logo, pela lei geral, o sujeito deve ser absolvido porque não se tem por destituído, de maneira observável, o seu estado de inocência, que é presumido de maneira absoluta por força do argumento normativo constitucional. Ver mais em: MATIDA, HARDY, **As inferências probatórias: compromissos epistêmicos, normativos e interpretativos,** *op. cit.* p. 228-229.

ocorrência da hipótese fática atingida pelo *BARD* é elevadíssima e se aproxima de um juízo de certeza[160].

Dentro da realidade apresentada pela doutrina, o *sentido*[161] do que vem a ser o *BARD* seria então a exigência de elevadíssimo grau de confirmação da hipótese fática que corrobora a identificação da culpa do sujeito, em seu sentido amplo, e que tem por objetivo diminuir os riscos de uma resposta "falsa-positiva", dentro de uma verificação relacionada a cada um dos fatos principais, assim como pela inexistência de fatos concretos contrários à hipótese principal por meio do raciocínio lógico-indutivo[162].

Mesmo que nosso intento neste trabalho não seja o de analisar qualitativamente a aplicação de determinado *standard* probatório nas diversas fases do processo penal – já que esta fase da pesquisa se concentrou apenas nas sentenças emergidas pela TFD[163] –, importa destacar que o *BARD* poderá ser considerado atingido em menor grau, conforme o momento processual vivido (a exemplo do que ocorre na decisão de recebimento da denúncia)[164], de maneira que no plano da linguagem, os argumentos poderão inferir conclusões *necessárias* (conclusivas/definitivas)[165] ou conclusões *prováveis* (em sentido probabilístico) diante do conjunto de provas que corroboram as hipóteses apresentadas naquele momento[166].

Não há que se falar em um rebaixamento do *standard* probatório conforme a fase processual ou, ainda, o aceite de uma garantia considerada como *fraca* para determinado argumento, em razão do momento do processo. O que existe, no plano jurídico, é a existência de uma *gangorra* imaginária, que penderá mais ou menos conforme as provas de corroboração que sustentam determinada hipótese fática, do mesmo modo que no plano da linguagem, o argumento trazido poderá ser admitido provisoriamente como provável, diante do conjunto de dados que o baseiam de início.

---

160. BADARÓ, Gustavo Henrique e BOTTINI, Pierpaolo Cruz. **Lavagem de dinheiro: aspectos penais e processuais penais. Comentários à Lei 9.613/1998, com as alterações da Lei 12.683/2012**. – São Paulo: Revista dos Tribunais, 2012, p. 294-295.

161. Ainda que não exista um consenso doutrinário quanto ao significado do signo "*BARD*", o seu sentido é sempre o mesmo: em caso de dúvida acerca da culpabilidade do sujeito, ele deve ser absolvido, pois o compromisso democrático do Estado de Direito é arcar com o ônus de absolver um possível culpado, ao invés de culpar um possível inocente.

162. PEIXOTO, Ravi, *op. cit.*, p. 133; BADARÓ, Gustavo. **Epistemologia judiciária e prova penal**, *op. cit.*, p. 259.

163. Conforme estabelecido no tópico 2.1 linhas acima.

164. Ver mais em PEIXOTO, Ravi, *op. cit.*, p. 47.

165. Por meio de proposições que vão de "D a C" de modo não ambíguo. Ver mais em: TOULMIN, Stephen. **Os usos do argumento**, *op. cit.*, p. 195.

166. Cujo "passo" será considerado como provisório, condicionado por qualificadores. Ver mais em: TOULMIN, Stephen. **Os usos do argumento**, *op. cit.*, p. 195.

No decorrer da marcha processual, com o incremento dos debates em torno das hipóteses fáticas deduzidas no processo, assim como de suas correspondentes negativas, em relação às respectivas provas de corroboração e dados de sustentação, o padrão de exigência de suficiência probatória deve aumentar.

Ou seja, o *BARD* exigido para o momento inicial do processo será em um grau "x", enquanto que o *BARD* exigido para o momento de condenação do processo será em grau de "2x" ou "3x" (a depender do conjunto inferencial apresentado no processo e o viés de confirmação/refutação exposto).

Em princípio, não se vislumbra qualquer problema ou incompatibilidade entre as distintas tentativas de conceituação apresentados pela doutrina em relação ao que seria o conteúdo semântico do *BARD*, tampouco de suas distintas formas metodológicas de aplicação, grau de suficiência verificado e o sistema processual brasileiro.

Todos pretendem imprimir para os destinatários da decisão os critérios conceituais, metodológicos e valorativos que devem ser utilizados pelo julgador em seu raciocínio jurídico[167], de modo a oferecer meios de controle da atividade judicial em relação ao enfrentamento das hipóteses fáticas debatidas pela acusação e defesa na ação penal, que serviriam à desconstituição do estado de inocência do acusado.

Para a análise qualitativa das sentenças partimos, então, dos seguintes pressupostos: *a)* o *BARD* é uma técnica de decisão que, para ser verificada do ponto de vista racional, necessita da exposição das premissas consideradas como verdadeiras, a partir de uma lógica inicialmente hipotético-dedutiva garantida por uma relação de causa e efeito (justificativa interna)[168], cuja contraposição conduz à eleição das hipóteses que serão submetidas ao raciocínio inferencial de lógica hipotético-indutiva, a fim de serem confirmadas ou não (justificativa externa)[169]; *b)* representa, no plano processual, a opção política do Estado Democrático de Direito[170], no sentido de que é melhor

---

167. GASCÓN-ABELLÁN, Marina. **Sobre la posibilidad de formular estándares de prueba objetivos**. In: Doxa: Cuadernos de Filosofía del Derecho. nº 28, 2005, p. 129.

168. MATIDA, Janaía e HERDY, Rachel. As inferências probatórias: compromissos epistêmicos, normativos e interpretativos, *op. cit.*, 210-214; ver também: BADARÓ, Gustavo. **Epistemologia judiciária e prova penal**, *op. cit.*, p. 221-227.

169. BADARÓ, Gustavo. **Epistemologia judiciária e prova penal**, *op. cit.*, p. 259-261.

170. Amparada pelo princípio da não culpabilidade, exposto na DUDH e refletido na Constituição americana, assim como na Constituição brasileira, conforme exposto linhas acima neste tópico. Tratado também como entrave axiológico em: BADARÓ, Gustavo. **Epistemologia judiciária e prova penal**, *op. cit.*, p. 248; e como compromisso político em: MATIDA, HARDY, As inferências probatórias: compromissos epistêmicos, normativos e interpretativos, *op. cit.* p. 214 e 224.

correr o risco de absolver culpados do que condenar inocentes[171]; *c)* confere legitimidade para a decisão judicial, quando confirmado (garantido) do ponto de vista linguístico (esquema de argumentação de Toulmin)[172].

171. MATIDA, Janaía e HERDY, Rachel. As inferências probatórias: compromissos epistêmicos, normativos e interpretativos, *op. cit.*, 213-218; BADARÓ, Gustavo. **Processo penal**, *op. cit.*, p. 438.

172. MATIDA, Janaía e HERDY, Rachel. As inferências probatórias: compromissos epistêmicos, normativos e interpretativos, *op. cit.*, 215-218; ver também: BADARÓ, Gustavo. **Epistemologia judiciária e prova penal**, *op. cit.*, p. 228-232.

A ANÁLISE QUALITATIVA DOS ASPECTOS PROBATÓRIOS DAS DECISÕES ANALISADAS DIANTE DA CATEGORIA CENTRAL DESTA PESQUISA

Conforme dito anteriormente, os anexos pertinentes ao desenvolvimento da presente pesquisa se encontram integralmente disponibilizados, o que também contempla a análise integral das três sentenças examinadas, de modo que para uma desejável leitura completa, remete-se o leitor para estes anexos (relatórios de análise 01, 02 e 03).

Tendo em vista as limitações inerentes ao escopo do trabalho, a exibição ora transcrita se atém aos elementos probatórios e códigos analisados que se relacionam com a categoria central da pesquisa.

Nesse ponto, é importante frisar também que o nosso foco se refere à análise das provas tratadas nas decisões como relevantes para o julgamento da ação penal, sua respectiva análise de validade e atingimento do elevado grau de suficiência probatória considerado pelo Juízo na formação de sua convicção racional.

Há uma análise de validade das provas que precede a escolha das provas que serão analisadas e que, por sua vez, precede a análise de atingimento ou não do grau de suficiência probatória, considerado como elevado e apto à formação do Juízo decisório.

4.1. SENTENÇA Nº 01

A primeira sentença, objeto da análise qualitativa, é a que se refere à ação penal nº 5025678-03.2014.4.04.7000/PR, identificada na Planilha I pelo número 07, réus: Alberto Youssef, André Catão de Miranda, Rene Luiz Pereira e Carlos Habib Chater.

Trata-se de ação penal concernente a tráfico internacional de drogas, lavagem de dinheiro, evasão de divisas e associação para o tráfico.

As investigações foram iniciadas em 2006 e 2009 (IPL nº 2009.7000003250-0 e IPL nº 2006.70000018662-8) e apuravam a origem de recursos movimentados em 2008 e 2009, através da CSA Project Finance Ltda., pelo ex-deputado federal José Mohamed Janene, denunciado na AP470 (absolvido em razão da extinção da punibilidade pela morte).

No rastreamento dos valores, foram identificados depósitos realizados nas contas de duas empresas controladas por Carlos Habib Chater (Angel Serviços Terceirizados Ltda. e Torre Comércio de Alimentos Ltda.); por isso, foi autorizada a interceptação telefônica de Carlos Habib Chater e seus subordinados associados, no período de 11/07/2013 a 17/03/2014 (autos nº 5026387-13.2013.4.04.7000), sendo, nesse ínterim, identificada a prática sucessiva de diversos crimes financeiros.

Em razão da interceptação telemática realizada em um dos processos conexos (autos nº 5026387-13.2013.4.04.7000), identificou-se que o grupo formado pelos réus reclamava sobre a apreensão de quase 700 (setecentos) quilos de cocaína, ocorrida em Araraquara/SP (autos nº 0014808-07.2013.4.03.6120) e, pelo teor das conversas, haveria indícios de que a droga pertencia a Rene Luiz Pereira.

Códigos ligados ao processo nº 07
"Dúvida razoável" - "Testemunha" - "Depoimento" - "Confissão" - "Pagamentos" - "Prova indiciária" - "Risco à Ordem Pública" - "Resguardar a Ordem Pública" - "Indício do caráter ilícito" - "Transações bancárias" - "Resguardar a Ordem Pública" - "Risco à Ordem Pública" - "Prova documental" - "Falta de prova suficiente" - "Colaborador" - "Materialidade do crime" - "Indícios" - "Prova documental" - "Comprovação" - "Transações" - "Risco à Ordem Pública" - "Materialidade" - "Prova indiciária" - "Resguardar a Ordem Pública" - "Standard"

Quadro resumo das denúncias:		**Prova oferecida na denúncia:**
Rene Luiz Pereira	Denunciado por tráfico internacional, associação para o tráfico, lavagem de dinheiro e evasão de divisas.	Apreensão de 698 Kg de cocaína em razão da interceptação telemática realizada no processo nº 5026387-13.2013.4.04.7000.
Alberto Youssef	Denunciado por lavagem de dinheiro e evasão de divisas.	Transações que totalizam USD 124 mil realizadas em ago./set. 2013; disponibilização de USD 36 mil a Rene Luiz Pereira, no dia 30/08/2013.

Carlos Habib Chater	Denunciado por lavagem de dinheiro e evasão de divisas.	Transações que totalizam USD 124 mil realizadas em ago./set. 2013; disponibilização de USD 88 mil a Rene Luiz Pereira, no dia 04/09/2013 e 11/09/2013.
André Catão de Miranda	Denunciado por lavagem de dinheiro e evasão de divisas.	Depósitos realizados na conta de titularidade de Gilson M. Ferreiras Transportes ME e Gilson Ferreira (interposta pessoa sem capacidade financeira), cujo intento era a lavagem de dinheiro.

Considerando o esquema argumentativo de Toulmin, em relação a cada um dos réus, observamos que:

Rene Luiz Pereira	
Dados	Tráfico internacional de drogas, em decorrência da apreensão de 689 Kg de cocaína, no interior de SP; Associação para o tráfico internacional de drogas; Lavagem de dinheiro; Evasão fraudulenta de divisas.
Garantia	Interceptação telemática da AP 5026387-13.2013.4.04.7000, que sugeria a apreensão de 700 Kg de cocaína, de propriedade do acusado e a atividade de tráfico, conforme diálogo transcrito (item 151); Possibilidade de admissão da prova indireta no crime de tráfico (crime antecedente), conforme entendimento jurisprudencial do Direito Comparado (item 219); Depósitos realizados na conta de Gilson Ferreira; Apreensão de USD 198 mil, no quarto de hotel onde Rene Luiz Pereira estava hospedado (sem mandado de busca, já que ele teria autorizado a entrada dos policiais no quarto, que consumaram o "flagrante"); Internalização de U$ 36 mil dólares, cujo comprovante de depósito não foi encontrado (conforme informações provenientes das interceptações); Admissão de prova indiciária para a demonstração do crime antecedente, conforme jurisprudência do TRF4, STJ e STF (item 225); Relatório COAF, que apontou a incompatibilidade das movimentações financeiras da empresa Gilson M Ferreira Transporte ME, com o seu enquadramento (item 213).

Operação (adição/ subtração)	Adição, em razão da interceptação telemática que revela a ciência da ilicitude do dinheiro depositado na conta (item 181 a 188); Subtração, em razão da impossibilidade de ligar – diretamente – o acusado aos batedores responsáveis pelo transporte da droga e à droga em si (item 123); Subtração, em razão de a prova testemunhal dos carregadores da droga possuir reduzido valor probatório em relação à Rene Luiz Pereira (item 127); Subtração, em razão do fato de que o Direito Comparado (jurisprudência estrangeira) não pode ser utilizado como argumento de vinculação normativa; Subtração, pelo fato de que não era possível ligar esse dinheiro ao crime antecedente (tráfico de drogas); Subtração, pelo fato de que não é possível ligar os valores apontados pelo COAF aos depósitos que seriam concernentes à primeira fase (ocultação) da lavagem de dinheiro.
Força	Na sentença analisada, a equação foi considerada sólida para reconhecer a materialidade e autoria do tráfico; Na sentença analisada, a equação foi considerada fraca e insuficiente ao reconhecimento da autoria de associação; Na sentença analisada, a equação foi considerada sólida para reconhecer a materialidade e autoria do crime de lavagem de dinheiro; Na sentença analisada, a equação foi considerada fraca e insuficiente ao reconhecimento da materialidade do crime de evasão de divisas relacionada ao depósito de U$ 36 mil dólares, mas foi considerada forte para o reconhecimento deste crime em relação aos depósitos realizados na conta de Gilson Ferreira.

Carlos Habib Chater	
Dados	Lavagem de dinheiro; Evasão fraudulenta de divisas.
Garantia	Interceptação telefônica e telemática da AP 5026387-13.2013.4.04.7000, que sugeria a prática sucessiva de diversos crimes financeiros relacionados à lavagem de dinheiro proveniente do tráfico de drogas (item 93); Depósitos realizados na conta de Gilson Ferreira (item 101); Relatório COAF, que apontou a incompatibilidade das movimentações financeiras da empresa Gilson M Ferreira Transporte ME, com o seu enquadramento (item 213); Internalização de USD 124 mil no Brasil, que seriam provenientes de Maria de Fátima Stocker e deveriam ser entregues a Rene Luiz Pereira (item 100);

	Internalização de U$ 36 mil dólares, cujo comprovante de depósito não foi encontrado (conforme informações provenientes das interceptações); Entendimento do STF no julgamento do IPL nº 2.424/RJ, de Relatoria do Ministro Cesar Peluso e HC 99.619/RJ, de Relatoria da Ministra Rosa Weber, para considerar como válida a interceptação telemática feita no Blackberry de Carlos Habib Chater (sem a renovação das autorizações sucessivas).
Operação (adição/ subtração)	Adição, em razão da interceptação telemática que revela a ciência da ilicitude do dinheiro depositado na conta (item 181 a 188); Adição, tendo em vista a autenticidade dos diálogos reconhecida em audiência por Carlos Habib Chater; Subtração, em razão da impossibilidade de extração do elemento subjetivo (volitivo) do cometimento do crime de lavagem; Subtração, pelo fato de que não é possível ligar os valores apontados pelo COAF aos depósitos que seriam concernentes à primeira fase (ocultação) da lavagem de dinheiro.
Força	Na sentença analisada, considerado sólido para reconhecer a materialidade e autoria do crime de lavagem de dinheiro (item 241); Na sentença analisada, considerada fraca e insuficiente ao reconhecimento da materialidade do crime de evasão de divisas (referente aos U$ 36 mil dólares que foram internalizados no Brasil).

André Catão de Miranda	
Dados	Lavagem de dinheiro; Evasão fraudulenta de divisas.
Garantia	Interceptação telefônica e telemática da AP 5026387-13.2013.4.04.7000, que sugeria a prática sucessiva de diversos crimes financeiros relacionados à lavagem de dinheiro proveniente do tráfico de drogas (item 93); Depósitos realizados na conta de Gilson Ferreira (item 101); Relatório COAF, que apontou a incompatibilidade das movimentações financeiras da empresa Gilson M Ferreira Transporte ME, com o seu enquadramento (item 213); Internalização de USD 124 mil no Brasil, que seriam provenientes de Maria de Fátima Stocker e deveriam ser entregues a Rene Luiz Pereira (item 100); Internalização de U$ 36 mil dólares, cujo comprovante de depósito não foi encontrado (conforme informações provenientes das interceptações); Entendimento do STF no julgamento do IPL nº 2.424/RJ, de Relatoria do Ministro Cesar Peluso e HC 99.619/RJ, de Relatoria da Ministra Rosa Weber, para considerar como válida a interceptação telemática feita no Blackberry de Carlos Habib Chater (sem a renovação das autorizações sucessivas).

Operação (adição/ subtração)	Adição, em razão da interceptação telemática onde Carlos Habib Chater revela a ciência da ilicitude do dinheiro depositado na conta (item 182); Adição, em razão da interceptação telemática dos diálogos realizados entre Rene Luiz Pereira e André Catão de Miranda, onde se extrai a combinação/programação de determinados depósitos relacionados à internalização do capital (item 188); Adição, tendo em vista a autenticidade dos diálogos reconhecida em audiência por André Catão de Miranda (item 190); Adição, tendo em vista o diálogo interceptado, onde Carlos Habib Chater teria dito a Rene Luiz Pereira que o comprovante de internalização dos USD 30 mil estaria com André Catão de Miranda (item 184); Subtração, em razão do fato de que o comprovante de depósito dos USD 30 mil nunca foi encontrado (item 185); Subtração, em razão da impossibilidade de extração do elemento subjetivo (volitivo) do cometimento do crime de lavagem, já que André Catão de Miranda negou ter ciência da origem dos delitos e justificou a realização dos depósitos como compatíveis com a movimentação de um posto de combustíveis; Subtração, tendo em vista que André Catão de Miranda era o gerente financeiro do Posto Torre e, portanto, empregado de Carlos Habib Chater, tendo sido demonstrada a relação de subordinação daquele com este último nos diálogos interceptados (item 101, item 188 e item 264); Subtração, pelo fato de que não é possível ligar os valores apontados pelo COAF aos depósitos que seriam concernentes à primeira fase (ocultação) da lavagem de dinheiro.
Força	Na sentença analisada, considerado sólido para reconhecer a materialidade e autoria do crime de lavagem de dinheiro (item 241); Na sentença analisada, considerada fraca e insuficiente ao reconhecimento da materialidade do crime de evasão de divisas (referente aos U$ 36 mil dólares que foram internalizados no Brasil).

Alberto Youssef	
Dados	Lavagem de dinheiro; Evasão fraudulenta de divisas.
Garantia	Interceptação telefônica e telemática da AP 5026387-13.2013.4.04.7000, que sugeria a prática sucessiva de diversos crimes financeiros relacionados à lavagem de dinheiro proveniente do tráfico de drogas (item 93); Internalização de U$ 36 mil dólares, cujo comprovante de depósito não foi encontrado (conforme informações provenientes das interceptações).

Operação (adição/ subtração)	Adição, em razão da interceptação telemática que revela a utilização do escritório de Alberto Youssef como posto de entrega de USD 36 mil (item 173 e item 174); Adição, em razão da interceptação telemática que revela a ciência de Alberto Youssef acerca da utilização de seu escritório como posto de entrega para os USD 36 mil (item 175); Adição, por força da confissão de que o seu escritório profissional teria sido utilizado por Carlos Habib Chater como posto de entrega de USD 36 mil para Rene Luiz Pereira (item 102); Subtração, em razão do fato de que o comprovante de depósito dos USD 30 mil nunca foi encontrado (item 185); Subtração, pelo fato de que não é possível ligar os valores apontados pelo COAF aos depósitos que seriam concernentes à primeira fase (ocultação) da lavagem de dinheiro; Subtração, tendo em vista que não foi possível traçar o "caminho" dos USD 30 mil até a Bolívia (item 270 e item 271); Subtração, uma vez que a conduta adotada por Alberto Youssef, no sentido de ceder o espaço físico de seu escritório como posto de entrega do dinheiro, não caracterizaria o crime de lavagem de dinheiro, pois tratava-se de mera movimentação física dos valores (item 266).
Força	Na sentença analisada, a equação foi reputada como fraca para considerar que o réu Alberto Youssef teria concorrido ativamente para o crime de lavagem de dinheiro (item 280).

4.1.1. Das provas eleitas pelo Juízo e sua análise de validade

O primeiro aspecto probatório a ser destacado se refere à assertiva da defesa de Carlos Habib Chater, que sustenta haver nos autos uma nulidade pertinente à interceptação telemática realizada no dispositivo pertencente ao referido réu, pelo Juízo da 13ª VFCuritiba/PR, sem a devida observância do acordo de cooperação internacional firmado entre Brasil-Canadá, o que não se verificaria, em virtude da existência de uma subsidiária de titularidade da empresa Blackberry no Brasil (local onde os fatos foram praticados). Foi traçado pelo Juízo, como precedente, as interceptações telemáticas realizadas pelo STJ e pelo TRF4 junto à Google.Inc, para fins de busca de dados.

O segundo aspecto pertinente à nulidade na produção da supramencionada prova se referia ao fato de que a prorrogação do período de escuta não teria sido suficientemente comprovada e que haveria um período não coberto por decisão judicial, assim como inexistente a degravação integral das conversas nos autos.

A fim de justificar a prorrogação sucessiva das interceptações telefônicas realizadas (ante a ausência de fundamentação suscitada pela defesa), citou-se o entendimento do STF para casos análogos (Inquérito nº 2.424/RJ, Pleno

STF, Min. Cezar Peluso, DJe 26/03/2010 e HC 99.619/RJ, 1ª Turma, Min. Rosa Weber, DJe 14/02/2012). A assertiva no sentido de que subsistiram períodos de escuta não cobertos por decisão judicial não se justificaria, pois o lapso temporal existente entre as decisões e inserção da ordem no sistema da PF, com a respectiva requisição de colaboração da Blackberry, por si, no plano da realidade, afastaria tal assertiva. Com relação à desnecessidade de degravação integral dos áudios interceptados, o Juízo cita jurisprudência do STF (Informativo 742, DJe 14/05/2014). Não existem digressões relacionadas à adequação/distinção da jurisprudência invocada como "precedente" e o caso concreto.

A autenticidade dos diálogos foi reconhecida em audiência por Carlos Habib Chater e André Catão de Miranda, o que fulminaria a pretensão da defesa de Rene Luiz Pereira, no sentido de questionar a validade da prova ou, ainda, cerceamento de defesa ante a negativa de produção de contra-prova da autenticidade.

Com relação à suficiência ou não da prova para ligar Rene Luiz Pereira ao tráfico da droga apreendida, nota-se que a prova testemunhal realizada nos autos nº 0014808-07.2013.4.03.6120 foi considerada de "reduzido valor probatório" já que os responsáveis pelo transporte da droga poderiam ter sido contatados por interposta pessoa, a mando de Rene Luiz Pereira, cuja identidade não teria sido revelada[173]; cita-se, também, como uma hipotética "contraprova" o conteúdo de uma mensagem de áudio gravada por Rene Luiz Pereira, que revela que este havia contratado bolivianos para se encarregar do transporte da droga até ele no Brasil, não há, contudo, elementos trazidos pelo Juízo em sua fundamentação que permitam concluir que este áudio refere-se ao carregamento apreendido em Araraquara/SP[174].

Há, assim, uma aparente inclinação a um raciocínio de presunção, bem como do rebaixamento do *standard* de prova para o crime de tráfico internacional, na medida em que a prova testemunhal e pericial (nos aparelhos apreendidos) foram ineficientes e insuficientes para ligar o réu (Rene Luiz Pereira) ao produto do crime (droga apreendida).

---

173. No item 127, o Juízo apresenta uma digressão hipotética das diversas formas de como o contato poderia ter sido feito sem que as testemunhas soubessem a identidade de quem o fez.

174. Leva-se em consideração o áudio de uma conversa gravada pelo próprio Rene Luiz Pereira com interposta pessoa identificada como "Colombiano", presente no smartphone apreendido (Iphone 5) de propriedade do acusado, onde se destacam os trechos em que o acusado (Rene Luiz Pereira) admitiria participar de tráfico de drogas, assim como daria detalhes de como seria realizada eventualmente a operação dólar-cabo dos valores destinados a compra da droga (provenientes da Europa, notadamente de países como Holanda e Espanha); em determinado trecho da sentença, o Juízo afirma que "(...) o diálogo reforça a conclusão de que era Rene o adquirente da carga de 698 Kg de cocaína trazidos da Bolívia e apreendidos em Araraquara/SP e que é objeto da denúncia."

A existência do áudio – acima citado – reforçaria para o Juízo, ainda, a conclusão no sentido de que Rene Luiz Pereira era o "dono" da droga apreendida, a despeito de, na própria fundamentação da sentença existir a admissão de que a prova em questão seria meramente indiciária, pois não era possível estabelecer uma conexão direta entre os pontos da investigação.

A prova que leva à conclusão dedutiva do Juízo com relação à titularidade da droga (pertencente à Rene Luiz Pereira) é, portanto, indiciária.

Com relação à apreensão de USD 198 mil, em um quarto de hotel onde Rene Luiz Pereira estava hospedado, afirma-se a prescindibilidade do mandado de busca e apreensão, haja vista que: a uma, o acusado teria autorizado a entrada dos policiais no local; a duas, os "documentos vinculados aos autos" comprovariam que os policiais teriam agido sob a hipótese de exceção insculpida no art. 5º, XI da CRFB/88 (flagrante/iminência de crime); não há qualquer menção à natureza de tais crimes, ou seja, não se tem notícia na sentença de quais motivos foram considerados como comprobatórios de que os policiais adentraram no quarto do hotel em flagrante delito (de tráfico de drogas, frise-se).

Há a admissão de outros elementos de prova como "circunstanciais" (posse por Rene Luiz Pereira, de veículo de luxo registrado em nome de terceiro, apreensão de vultuosa quantia em moeda estrangeira, incompatíveis com o seu rendimento declarado para a Receita Federal no ano de 2007, haja vista que a ausência de declaração para os anos seguintes).

Os depoimentos de Sidney do Nascimento Fagundes e de Mauro Gilberto Franco Marques comprovavam que o réu Rene Luiz Pereira era conhecido como empreiteiro de obras, fato que coincidiria com a informação prestada por este em conversa com o terceiro identificado como "Colombiano" no sentido de que todos pensam que esta é a sua profissão (itens 149 a 151 da sentença).

4.1.2. Da análise do atingimento de elevado grau de suficiência probatória

Por ocasião desse conjunto probatório, conclui-se, no item 152 da sentença, que restou provado "acima de qualquer dúvida razoável" que Rene Luiz Pereira estava envolvido habitual e profissionalmente com o tráfico internacional de drogas, especificamente no que se refere à apreensão de 689 Kg de cocaína, realizada em Araraquara/SP, no dia 21/11/2013; não se reputou como comprovada, contudo, a associação para tráfico entre o acusado (Rene Luiz Pereira) e os transportadores da droga apreendida em São Paulo.

Ou seja, no que se refere à acusação de cometimento de tráfico internacional de drogas imputada ao réu Rene Luiz Pereira, foi considerado atingido o *standard* probatório do *BARD*, em relação ao conjunto probatório circunstancial, admitindo-se como comprovada a ligação entre ele e a cocaína apreendida em Araraquara/SP; o mesmo réu foi, entretanto, absolvido da acusação de associação para tráfico, tendo em vista que não foi possível ligá-lo aos transportadores da droga (item 153 da sentença).

Fixado como "crime antecedente" à lavagem de dinheiro, o tráfico internacional de drogas, conforme acima descrito, a sentença passa a analisar a ocorrência do crime de lavagem de dinheiro em si, através de operações "dólar-cabo", cuja principal prova seriam as interceptações telemáticas das conversas ocorridas entre Carlos Chater, Maria de Fátima, Rene Luiz Pereira e Sleiman Nassim (item 166 e seguintes).

Em tais conversas, Rene negocia com Carlos o pagamento de determinadas quantias, mediante depósito, cuja origem (da dívida) não é explicada. Um dos pagamentos tem o seu depósito de maneira fracionada e é determinada por Carlos Chater a entrega de parte do dinheiro, a um emissário enviado por Rene, no escritório de Alberto Youssef (U$ 36 mil dólares). Posteriormente, outra parcela deveria ser disponibilizada para Rene, que requereu que o pagamento fosse realizado em real (U$ 88 mil dólares) e indicou duas contas de terceiros para o recebimento. Este depósito aparentemente não chegou a ser realizado. A PF e o MPF passaram a monitorar as conversas via interceptação telefônica e telemática, que foram estabelecidas entre os réus.

Carlos Chater revela preocupação com a realização de depósitos bancários em contas de pessoas identificadas e é tranquilizado por Rene a respeito da disponibilidade das contas para o recebimento dos valores (item 182). Isto é considerado, na fundamentação da sentença, como prova de que Carlos Chater sabia da origem ilícita do dinheiro e temia por seu rastreio.

O depósito de U$ 30 mil dólares que foi realizado em uma das contas fornecidas por Rene, cujo comprovante estaria em posse de uma pessoa chamada "André" (que se presume ser o corréu André Catão de Miranda), nunca foi encontrado pela PF em suas diligências (item 185). Após não ter sido realizado o depósito (na conta dos terceiros indicados), Rene indica outras duas contas para Carlos Chater faça a transferência dos valores (item 187).

A sentença reproduz, então, o diálogo ocorrido entre Rene Luiz Pereira e André Catão de Miranda (empregado de Carlos Chater, responsável pela transferência); na primeira parte do diálogo, André diz que não pode passar as informações com exatidão para Rene, pois não tem controle sobre a ordem de pagamentos e que seria necessário aguardar pela chegada de Carlos Chater ao local (item 188). André Catão reconheceu a autenticidade dos diálogos em mesa de audiência, o que não se repetiu com Rene Luiz, que se utilizou de seu direito constitucional ao silêncio (item 190).

Posteriormente, foram interceptadas mensagens trocadas por Rene Luiz e um terceiro não identificado na sentença (de codinome Matusalém), com o comprovante de depósito digitalizado de duas transações bancárias (o primeira tendo como depositante o Posto Torre LTDA, no valor de R$ 40.500,00 e o segundo sem a identificação do depositante, no valor de R$ 50.000,00, ambos em nome da empresa Gilson M. Ferreira ME). O depósito no valor de R$ 40.500,00 retornou para a conta do Posto Torre, o que motivou a divisão do pagamento (um depósito de R$ 33.400,00 e outro de R$ 7.000,00, ambos na conta de Gilson M. Ferreira ME). Esses depósitos foram comprovados através da obtenção de comprovantes, assim como pela quebra de sigilo bancário de Gilson M. Ferreira ME – itens 195/196).

No item 218, a fundamentação da sentença afirma: "Em casos envolvendo lavagem de produto de tráfico de drogas, a prova disponível será usualmente indireta ou indiciária no sentido técnico do art. 239 do Código de Processo Penal. " – para, na sequência, trazer de maneira ilustrativa de que forma o "direito comparado" trata do assunto. São citados precedentes dos EUA – e como a chamada *circumstantial evidence*[175] seria suficiente para a demonstração da "propriedade proveniente de atividade criminosa" nos casos onde o acusado não consegue explicar a origem dos recursos; e cita também julgados da Suprema Corte Espanhola (STE).

São citados, ainda, julgados provenientes do TRF4, em que "(...) em casos envolvendo lavagem de dinheiro tendo por antecedentes crimes de contrabando, descaminho e contra o sistema financeiro, decidiu-se expressamente que 'não é exigida prova cabal dos delitos antecedentes, bastando apenas indícios da prática das figuras mencionadas nos incisos I a VII para que se complete a tipicidade.'"

Essa passagem da sentença é interessante por dois motivos: primeiro porque os julgamentos citados pela fundamentação da sentença dizem respeito ao aceite de prova indiciária em lavagem de dinheiro, quando o crime antecedente é de caráter financeiro/econômico (ou seja, distinto do

175. Essa parte da sentença nos chamou atenção pelo seguinte: a *circumstantial evidence* pode ser suficiente para apontar (ou demonstrar) a existência de uma irregularidade com relação à titularidade de determinados bens, o que nos levaria à inferência de que tais bens possam ser produto de crime. A *circumstantial evidence* não é, assim, um *standard* de prova. É tão somente algo que se assemelharia, na nossa fase de investigação e instrução processual, aos "indícios de materialidade delitiva" necessários para o oferecimento e aceite da denúncia (dentro da lógica penal e processual penal vigentes no Brasil). Entretanto, há por certo uma estrita relação entre a prova circunstancial e o *standard* para além de uma dúvida razoável, na medida em que o primeiro diz respeito a uma prova que necessita de uma inferência lógica, uma análise da conjectura dos fatos, enquanto a segunda diz respeito ao mais forte *standard* existente no direito anglo-saxão, cujo postulado hermenêutico determina que a prova, para ser considerada fidedigna além de uma dúvida razoável, deve ser precisa, determinada e verificada independente da análise circunstancial. Para ver mais sobre este comparativo: <https://law.jrank.org/pages/9664/Reasonable-Doubt.html>. Acessado em 13/04/2020.

caso concreto, já que o crime antecedente seria o tráfico internacional de drogas); em segundo lugar, trata o julgado de tipicidade da conduta e não da materialidade do crime (como fora concluído pelo Juízo, no item 233)[176].

A sentença então conclui que, para Rene Luiz Pereira, o crime antecedente (tráfico de drogas) estaria então materializado pela tipicidade da conduta, embora a sua culpabilidade não tenha sido examinada (já que não era possível ligar Rene à droga apreendida, conforme admitido no item 124 da sentença); contudo, para além da responsabilidade do referido réu na prática do crime antecedente, afirma-se que o dolo do crime de lavagem de dinheiro estaria comprovado pelo seu envolvimento na realização de transações subreptícias[177], cujo intento era ocultar o produto do crime de tráfico. Seu dolo no crime de lavagem de dinheiro seria então inegável (item 234 da sentença).

No caso de Carlos Habib Chater, a admissibilidade da conduta praticada foi por ele realizada em audiência, que negou, todavia, a ciência da ilicitude com relação à origem do dinheiro (proveniente do crime de tráfico); o que não foi considerado pelo Juízo como plausível, já que, pelo caráter dissimulatório das transações, o referido réu deveria ter ciência da potencial ilicitude da conduta, o que se amoldaria em assunção do risco do cometimento do delito pela via do dolo eventual[178] (item 241).

---

176. Nesse aspecto, é importante lembrar que a lavagem de dinheiro constitui delito *sui generis* de estreita ligação com o crime antecedente, uma vez que apenas se configura (tipicamente) como crime acessório, à semelhança do que ocorre nos crimes de receptação e favorecimento pessoal. Ver mais em: LIMA, Antenor Mafra Pereira. **Lavagem de dinheiro: uma análise da tipicidade do delito à luz da teoria do conflito aparente de normas**. Dissertação (Mestrado em Direito Penal) – Faculdade de Direito, Universidade do Estado do Rio de Janeiro, Rio de Janeiro, 2018, p. 80.

177. Embora tenha sido afirmado na sentença a impossibilidade de se estabelecer uma ligação entre Rene Luiz Pereira e uma parte do dinheiro apreendido, por exemplo (conforme itens 270 e 329 da sentença).

178. O foco do presente trabalho não é explorar a possibilidade de caracterização do dolo eventual nos crimes de lavagem de dinheiro, mas, por certo, para a aplicabilidade da teoria da cegueira deliberada, como idealizada na fundamentação da sentença, é necessário que o agente do delito tenha consciência e vontade de manter-se na ignorância do fato delituoso para o qual está concorrendo. Ou seja, o dolo direto sobre o fato criminoso pode ser dispensável, mas para a configuração do dolo eventual é imprescindível a configuração do dolo direto do sujeito no que se refere à ignorância sobre o fato. Ver mais em: CABRAL, Bruno Fontenele. **Breves comentários sobre a teoria da cegueira deliberada (willful blindness doctrine)**. Jus Navigandi: Teresina, ano 17, n. 3193, 29 mar. 2012. Isto, aliás, é até admitido pela fundamentação da decisão, no seguinte trecho "(...) aquele que realiza condutas típicas à lavagem, de ocultação ou dissimulação, não elide o agir doloso e sua responsabilidade criminal se escolhe permanecer ignorante quando (sic.) à natureza dos bens, direitos ou valores envolvidos na transação, quando tinha condições de aprofundar o seu conhecimento sobre fatos." – item 245 – a despeito de não ter sido realizado o cotejo necessário entre esta afirmação e a hipótese de aferição do dolo eventual (ou risco assumido) de Carlos Habib Chater, que, na realidade foi considerado culpado por dolo direto em razão do conteúdo da troca de mensagens realizadas com Alberto Youssef.

Em que pese ter sido realizada essa digressão introdutória acerca da possibilidade de aferição do dolo indireto do sujeito pela eleição da teoria da cegueira deliberada, o referido réu foi considerado culpado com dolo direto, por ocasião da troca de mensagens realizadas com Alberto Youssef e Rene Luiz Pereira, na qual é externada a sua preocupação em fazer a transferência bancária através de contas identificadas, o que, segundo a fundamentação da sentença, deixa transparecer que Carlos Habib Chater tinha ciência da origem ilícita do dinheiro (itens 253 e 254).

Com relação a André Catão de Miranda, o Juízo considerou que a ausência de dolo em suas condutas não seria plausível, já que o mencionado réu trabalhava como gerente financeiro do Posto Torre desde 2003 e os diálogos obtidos pelas interceptações, entre André e Rene denotavam, segundo a fundamentação da decisão, que ambos teriam uma intimidade maior que aquela admitida em audiência, já que André "completava" as frases de Rene (item 262).

A explicação oferecida para esse fenômeno por André, no sentido de que a comunicação com todos os clientes do Posto Torre seria realizada de modo a deixá-los "à vontade" não seria convincente segundo o Juízo, que não externalizou a sua motivação com relação a tal desconfiança, limitando-se a transcrever trechos do interrogatório do réu (item 263).

Concluiu-se que André Catão de Miranda teria agido com dolo direto, ainda que de maneira subordinada a seu chefe (Carlos Habib Chater), o que não elidiria a sua responsabilidade, pois a atuação subordinada seria ponto de análise afeto à dosimetria da pena.

Alberto Youssef foi absolvido, já que o escritório dele teria sido utilizado apenas como entreposto dos U$ 36 mil dólares que foram entregues a Rene Luiz Pereira, de modo que não teria restado comprovada a ciência de ilicitude do negócio por Alberto Youssef que apenas cedeu o espaço físico de seu escritório. Sua conduta não se amoldaria como participação, já que ele não teria se envolvido diretamente na transação e a utilização física de seu escritório configuraria uma "participação diminuta", não passível de reconhecimento do "agir doloso" (item 266)[179].

Com relação ao crime de evasão de divisas, a sentença ponderou que não foi possível estabelecer o "caminho" dos U$ 36 mil dólares que foram entregues à Rene Luiz Pereira no escritório de Alberto Youssef e, apesar da narrativa do MPF no sentido de que tais valores foram internalizados no Brasil

179. Interessante notar que, com relação à Alberto Youssef, a teoria da cegueira deliberada não foi objeto de ponderação da decisão.

e depois repassados à Bolívia, tendo em vista a impossibilidade de se traçar o paradeiro do dinheiro, a materialidade delitiva não estaria configurada.

Já os depósitos (total de R$ 90.500,00) realizados na conta Gilson M. Ferreira ME, controlada por casa de câmbio identificada como uma das auxiliares da internalização do dinheiro no Brasil, a despeito de não ter sido possível traçar a completude do "caminho do dinheiro" as mensagens interceptadas, trocadas entre Rene Luiz Pereira e os contatos bolivianos, revelam que o dinheiro foi recebido na Bolívia, o que configuraria a materialização deste crime.

Pelo crime de evasão de divisas, Rene Luiz Pereira foi considerado autor e por ter agido com dolo, foi condenado. Já com relação à Carlos Habib Chater e André Luiz de Miranda, apesar dos depósitos terem sido realizados na conta de interposta pessoa indicada pela casa de câmbio, não restou comprovado que ambos tinham ciência de que esta etapa seria pertinente à remessa de valores para o exterior, razão pela qual ambos foram absolvidos.

Por fim, a síntese da sentença afirma que restou comprovada para além de qualquer dúvida razoável a materialidade do crime de tráfico internacional de drogas e a autoria com relação à Rene Luiz Pereira; a materialidade do crime de lavagem de dinheiro procedente do crime de tráfico internacional de drogas e a autoria com relação a Rene Luiz Pereira, Carlos Habib Chater e André Catão de Miranda; com relação ao crime de evasão de dividas, pertinente aos 36 mil reais internalizados no Brasil, todos devem ser absolvidos por falta de provas; com relação ao crime de evasão de divisas, materializado pelos depósitos realizados na conta de Gilson M Ferreira ME, Rene Luiz Pereira deve ser considerado como autor e, portanto, condenado, excluindo-se os demais por ausência de provas. Alberto Youssef foi absolvido de todas as acusações e Rene Luiz Pereira absolvido do crime de associação para o tráfico.

Dos quadros inferenciais argumentativos acima destacados, percebe-se que o juízo baseia a garantia da equação em fundamentos ligados à regra jurídica e à regra conceitual. Todavia, antes de analisarmos a questão relacionada à operação em si (adição/subtração dos argumentos), é necessário retornar nossa atenção para as premissas que basearam o fundamento da garantia e que se encontram equivocadas.

A primeira delas diz respeito à regra jurídica que deveria representar uma aproximação da verdade ou a proteção de um valor, invocando o caráter autoritativo do Direito. No caso do acusado ora analisado, o magistrado invocou como argumento de autoridade jurídica a existência de jurisprudência estrangeira favorável à tese da acusação (item 219 e s.s. da sentença n. 01), no sentido de que o crime de lavagem de dinheiro proveniente do tráfico de drogas admitiria a comprovação circunstancial (prova indiciária), como se, ao fazer isto, estivéssemos a tratar de uma situação de Direito Comparado.

O Direito Comparado, baseado na utilização de jurisprudências, enquanto fundamento garantidor de determinada tese, tem sua possibilidade de aceitação quanto às discussões teóricas. Contudo, dentro de uma perspectiva que privilegia a proteção dos interesses do acusado (individuais), como é a lógica do Direito Constitucional e Processual Penal brasileiro[180], não é possível invocar tal argumento de autoridade (utilizando-se de precedentes estrangeiros) para justificar determinada posição, sem que, para tanto, isto seja metodologicamente justificado pelo magistrado, pois o simples recorte *submissivo* de precedentes estrangeiros ignora o fato de que o nosso país tem a sua própria construção jurisprudencial, pautada na nossa tradição cultural e jurídica (teoria do direito como espelho)[181].

O item 219 e s.s. da sentença n. 01, se repete *ipsis litteris* nas três sentenças analisadas[182], enquanto argumento de autoridade é, aliás, parte de um artigo escrito pelo magistrado responsável pela elaboração das sentenças, tendo sido integralmente transcrita, em sua digressão afeta ao mundo teórico, para as sentenças analisadas, em formato não persuasivo (como deveria ser), mas sim vinculante, como se força normativa pudesse ser atribuída ao entendimento jurisprudencial da Suprema Corte Norte-Americana ou ao Supremo Tribunal Espanhol, em um caso julgado em primeira instância no Brasil[183].

Para a justa contraposição entre jurisprudências do Direito Comparado, há que se observar a metodologia própria proposta pelos moderados adeptos da teoria, para extrair o sentido da norma constitucional afirmada por um Estado[184], o sentido que possa ser atribuído para uma mesma situação ocorrida em outro Estado, e que ainda não tenha sido constitucionalmente tutelada pelo Estado que requer o empréstimo ("o ponto cego, onde apenas o outro pode ver"), requer do Tribunal uma análise do direito doméstico

---

180. O contrário disso significa abandonar a função ocupada pelo processo penal como *antítese do despotismo* do Estado absoluto, de modo a rechaçar todo e qualquer aviltamento da personalidade humana, e deixar de cumprir as promessas civilizatórias e culturais que são impostas à persecução penal pelo corolário da dignidade da pessoa humana ao Estado de Direito. Nesse sentido: GRINOVER, Ada Pellegrini. **Provas ilícitas, interceptações e escutas**, *op. cit.*, p. 77.

181. SIGNORETTI, Diogo Brandau. **A utilização de precedentes estrangeiros pelo Supremo Tribunal Federal: fundamentos e critérios**. Dissertação (Mestrado). Universidade do Estado de São Paulo – USP. São Paulo. 177p. 2013, p. 27 e 62.

182. Especificamente no item 217 e s.s. da sentença n. 02 e item 146 e s.s. da sentença n. 03.

183. MORO, Sergio Fernando. Autonomia do crime de lavagem e prova indiciária. **LEC – Legal ethics compliance**. Disponível em: https://www.conjur.com.br/2015-jul-17/sergio-moro-expoe-opiniao-autonomia-crime-lavagem. <Acessado em 03/10/2020>.

184. No sentido de que precedente é norma.

e das especificidades do Estado que pretende aplicar determinada norma estrangeira[185].

Esta complexa análise, entre a norma e especificidades internas relacionadas à admissão da prova indireta como o único instrumento de prova do crime antecedente ao crime de lavagem de dinheiro e a norma estrangeira que se pretendia adotar não foi feito pelo Tribunal Constitucional brasileiro; e, mesmo no que se refere à sentença produzida no primeiro grau, tal análise também não foi realizada.

No que se refere à regra conceitual, o primeiro problema do fundamento da garantia fornecida pela sentença diz respeito ao fato de que a prova indiciária foi reputada como suficiente à comprovação da materialidade do crime antecedente (tráfico de drogas); o que, somente pode ser admitido caso o juízo aponte os elementos pelos quais reconheceu como certa a sua tipicidade e antijuridicidade[186].

A modalidade do tráfico de drogas ocorrido se dá pela ação de "adquirir" – já que não é possível comprovar a titularidade do transporte (o que acabou por absolver o acusado da imputação de associação criminosa).

Com esse núcleo, o tipo penal em questão admite para a sua tipicidade a prova indireta, pois a mera apreensão da droga e o liame subjetivo existente entre esta droga apreendida e o produto adquirido seriam passíveis de caracterizar os elementos do tipo. Sendo assim, podemos presumir que o liame subjetivo responsável pela demonstração da materialidade do tráfico de drogas seria a similitude existente entre a quantidade de droga apreendida em Araraquara/SP e a quantidade de droga referida na interceptação telemática realizada.

Nesse ponto, chamamos atenção para o argumento de refutação que a defesa do acusado alega ter sido ignorado pelo magistrado, diante da ausência de resposta no laudo à quesitação da defesa apresentada nos autos, cujo intento era a produção de prova pericial apta a ligar (ou não) os aparelhos apreendidos com a droga e o referido réu (item 192).

Todavia, o magistrado admite em determinadas passagens da fundamentação que este nexo não é possível de ser construído a partir de um juízo de certeza, mas sim de probabilidade (no sentido de que era provável que a droga apreendida e a droga referida nas mensagens, fossem a mesma), já que o acusado era "sabidamente" um traficante internacional de drogas (itens 123 a 127 e itens 151 e 152)[187].

---

185. SIGNORETTI, Diogo Brandau, *op. cit.*, p. 46-48.

186. BADARÓ, Gustavo Henrique e BOTTINI, Pierpaolo Cruz, *op. cit.*, 81.

187. O Juízo teria se manifestado nos autos no sentido de reconhecer que, pelos aparelhos apreendidos com a droga transportada para Araraquara/SP (autos nº 0014808-07.2013.4.03.6120), não era possível

Há uma subversão do que significa a admissibilidade da prova indiciária para fins de comprovação da materialidade do crime antecedente à lavagem de dinheiro. Não se exige que o magistrado adentre em todas as circunstâncias do crime antecedente, mas para a caracterização do crime acessório (lavagem de dinheiro) é indispensável a demonstração da tipicidade e da antijuridicidade do antecedente.

A questão é que, no caso analisado, a tipicidade do tráfico de drogas, na modalidade nuclear "adquirir", foi presumida, pois não foi possível estabelecer o liame subjetivo entre a droga que foi efetivamente apreendida e a droga que é referida nas mensagens telemáticas – o que não é possível dentro da lógica de primazia do *in dubio pro reo*[188] e da interpretação *pro homine*[189].

Esse erro relacionado à regra conceitual inerente ao reconhecimento da tipicidade do tráfico de drogas por via indireta resvala, como consequência, no erro conceitual ligado ao reconhecimento da tipicidade da lavagem de dinheiro, já que, inexistente a comprovação da tipicidade do crime antecedente, o elemento subjetivo do tipo "lavagem" na modalidade ocultação não se verifica[190].

Há que se considerar, além do mais, o argumento de garantia suscitado com relação ao "flagrante" dado por policiais no quarto de hotel onde Rene Luiz Pereira estava hospedado sobre a ocultação de USD 198 mil. Conforme admitido pelo próprio Juízo, não havia mandado de busca e apreensão, de maneira que o próprio réu teria permitido a entrada dos agentes no quarto, momento em que o "flagrante" teria sido consumado. Os detalhes da situação não são narrados na sentença, entretanto, pela narrativa que existe, denota-se uma situação absolutamente atípica e que em nada revela a flagrância da apreensão do dinheiro em questão.

O réu Rene Luiz Pereira possuía uma quantia "x" de dinheiro, cuja origem não podia explicar naquele momento e foi preso por isso; porque os agentes presumiram que aquele dinheiro era produto de emprego criminoso, já que não havia qualquer mandado de busca e apreensão expedido para fins de concretização deste ato. Sem maiores digressões, a situação narrada

---

ligar o acusado Rene Luiz Pereira àquele carregamento de droga em específico; além do conteúdo das mensagens dos telefones apreendidos, fora realizada prova testemunhal, com os transportadores da droga, que negaram conhecer Rene Luiz Pereira, assim como o conteúdo ilícito do carregamento, não tendo sido declinado, no entanto, o nome de quem os teria contratado para o transporte.

188. BADARÓ, Gustavo Henrique e BOTTINI, Pierpaolo Cruz, *op. cit.*, 90.

189. Primazia da norma que se revele mais favorável à pessoa humana, em ordem a dispensar-lhe a mais ampla proteção jurídica. Nesse sentido: RAMOS, André de Carvalho. **Curso de direitos humanos.** 4ª ed. – São Paulo: Saraiva, 2017, p.108-109.

190. BADARÓ, Gustavo Henrique e BOTTINI, Pierpaolo Cruz, *op. cit.*, 90-91.

na sentença não se encaixa em nenhuma das hipóteses do art. 302 do CPP, de modo que o flagrante em questão é nulo[191].

Dada a operação (com quatro causas de subtração da garantia), assim como pelo erro técnico relacionado ao uso do Direito Comparado, sem a devida análise subjetiva das especificidades e compatibilidades da matéria importada e sua forma de abordagem no Estado doméstico – que constitui um erro na invocação de uma premissa autoritativa –, o resultado obtido pelo Juízo no sentido de que foi atingida a estabilidade da culpa deste réu, "acima de uma dúvida razoável" é, na realidade, uma conclusão "falso-positiva", pois os elementos da operação não foram analisados em sua totalidade e o argumento autoritativo da garantia não se sustenta no âmbito de exigência técnica que é devido ao Direito Comparado.

No que se refere ao *modo de aferição* do *BARD*, notamos que o Juízo adotou a "convicção estável" quanto à formação da culpa do acusado, Sr. Rene Luiz Pereira[192] – reputando como atingido o *BARD*, pelo fato de que a interceptação telemática realizada revelava uma troca de mensagens advindas entre o referido réu e um terceiro, donde se extrai a preocupação com determinada apreensão de drogas realizada pela PF, em quantidade similar à quantidade que fora apreendida em Araraquara/SP, em uma operação da PRF.

A problemática reside no fato de que o argumento de subtração, referido na própria sentença no parágrafo subsequente ao da informação da apreensão da droga, o Juízo admite que inexiste comprovação da ligação entre o produto apreendido, o réu Rene Luiz Pereira e os traficantes que estavam com a droga no momento da operação em Araraquara/SP, motivo pelo qual o referido réu foi absolvido do crime de associação para o tráfico, inclusive.

Foi reputado como não atingido o *BARD* para este crime (item 153 da sentença nº 01) – fato que, no curso da narrativa do Juízo representa uma atecnia quanto ao modo de aferição do *BARD*, pois a operação argumentativa não foi considerada em sua completude, ao mesmo tempo em que indica a

191. No julgamento do HC 525.266/PR, a Sexta Turma do STJ, em acórdão de relatoria do Ministro Sebastião Reis Júnior, compreendeu por bem anular duas buscas e apreensão realizadas em residências distintas, por policiais militares, sob o fundamento de que estariam perseguindo suspeitos de tráfico de droga até o local da apreensão dos produtos ligados à referida atividade criminosa, tendo em vista que a situação de flagrância – justamente – não se verificava, pois além da hipótese de perseguição dos suspeitos não ter sido confirmada, não haveria qualquer outra hipótese (das elencadas no art. 302 do CPP) que pudesse autorizar a entrada da polícia no local, sem a respectiva autorização judicial. Inteiro teor disponível em: <https://stj.jusbrasil.com.br/jurisprudencia/859820190/habeas-corpus-hc-525266-pr-2019-0229680-3/inteiro-teor-859820200>. Acessado em 21/02/2021.

192. Conforme item 152 da referida sentença, no qual consta: "Portanto, em conclusão quanto a este ponto, reputo presente prova acima de qualquer dúvida razoável, de que Rene Luiz Pereira está envolvido profissional e habitualmente com o tráfico internacional de grandes quantidades de drogas e especificamente com a importação da carga de 698 kg de cocaína apreendida pela Polícia em Araraquara/SP em 21/11/2013."

hesitação para a tomada de decisão, que, ocorrendo, deve sempre ocasionar o não atingimento do referido *standard*.

No item 182 da sentença nº 01, o Juízo deixa evidente que seu modo de aferição do *BARD* em relação à Carlos Habib Chater também se deu pela convicção quanto à estabilidade na formação da culpa do réu, já que a "preocupação" de Carlos Habib Chater quanto aos depósitos realizados nas contas de terceiros indicados, manifestada em conversa interceptada deste com Rene Luiz Pereira, é tida como a prova do dolo do crime de lavagem de dinheiro (ao revés de sua alegada inocência, conforme conclusão do Juízo – itens 241, 253 e 254 da sentença nº 01).

O mesmo raciocínio é observado quanto ao réu André Luiz Catão, cujo dolo também é considerado como comprovado, já que as interceptações telemáticas revelavam uma certa intimidade, entre este réu e o Sr. Rene Luiz Pereira. Este fato revelaria uma relação (íntima) incomum entre fornecedor e cliente, o que, conforme o entendimento do Juízo, atingiria o grau de estabilidade da culpabilidade do acusado André Luiz Catão acima de uma dúvida razoável (itens 262 e 263 da sentença nº 01).

Observamos a hesitação para a tomada de uma decisão, com relação à prova de que Alberto Youssef teria uma participação no crime de lavagem de dinheiro, já que o fato de o seu escritório ter sido utilizado como um entreposto pelos demais réus não comprovaria a sua ciência da ilicitude das transações, o agir doloso; sua conduta seria no máximo uma participação diminuta não passível de reprimenda (item 266 da sentença nº 01). Interessante notar que o raciocínio foi distinto com relação a Carlos Habib Chater, que teve o seu dolo reputado como comprovado, porque "deveria imaginar" que as transações eram ilegais, conforme já descrito neste trabalho.

Pelo crime de evasão de divisas, André Luiz de Miranda e Carlos Habib Chater, que deveriam supor a ilicitude das transações por eles operadas, foram absolvidos, já que não era possível traçar a rota do dinheiro em sua completude. Entretanto, no que diz respeito ao crime de evasão de divisas, materializado pelo depósito que foi realizado na conta da pessoa jurídica apontada por esses réus para o recebimento de valores (Gilson M Ferreira ME), apenas Rene Luiz Pereira foi condenado, já que o seu dolo estaria comprovado acima de uma dúvida razoável.

Com relação à sentença nº 01, observamos que o modo de aferição do *BARD*, feito pelo Juízo, foi determinado pela convicção estável da formação da culpa dos acusados, para condenar; e pela hesitação em relação à tomada de uma decisão condenatória, por ausência de elementos probatórios suficientes à garantia da formação da culpa dos réus, para absolver.

Em relação especificamente ao crime de evasão de divisas, concernentes à internalização dos USD 30 mil, o modo de aferição do *BARD* foi também determinado pela hesitação, todavia, em relação à inexistência de comprovação da materialidade do crime, pendendo para a absolvição de todos os réus.

Analisando o esquema argumentativo desta sentença, contudo, não é possível afirmar que o raciocínio lógico-dedutivo empreendido levou, de maneira intuitiva, até as conclusões adotadas pela decisão, seja para condenar ou absolver os réus. Conforme exposto linhas acima, a operação mental que deveria ter sido descrita no texto da sentença - e não foi - penderia para absolvição de todos os réus, em relação a todos os crimes, se analisadas todas as hipóteses de subtração.

Em diversos pontos da sentença nº 01, conforme destacado linhas acima, há a admissão expressa de que o reconhecimento da materialidade do crime de lavagem de dinheiro se deu exclusivamente por força de elementos indiciários "aliados à falta de explicações pelos acusados sobre a natureza, origem e destino das transações" (item 229 e item 230), de modo que esta operação foi suficiente para o atingimento do *BARD* em relação a este crime.

Comprova-se, também, o padrão de repetição que foi observado com relação aos códigos "indícios" e "falta de prova suficiente", que apareceram relacionados ao código "dúvida razoável" no curso do processo de codificação descrito pela fórmula ilustrada[193] no item 2.2 do capítulo 2 deste trabalho.

No que se refere ao acórdão prolatado pelo TRF4, relacionado às apelações interpostas pelo MPF e os réus Rene Luiz Pereira e Carlos Habib Chater, ressaltamos que as sentenças condenatórias foram integralmente mantidas, com o apelo ao "conjunto probatório" apresentado nos autos, em especial, no que se refere às provas indiciárias utilizadas pela sentença (aqui esmiuçadas).

Esse fato reforça nossa percepção no sentido de que o critério de decisão dos desembargadores foi pela *inferência da melhor explicação* – o que, conforme salientamos no subitem do capítulo 03[194] – não se configura como a melhor opção para fins de aferição do alto grau de suficiência probatória que é devido ao *BARD*[195].

---

193. Indícios + dúvida razoável = condenação, enquanto que falta de prova suficiente + dúvida razoável = absolvição.

194. Pertinente aos conceitos essenciais utilizados como vetores desta pesquisa.

195. Nesse sentido, remetemos aos itens 25 e 26 do ementário do acórdão prolatado na Apelação Criminal n. 5025687-03.2014.4.04.7000/PR, vale a transcrição: "25. MANTIDA A CONDENAÇÃO DE RENE LUIZ PEREIRA POR TRÁFICO DE DROGAS, LAVAGEM DE DINHEIRO E EVASÃO DE DIVISAS. O conjunto probatório produzido, em especial as interceptações telefônicas e telemáticas, demonstra que o acusado René Luiz Pereira foi o real importador da droga apreendida, incorrendo no crime de tráfico de drogas, bem como que realizou a lavagem do dinheiro proveniente do tráfico e que promoveu evasão de divisas. Mantida a condenação de René à pena privativa de liberdade de 14

4.2. SENTENÇA Nº 02

A segunda sentença, objeto da análise qualitativa, é a que se refere à ação penal nº 5026212-82.2014.4.04.7000/PR, identificada na Planilha I pelo número 09, réus: Waldomiro de Oliveira, Pedro Argese Junior, Paulo Roberto Costa, Marcio Andrade Bonilho, Leonardo Meirelles, Leandro Meirelles, Esdra de Arantes Ferreira, Murilo Tena Barrios, Antônio Almeida Silva e Alberto Youssef.

Trata-se de ação penal concernente à lavagem de dinheiro e pertinência à organização criminosa.

Teriam ocorrido cinco crimes de lavagem de dinheiro, descritos pelo Ministério Público: o primeiro seria referente aos repasses realizados pelo Consórcio Nacional Camargo Correa (CNCC) para as empresas Sanko Sider e Sanko Serviços; o segundo seria pertinente ao repasse da Sanko Sider e Sanko Serviços para a empresa MO Consultoria; o terceiro da MO Consultoria para a Labogen, Indústria Labogen, Piroquímica, RCI Software e Empreiteira Rigidez; o quarto seria da Labogen, Indústria Labogen e Piroquímica para o exterior; o quinto envolveria a aquisição de um veículo para Paulo Roberto Costa.

Tais fatos criminosos representavam fases diversas de um mesmo ciclo de lavagem de dinheiro, que visava direcionar recursos públicos desviados a agentes públicos e agentes políticos, estes últimos, não identificados na sentença. A lavagem de dinheiro seria proveniente do superfaturamento de contratos e desvio de pagamentos realizados ao Consórcio Nacional Camargo Correa (CNCC) pela Petrobras S/A, para a construção da Unidade de Coqueamento Retardado (UCR) e de Tratamento Cáustico Regenerativo (TCR) da Refinaria do Nordeste Abreu e Lima (RNEST).

Para a execução da obra, o CNCC teria subcontratado a Sanko Sider e a Sanko Serviços de Pesquisa e Mapeamento, empresas pertencentes aos acusados Murilo Barrios e Márcio Bonilho (fornecimento de materiais e serviço); as empresas Sanko, por sua vez, teriam sub-contratado as empresas: MO Consultoria e Laudos Estatísticos e a GFD Investimentos, para prestar

---

(quatorze) anos de reclusão, a ser cumprida em regime inicialmente fechado, e 933 dias-multa, à razão unitária de cinco salários mínimos vigentes ao tempo do último fato delitivo. 26. MANTIDA A CONDENAÇÃO DE CARLOS HABIB CHATER POR LAVAGEM DE DINHEIRO E EVASÃO DE DIVISAS. O conjunto probatório produzido, em especiais interceptações telefônicas e telemáticas, demonstra que o acusado Carlos Habib Chater, operando clandestinamente, atuou na lavagem de dinheiro e na evasão de divisas em favor de René Luiz Pereira. Mantida a condenação de Carlos à pena privativa de liberdade de 05 (cinco) anos e 06 (seis) meses de reclusão, a ser cumprida em regime inicialmente fechado, e 100 (cem) dias-multa, à razão unitária de cinco salários mínimos vigentes ao tempo do último fato delitivo."

serviço de ordem financeira e tributária pertinente à execução das obras da Refinaria de Abreu e Lima.

A tese do Ministério Público seria no sentido de que, a partir da contratação da MO, não haveria causa lícita para os repasses realizados pela empresas Sanko, pois a MO era controlada por Alberto Youssef (item 148 da sentença de nº 02).

Os repasses seriam um artifício para o excedente pago pela Petrobras, que seria destinado ao esquema administrado por Alberto Youssef (com o pagamento de propinas para agentes públicos e políticos não identificados na sentença, como já dito).

Códigos ligados ao processo nº 09
"Dúvida razoável" - "Presunção da inocência" - "Garantia da ordem pública" - "Delação premiada" - "Testemunha" - "Delatado" - "Depoimento" - "Confissão" - "Planilhas" - "Pagamentos" - "Comprovadas materialmente" - "Prova de corroboração" - "Enriquecimento ilícito" - "Prova documental" - "Falta de prova suficiente" - "Colaborador" - "Materialidade do crime" - "Planilha" - "Transações" - "Colaboradores" - "Materialidade" - "Prova Oral" - "Indícios" - "Colaboração premiada" - "Prova indiciária" - "Comprovadas materialmente" - "Indícios de sobrepreço" - "Standard"

Quadro resumo das denúncias:		**Prova oferecida na denúncia:**
Todos os acusados	Crime de lavagem de dinheiro e pertinência à organização criminosa.	Relatório de auditoria e conclusões do TCU com relação à execução do contrato nº 0800.00534457.09.2, concernente à construção da refinaria de petróleo e gás Abreu e Lima (Petrobras) executada pelo Consórcio Nacional Camargo Correa (CNCC), mediante a subcontratação de duas empresas (Sanko Sider e Sanko Serviços), de propriedade dos acusados Murilo Barrios e Márcio Bonilho; Comprovação de transferência total de R$ 26.040.314,18 realizada da Sanko Sider e Sanko Serviços para a MO Consultoria e a GFD, ambas empresas controladas por Alberto Youssef; Comprovação de repasse dos valores depositados nas contas da MO e da GFD para as empresas Labogen Química, Labogen Petroquímica, RCI Software e Empreiteira Rigidez, além de valores que foram depositados diretamente na conta do réu Waldomiro Oliveira; assim como a comprovação de que tais valores foram remetidos para o exterior.

Alberto Youssef e Paulo Roberto Costa	Crime de lavagem de dinheiro.	Utilização de valores desviados para a compra de um veículo Land Rover Evoque, mediante depósitos realizados por pessoas interpostas diretamente na conta da empresa vendedora do veículo, que foi registrado em nome de Paulo Roberto Costa.

Quadro d Quadro descritivos dos dois ciclos da lavagem de dinheiro	
Primeiro ciclo	**Segundo ciclo**
• Simulação de serviços e superfaturamento de mercadorias fornecidas pelas empresas Sanko, mediante a confecção de notas e contratos fraudulentos, concernentes às obras executadas pelo CNCC na RNEST. • Simulação de serviços, mediante a confecção de notas e contratos fraudulentos, por parte da MO Consultoria para as empresas Sanko.	• Transferências das contas da MO Consultoria para a RCL Software, Empreiteira Rigidez, Labogen Química, Indústria Labogen e Piroquímica; • Remessas internacionais por parte da Labogen Química, Indústria Labogen e Piroquímica, através de contratos de câmbio fraudulentos.

O quadro argumentativo de Toulmin ficou da seguinte forma:

Waldomiro de Oliveira	
Dados	Lavagem de dinheiro; Pertinência à organização criminosa.
Garantia	Relatório do TCU com relação às irregularidades apuradas na execução do contrato nº 0800.00534457.09.2, concernente à construção da refinaria de petróleo e gás Abreu e Lima (Petrobras) executada pelo Consórcio Nacional Camargo Correa (CNCC); Relatório do TCU, com relação ao superfaturamento de R$ 167.041.615,39, decorrentes das condições de reajuste contratual para a execução das obras da RNEST, conforme processo nº 006.970/2014-1 (item 198); Comprovação de transferência total de R$ 26.040.314,18, realizada pela Sanko Sider e Sanko Serviços para a MO Consultoria e a GFD, ambas empresas controladas por Alberto Youssef; Comprovação de repasse dos valores depositados nas contas da MO e da GFD para as empresas Labogen Química, Labogen Petroquímica, RCI Software e Empreiteira Rigidez, além de valores que foram depositados diretamente na conta do réu Waldomiro Oliveira; Confissão parcial dos fatos por parte de Waldomiro de Oliveira (item 152, item 282, item 288); Possibilidade de admissão da prova indireta relacionada ao crime antecedente ao da lavagem de dinheiro, conforme entendimento jurisprudencial do Direito Comparado (item 216 e s.s.);

	Planilhas apreendidas e que demonstram o pagamento de R$ 18.645.930,13, no período de 23/07/2009 a 02/05/2012, das empresas Sanko para a MO Consultoria, que era administrada por Waldomiro de Oliveira (item 267 e item 318).
Operação (adição/ subtração)	Adição, em relação à comprovação de remessa dos valores que foram depositados diretamente na conta de Waldomiro de Oliveira para o exterior; Adição, tendo em vista os acordos de colaboração premiada firmados pelos corréus Alberto Youssef e Paulo Roberto Costa (item 151); Adição, decorrente do fato de que Waldomiro de Oliveira controlava as empresas MO Consultoria, Empreiteira Rigidez e RCI Software, tendo sido responsável pela assinatura dos contratos supostamente fraudulentos, a mando de Alberto Youssef (item 328); Subtração, em razão da impossibilidade de rastreamento e demonstração específica dos valores identificados nas Planilhas e os pagamentos que teriam sido realizados pelas operações superfaturadas (item 260 e s.s.); Subtração, em decorrência da impossibilidade de ligar os fatos narrados por Alberto Youssef e Paulo Roberto Costa em seus respectivos acordos de colaboração aos contratos e pagamentos relacionados, especificamente, às obras executadas na RNEST; Subtração, relacionada ao fato de que não há qualquer liame subjetivo traçado entre o crime de lavagem de dinheiro imputado ao réu nesta ação penal e os crimes antecedentes (peculato e fraude à licitação, cujas especificidades não foram sequer descritas na sentença), conforme item 314.
Força	Na sentença analisada, considerado sólido para reconhecer a materialidade e autoria do crime de lavagem de dinheiro (item 328), assim como o dolo direto (item 331 e item 351).

Pedro Argese Junior	
Dados	Lavagem de dinheiro; Pertinência à organização criminosa.
Garantia	Relatório do TCU com relação às irregularidades apuradas na execução do contrato nº 0800.00534457.09.2, concernente à construção da refinaria de petróleo e gás Abreu e Lima (Petrobras) executada pelo Consórcio Nacional Camargo Correa (CNCC); Relatório do TCU, com relação ao superfaturamento de R$ 167.041.615,39, decorrentes das condições de reajuste contratual para a execução das obras da RNEST, conforme processo nº 006.970/2014-1 (item 198); Confissão parcial dos fatos por parte de Pedro Argese Junior (item 277 e item 278);

	Possibilidade de admissão da prova indireta relacionada ao crime antecedente ao da lavagem de dinheiro, conforme entendimento jurisprudencial do Direito Comparado (item 216 e s.s.); Litispendência em relação à ação penal n. 5025699-17.2014.404.7000, no que se refere ao crime de pertinência à organização criminosa.
Operação (adição/ subtração)	Adição, tendo em vista que a ingerência do réu nas empresas Labogen S/A e Piroquímica, sub-contratadas pelas empresas Sanko na execução das obras da RNEST (item 236 e item 253); Adição, tendo em vista que o corréu Leonardo Meirelles, em seu depoimento, teria dito que Pedro Argese Júnior não seria o responsável pela realização dos contratos fictícios firmados pelas empresas, mas que sabia que as contas eram movimentadas por terceiros (item 281 e item 287); Adição, referente ao conteúdo da interceptação telemática realizada nos autos da ação penal n. 5001446-62.2014.404.7000 (conexa), onde o réu Pedro Argese Júnior e o corréu Leonardo Meirelles conversavam a respeito da abertura de *offshores* destinadas à operacionalização no exterior das remessas financeiras; Subtração, tendo em vista que o corréu Leandro Meirelles, em seu depoimento, teria dito que Pedro Argese Junior não seria o responsável pela realização dos contratos fictícios firmados pelas empresas (item 280); Subtração, em razão do fato de que o réu Pedro Argese Junior não confirmou o seu depoimento prestado em sede de inquérito nos autos da ação penal, permanecendo em silêncio durante o interrogatório (item 283).
Força	Na sentença analisada, considerado sólido para reconhecer a materialidade e autoria do crime de lavagem de dinheiro (item 329), assim como o dolo direto (item 329, item 344, item 351, item 356); A imputação de pertinência à organização criminosa restou prejudicada por força da litispendência em relação à ação penal n. 5025699-17.2014.404.7000, com relação a este réu.

Paulo Roberto Costa	
Dados	Lavagem de dinheiro; Pertinência à organização criminosa.
Garantia	Relatório do TCU com relação às irregularidades apuradas na execução do contrato nº 0800.00534457.09.2, concernente à construção da refinaria de petróleo e gás Abreu e Lima (Petrobras) executada pelo Consórcio Nacional Camargo Correa (CNCC); Relatório do TCU, com relação ao superfaturamento de R$ 167.041.615,39, decorrentes das condições de reajuste contratual para a execução das obras da RNEST, conforme processo nº 006.970/2014-1 (item 198);

	Possibilidade de admissão da prova indireta relacionada ao crime antecedente ao da lavagem de dinheiro, conforme entendimento jurisprudencial do Direito Comparado (item 216 e s.s.); Compra de um veículo Land Rover Evoque, mediante depósitos realizados por interpostas pessoas, que serviria como parte do pagamento de propina e que foi registrado em nome do réu Paulo Roberto Costa (item 18, item 121, item 269).
Operação (adição/ subtração)	Adição, por força do acordo de colaboração premiada e confissão da integralidade dos crimes, firmado pelo réu com o MPF (item 31, item 39, item 87, item 151, item 190, item 293, item 306); Adição, tendo em vista os valores apreendidos na ação penal n. 5040280-37.2014.404.7000, nas contas de titularidade de Paulo Roberto Costa e que seriam provenientes dos pagamentos de propina da Petrobras (item 192 e item 193).
Força	Na sentença analisada, considerado sólido para reconhecer a materialidade e autoria do crime de lavagem de dinheiro relacionada apenas à aquisição do veículo Land Rover Evoque (item 268, item 269, item 323 e s.s., e item 413), assim como o dolo direto (item 340, item 356, item 357); Na sentença analisada, considerado sólido para reconhecer a materialidade e autoria do crime de pertinência à organização criminosa (item 409).

Marcio Andrade Bonilho	
Dados	Lavagem de dinheiro; Pertinência à organização criminosa.
Garantia	Relatório do TCU com relação às irregularidades apuradas na execução do contrato nº 0800.00534457.09.2, concernente à construção da refinaria de petróleo e gás Abreu e Lima (Petrobras) executada pelo Consórcio Nacional Camargo Correa (CNCC); Relatório do TCU, com relação ao superfaturamento de R$ 167.041.615,39, decorrentes das condições de reajuste contratual para a execução das obras da RNEST, conforme processo nº 006.970/2014-1 (item 198); Acordos de colaboração firmados por Alberto Youssef e Paulo Roberto Costa, que detalhavam o processo de pagamentos e repasses implementados pelas empresas em relação às obras da RNEST executadas pelo CNCC, passando pelas empresas Sanko, MO Consultoria, Empreiteira Rigidez, RCI Software, Labone Química, Indústria Labogen e Piroquímica (item 39 e item 414); Confissão parcial dos fatos por parte do réu Márcio Andrade Bonilho (item 152); Possibilidade de admissão da prova indireta relacionada ao crime antecedente ao da lavagem de dinheiro, conforme entendimento jurisprudencial do Direito Comparado (item 216 e s.s.).

Operação (adição/ subtração)	Subtração, por força do cerceamento de defesa referente ao impedimento de indagação direta pela defesa do réu no interrogatório dos corréus colaboradores Alberto Youssef e Paulo Roberto Costa (item 54 e s.s.); Subtração, tendo em vista que Waldomiro de Oliveira implicou Márcio Andrade Bonilho em seu interrogatório por meio de indução do Juízo, que perguntou ao réu Waldomiro no momento de colhida do interrogatório se a pessoa a quem ele se referia como "Berilo" era especificamente o "Bonilho" (item 290); Subtração, uma vez que o Alberto Youssef afirmou em depoimento que parte dos pagamentos realizados por intermédio das empresas Sanko eram devidos efetivamente pelo serviço prestado ao CNCC na execução das obras da RNEST (item 301); Subtração, tendo em vista que o dolo de Márcio Andrade Bonilho foi "inferido" pelo depoimento de Alberto Youssef, no sentido de que o réu sabia da ilicitude das transações e contratos (item 341 e item 342).
Força	Na sentença analisada, considerado sólido para reconhecer a materialidade e autoria do crime de lavagem de dinheiro (item 414), assim como o dolo direto (item 351 e item 419); Na sentença analisada, considerado sólido para reconhecer a materialidade e autoria do crime de pertinência à organização criminosa (item 409).

Leonardo Meirelles	
Dados	Lavagem de dinheiro; Pertinência à organização criminosa.
Garantia	Relatório do TCU com relação às irregularidades apuradas na execução do contrato nº 0800.00534457.09.2, concernente à construção da refinaria de petróleo e gás Abreu e Lima (Petrobras) executada pelo Consórcio Nacional Camargo Correa (CNCC); Relatório do TCU, com relação ao superfaturamento de R$ 167.041.615,39, decorrentes das condições de reajuste contratual para a execução das obras da RNEST, conforme processo nº 006.970/2014-1 (item 198); Possibilidade de admissão da prova indireta relacionada ao crime antecedente ao da lavagem de dinheiro, conforme entendimento jurisprudencial do Direito Comparado (item 216 e s.s.); Litispendência em relação à ação penal n. 5025699-17.2014.404.7000, no que se refere ao crime de pertinência à organização criminosa.
Operação (adição/ subtração)	Adição, concernente à confirmação da confissão parcial dos fatos por parte do réu (item 152, item 277, item 278, item 284);

	Adição, tendo em vista a ingerência do réu nas empresas Labogen S/A e Piroquímica, sub-contratadas de maneira fictícia pelas empresas Sanko na execução das obras da RNEST (item 236 e item 253); Adição, referente ao conteúdo da interceptação telemática realizada nos autos da ação penal n. 5001446-62.2014.404.7000 (conexa), onde o réu Leonardo Meirelles e o corréu Pedro Argese Júnior conversavam a respeito da abertura de *offshores* destinadas à operacionalização no exterior das remessas financeiras.
Força	Na sentença analisada, considerado sólido para reconhecer a materialidade e autoria do crime de lavagem de dinheiro (item 329, item 405, item 414), assim como o dolo direto (item 344 e item 351); A imputação de pertinência à organização criminosa restou prejudicada por força da litispendência em relação à ação penal n. 5025699-17.2014.404.7000, com relação a este réu.

Leandro Meirelles.	
Dados	Lavagem de dinheiro; Pertinência à organização criminosa.
Garantia	Relatório do TCU com relação às irregularidades apuradas na execução do contrato nº 0800.00534457.09.2, concernente à construção da refinaria de petróleo e gás Abreu e Lima (Petrobras) executada pelo Consórcio Nacional Camargo Correa (CNCC); Relatório do TCU, com relação ao superfaturamento de R$ 167.041.615,39, decorrentes das condições de reajuste contratual para a execução das obras da RNEST, conforme processo nº 006.970/2014-1 (item 198); Confissão parcial dos fatos por parte de Leandro Meirelles, no sentido de que realizava remessas ao exterior com base em contratos fictícios, cujos valores eram destinados à José Estevan, Waldomiro de Oliveira e Alberto Youssef (item 277, item 280); Possibilidade de admissão da prova indireta relacionada ao crime antecedente ao da lavagem de dinheiro, conforme entendimento jurisprudencial do Direito Comparado (item 216 e s.s.); Litispendência em relação à ação penal n. 5025699-17.2014.404.7000, no que se refere ao crime de pertinência à organização criminosa.
Operação (adição/ subtração)	Adição, tendo em vista que a ingerência do réu nas empresas Labogen S/A e Piroquímica, sub-contratadas fictícias pelas empresas Sanko na execução das obras da RNEST (item 236); Subtração, em razão do fato de que o réu Leandro Meirelles não confirmou o seu depoimento prestado em sede de inquérito nos autos da ação penal, permanecendo em silêncio durante o interrogatório (item 283).

Força	Na sentença analisada, considerado sólido para reconhecer a materialidade e autoria do crime de lavagem de dinheiro (item 270, item 329), assim como o dolo direto (item 344 e item 351); A imputação de pertinência à organização criminosa restou prejudicada por força da litispendência em relação à ação penal n. 5025699-17.2014.404.7000, com relação a este réu.

Esdra de Arantes Ferreira	
Dados	Lavagem de dinheiro; Pertinência à organização criminosa.
Garantia	Relatório do TCU com relação às irregularidades apuradas na execução do contrato nº 0800.00534457.09.2, concernente à construção da refinaria de petróleo e gás Abreu e Lima (Petrobras) executada pelo Consórcio Nacional Camargo Correa (CNCC); Relatório do TCU, com relação ao superfaturamento de R$ 167.041.615,39, decorrentes das condições de reajuste contratual para a execução das obras da RNEST, conforme processo nº 006.970/2014-1 (item 198); Confissão parcial dos fatos por parte do réu Esdra de Arantes Ferreira (item 277); Possibilidade de admissão da prova indireta relacionada ao crime antecedente ao da lavagem de dinheiro, conforme entendimento jurisprudencial do Direito Comparado (item 216 e s.s.); Litispendência em relação à ação penal n. 5025699-17.2014.404.7000, no que se refere ao crime de pertinência à organização criminosa.
Operação (adição/ subtração)	Adição, tendo em vista que a ingerência do réu nas empresas Labogen S/A e Piroquímica, sub-contratadas pelas empresas Sanko na execução das obras da RNEST (item 236); Adição, tendo em vista que o corréu Leonardo Meirelles, em seu depoimento, teria dito que Esdra de Arantes Ferreira não seria o responsável pela realização dos contratos fictícios firmados pelas empresas, mas que sabia que as contas eram movimentadas por terceiros (item 281 e item 287); Subtração, tendo em vista que o corréu Leandro Meirelles, em seu depoimento, teria dito que Esdra de Arantes Ferreira não seria o responsável pela realização dos contratos fictícios firmados pelas empresas (item 280); Subtração, em razão do fato de que o réu Esdra de Arantes Ferreira não confirmou o seu depoimento prestado em sede de inquérito nos autos da ação penal, permanecendo em silêncio durante o interrogatório (item 283).

Força	Na sentença analisada, considerado sólido para reconhecer a materialidade e autoria do crime de lavagem de dinheiro (item 270, item), assim como o dolo direto (item 344 e item 351); A imputação de pertinência à organização criminosa restou prejudicada por força da litispendência em relação à ação penal n. 5025699-17.2014.404.7000, com relação a este réu.

Murilo Tena Barrios	
Dados	Lavagem de dinheiro; Pertinência à organização criminosa.
Garantia	Relatório do TCU com relação às irregularidades apuradas na execução do contrato nº 0800.00534457.09.2, concernente à construção da refinaria de petróleo e gás Abreu e Lima (Petrobras) executada pelo Consórcio Nacional Camargo Correa (CNCC); Relatório do TCU, com relação ao superfaturamento de R$ 167.041.615,39, decorrentes das condições de reajuste contratual para a execução das obras da RNEST, conforme processo nº 006.970/2014-1 (item 198); Possibilidade de admissão da prova indireta relacionada ao crime antecedente ao da lavagem de dinheiro, conforme entendimento jurisprudencial do Direito Comparado (item 216 e s.s.); Notas fiscais de serviços desempenhados e mercadorias fornecidas pelas empresas Sanko (item 143).
Operação (adição/ subtração)	Subtração, por força do cerceamento de defesa referente ao impedimento de indagação direta pela defesa do réu no interrogatório dos corréus colaboradores Alberto Youssef e Paulo Roberto Costa (item 54 e s.s.); Subtração, uma vez que o Alberto Youssef afirmou em depoimento que parte dos pagamentos realizados por intermédio das empresas Sanko eram devidos efetivamente pelo serviço prestado ao CNCC na execução das obras da RNEST (item 301); Subtração, tendo em vista que Murilo Tena Barrios se encontrava afastado da administração da empresa Sanko Serviços de Pesquisa e Mapeamento LTDA, na época dos fatos (item 353).
Força	Na sentença analisada considerada fraca, tendo em vista a comprovação do álibi do réu no sentido de que não teria ingerência na empresa Sanko Serviços à época dos fatos, de modo a culminar em sua absolvição (item 358 e item 411).

Antônio Almeida Silva	
Dados	Lavagem de dinheiro; Pertinência à organização criminosa.

Garantia	Relatório do TCU com relação às irregularidades apuradas na execução do contrato nº 0800.00534457.09.2, concernente à construção da refinaria de petróleo e gás Abreu e Lima (Petrobras) executada pelo Consórcio Nacional Camargo Correa (CNCC); Relatório do TCU, com relação ao superfaturamento de R$ 167.041.615,39, decorrentes das condições de reajuste contratual para a execução das obras da RNEST, conforme processo nº 006.970/2014-1 (item 198); Possibilidade de admissão da prova indireta relacionada ao crime antecedente ao da lavagem de dinheiro, conforme entendimento jurisprudencial do Direito Comparado (item 216 e s.s.).
Operação (adição/ subtração)	Subtração, tendo em vista que a prova de seu dolo direto seria o depoimento prestado pelo corréu Waldomiro de Oliveira no sentido de que o réu Antônio Almeida Silva (contador da MO Consultoria, Empreiteira Rigidez e RCI Software) teria ciência de todas as irregularidades e fraudes cometidas (item 354).
Força	Na sentença analisada, considerada como fraca para fins de condenação do réu, haja vista que as declarações prestadas pelo corréu, Waldomiro de Oliveira, poderiam ter sido originadas de uma tentativa de redução e sua própria responsabilidade em relação aos crimes praticados (item 354), razão pela qual Antônio Almeida Silva foi absolvido (item 358 e item 411).

Alberto Youssef	
Dados	Lavagem de dinheiro; Pertinência à organização criminosa.
Garantia	Relatório do TCU com relação às irregularidades apuradas na execução do contrato nº 0800.00534457.09.2, concernente à construção da refinaria de petróleo e gás Abreu e Lima (Petrobras) executada pelo Consórcio Nacional Camargo Correa (CNCC); Relatório do TCU, com relação ao superfaturamento de R$ 167.041.615,39, decorrentes das condições de reajuste contratual para a execução das obras da RNEST, conforme processo nº 006.970/2014-1 (item 198); Interceptações telemáticas realizadas nos autos da ação penal n. 5026387-13.2013.404.7000 e na ação penal n. 5049597-93.2013.404.7000 (item 158); Busca e apreensão realizada no escritório do réu no curso da ação penal n. 5001446-62.2014.404.7000 conexa (item 163); Interceptação telefônica realizada nos autos da ação penal n. 5026387-13.2013.404.7000 e da ação penal n. 5049597-93.2013.404.7000, e os diálogos ocorridos entre o réu Alberto Youssef e Márcio Bonilho (item 186);

	Possibilidade de admissão da prova indireta relacionada ao crime antecedente ao da lavagem de dinheiro, conforme entendimento jurisprudencial do Direito Comparado (item 216 e s.s.); Litispendência dm relação à ação penal n. 5025699-17.2014.404.7000, no que se refere ao crime de pertinência à organização criminosa.
Operação (adição/ subtração)	Adição, por força do acordo de colaboração premiada e confissão da integralidade dos crimes, firmado pelo réu com o MPF (item 39, item 87, item 151, item 190, item 274, item 293, item 306); Adição, em decorrência do reconhecimento da veracidade dos diálogos interceptados por parte de Alberto Youssef (item 188); Adição decorrente do reconhecimento das planilhas apreendidas e que serviriam como discriminação dos "repasses" destinados aos pagamentos de propina e "comissões" pelas vendas intermediadas entre a Petrobras e o CNCC (item 302); Subtração, tendo em vista que a testemunha Meire Bonfim da Silva Poza afirmou em depoimento que Alberto Youssef não possuía ingerência sobre a MO Consultoria (item 276).
Força	Na sentença analisada, considerado sólido para reconhecer a materialidade e autoria do crime de lavagem de dinheiro (item 270, item 322, item 325), assim como o dolo direto (item 148, item 339, item 351, item 356 e 357); A imputação de pertinência à organização criminosa restou prejudicada por força da litispendência em relação à ação penal n. 5025699-17.2014.404.7000, com relação a este réu.

4.2.1. Das provas eleitas pelo Juízo e sua análise de validade

O primeiro argumento pertinente à análise de matéria probatória compete ao alegado cerceamento de defesa em relação a Marcio Bonilho e Murilo Tena Barrios, em virtude do impedimento de arguição direta pela defesa nos interrogatórios de Paulo Roberto Costa e Alberto Youssef (ev. 1.101 dos autos)[196], tendo em vista que não lhes fora oportunizado questionar quem era o político beneficiado pelo esquema criminoso da Petrobras, assim como pelo fato de que não tiveram acesso ao conteúdo dos depoimentos de ambos, prestados em colaboração premiada, antes da audiência de instrução.

Tais perguntas não foram permitidas porque dentre os políticos citados como beneficiários do esquema, alguns teriam foro privilegiado sujeitos à competência do STF; com relação ao crime posterior (corrupção), come-

196. Os depoimentos, prestados por Paulo Roberto Costa e Alberto Youssef em delação premiada, estavam guardados sob sigilo, que, posteriormente, foi levantado pelo STF. Os fatos narrados por ambos, em nada influenciavam a defesa de Márcio Bonilho e Murilo Barrios que, segundo a fundamentação do Juízo, sequer renovaram seus argumentos nesse sentido em sede de alegações finais (pontos 61 e 63 da sentença).

tido em decorrência da lavagem de dinheiro (que era o objeto desta ação penal), o Juízo indeferiu as perguntas por compreender que isto não teria relevância para o deslinde da ação penal em si, de modo que, por serem irrelevantes para o julgamento desta ação, não interfeririam no exercício da ampla defesa dos acusados.

O segundo ponto relacionado à matéria probatória se refere à aduzida ilegalidade da interceptação telefônica/telemática do dispositivo de Waldomiro de Oliveira (violação ao acordo de cooperação internacional Brasil-Canadá), reputada pelo Juízo como inexistente porque não havia necessidade da Jurisdição brasileira valer-se da Jurisdição canadense para fins de persecução da prova, já que o crime foi praticado no Brasil, por brasileiro identificado, e a empresa Blackberry possui uma subsidiária em território nacional (traçou-se em paralelo os casos que envolviam o fornecimento de dados pela Googl. Inc os julgados do TRF4 e STJ sobre o tema).

De ofício, o Juízo se manifestou a respeito da validade das interceptações telefônicas realizadas na fase de inquérito, consignando que, a despeito de ser legal, a referida prova tem uma importância pequena para o julgamento da ação penal em questão, já que o conteúdo probatório recai sobre prova documental e pericial (quebra de sigilo bancário e fiscal).

O segundo ponto relacionado à matéria probatória foi suscitado pela defesa de Leonardo Meirelles que questionou a validade dos acordos de delação premiada celebrados por Paulo Roberto Costa e Alberto Youssef, que foram homologados pelo Ministro Teori Zavascki no STF, o Juízo pontua que o direito ao silêncio e a renúncia desse direito pelos colaboradores, no momento de realização da colaboração premiada não configurariam infringência constitucional ao art. 5º, LXIII da CRFB/88 (como alegado pela defesa), pois o dever de prestar depoimento em compromisso com a verdade (art. 4º, § 14, da Lei nº 12.850/2013) importaria, na realidade, em <u>garantia</u> aos eventuais delatados (item 93 da sentença nº 02), que, posteriormente, poderá exercer a ampla defesa e o contraditório nas eventuais ações penais que forem apresentadas em seu desfavor, consubstanciadas nas provas obtidas por meio de colaboração premiada[197].

---

197. Aqui, vale a observação de que a colaboração premiada é um negócio jurídico bilateral – similar aos contratos –, e, como tal, se sujeita às regras gerais da Teoria Geral do Direito, das quais depende a consideração de sua validade. Se há vício de constituição no negócio jurídico, por exemplo, tal negócio é nulo e não produz os efeitos dele decorrentes por disposição das partes. Por outro lado, a sentença que homologa a decisão de colaboração premiada produz efeitos em relação ao terceiro delatado (art. 4º, §10º, da Lei 12.850/2013); nesse sentido, havendo decisão homologatória transitada em julgado, razão pela qual esta decisão se sujeita ao seu controle. Sobre a possibilidade de controle de validade da decisão que homologa acordo de colaboração premiada pelo terceiro delatado, ver mais em: DIDIER JR., Fredie; BONFIM, Daniela. *Colaboração premiada (Lei n. 12.850/2013): natureza jurídica e controle da validade por demanda autônoma – um diálogo com o Direito Processual Civil.* **Civil**

A sentença estabelece que não haveria que se falar em questões relacionadas à credibilidade do depoimento prestado em acordo de colaboração premiada homologado, já que a qualidade do depoimento somente seria avaliada no momento de valoração da prova, considerando a sua densidade, consistência interna e externa, assim como pela existência de prova de corroboração.

Sem se manifestar quanto à qualidade dos depoimentos, ainda nesse ponto da sentença, reitera-se que a colaboração premiada é um importante instrumento de apoio para a resolução de crimes complexos (em especial a lavagem de capitais); para, na sequência, afirmar-se que o negócio jurídico realizado entre os colaboradores e o MPF, nesse caso, não seria passível de vícios, pois a narrativa dos réus (tortura psicológica) não encontraria respaldo na realidade, já que as prisões foram decretadas porque estariam presentes os seus requisitos (descritos como boa prova do crime e risco de reiteração da atividade), a despeito de nada ter sido dito com relação ao *fumus comissi delicti* e o *periculum libertatis* (não restou esclarecido qual seria a "boa prova", tampouco qual seria o perigo gerado pelo estado de liberdade dos colaboradores, que justificasse a imputação da preventiva)[198].

Quanto à análise de validade das colaborações realizadas por Alberto Youssef e Paulo Roberto Costa, não obstante terem sido negócios válidos, segundo a fundamentação da sentença, não haveria necessidade de verificação da qualidade dos depoimentos (ou da validade das provas de corroboração), pois, no caso dos autos, havia prova preexistente "(...) acima de qualquer dúvida razoável da materialidade e da autoria dos crimes.". Este trecho da sentença, evidencia que o *BARD* fora utilizado como *standard* único para os distintos requisitos da condenação (item 115 da sentença nº 02)[199].

Ainda na fase de investigação, foi decretada a quebra de sigilo telemático do endereço de e-mail paulogoia@hotmail.com, que era utilizado por Alberto Youssef. Nas conversas interceptadas foram identificadas planilhas de transação e, nessas planilhas, as anotações pertinentes a vinte transferências realizadas pelas empresas Sanko à MO, no período de 23/07/2009 e

---

Procedure Review, v.7, n.2. 135-189, mai./ago. 2016, p.150. Disponível em: <http://www.civilprocedurereview.com/busca/baixa_arquivo.php?id=136&embedded=true>. Acesso em: 31/03/2020.

198. Nesta parte, há uma frase que desponta na fundamentação: "(...) Não há qualquer invalidade ou reprovação cabível à postura da Acusação que, em troca da verdade e apenas da verdade, oferece ao criminoso tratamento legal mais leniente. Ameaçar alguém com o devido processo legal não é propriamente uma coação ilegal." – item 110 da sentença. Em sentido contrário, pode-se afirmar que apenas o fato de ter sido o réu preso já se tem configurada a coação, pois prisão é sempre coação, conforme definição que é dada pela própria CRFB/88 (BADARÓ, Gustavo. **Quem está preso pode delatar?**. Disponível em: <https://www.jota.info/paywall?redirect_to=//www.jota.info/opiniao-e--analise/artigos/quem-esta-preso-pode-delatar-23062015>. Acessado em 18/07/2020).

199. A questão que se apresenta é saber se a autoria delitiva é passível de um juízo de inferência probatória que admita o *BARD*, já que a autoria é um Juízo de certeza e não de probabilidade.

02/05/2012, e valor total de R$ 18.645.930,13 (dezoito milhões seiscentos e quarenta e cinco mil novecentos e trinta reais e treze centavos) – itens 156 a 166 da sentença nº 02.

A confirmação de que a MO era controlada por Alberto Youssef teria surgido a partir de uma busca e apreensão realizada em seu escritório (item 167 da sentença nº 02).

Fora requerida perícia nos documentos apreendidos, em comparação com os documentos oferecidos pela própria defesa (Márcio Bonilho e Murilo Tenas Barrios, dirigentes das empresas Sanko), a fim de identificar-se a natureza dos serviços prestados pelas empresas Sanko ao CNCC para a execução das obras da Refinaria Abreu e Lima. Os quesitos fixados pelo Juízo foram transcritos para a sentença, contudo não há qualquer citação com relação aos quesitos apresentados pelas defesas. A conclusão do laudo, elaborado por peritos da própria Polícia Federal, é no sentido de que a documentação comprovaria a ocorrência de fraude (item 170 da sentença nº 02).

O laudo confirmou, efetivamente, o fornecimento de serviços pela Sanko Sider ao CNCC, confirmou, entretanto, que a fraude estaria relacionada a serviços conexos aos serviços que foram efetivamente prestados (fornecimento de tubos, *flangers*, curvas e conexão), tais como: prospecção de fornecedores dos produtos no exterior (pertinentes à importação dos tubos que era realizada pela Sanko para a revenda feita para o CNCC); entrega dos produtos ao comprador; preparo da documentação relativa ao produto (item 174 da sentença nº 02).

Tais serviços, segundo o entendimento esboçado na sentença, seriam inerentes ao próprio fornecimento das mercadorias e não haveria motivo para uma cobrança separada do pagamento das próprias mercadorias. Não restou esclarecido, na fundamentação da sentença, a base dessa afirmação[200].

A perícia teria revelado a existência de dois pagamentos realizados em 2010, no valor total de R$ 8.000.000,00 (oito milhões de reais), a título de adiantamento do CNCC para a Sanko Sider, muito antes de terem sido faturadas mercadorias para o CNCC (o que ocorreu apenas em 2011); enquanto que o demonstrativo gerencial de custos dos serviços no projeto

200. Em contratos, é perfeitamente possível admitirmos a contratação de dois serviços conexos, porém distintos. O serviço de prospecção de fornecedores compatíveis com os valores aprovados na licitação é um serviço; o serviço de preparo de toda a documentação pertinente à importação dos produtos e despacho aduaneiro, por exemplo, é outro serviço; o serviço de deslocamento e entrega dos produtos, com aluguel de veículos e pessoal competente para o transporte, também, por exemplo, seria outro serviço; e todos eles, são serviços distintos do fornecimento dos produtos inerentes à execução da obra. Haveria, em hipótese, um contrato principal e outros contratos acessórios, o que, a princípio, não é ilegal à luz da teoria dos contratos. Para ser ilegal, há que existir vício no negócio e a existência de contratos acessórios do principal, não nos parece ser um vício propriamente dito.

CNCC ilustravam que, entre 2009 e 2013, 43% (quarenta e três por cento) dos custos dos serviços prestados pela Sanko ao CNCC, decorriam de pagamentos realizados para a MO Consultoria (empresa controlada por Alberto Youssef).

Como elemento probatório adicional, transcreve-se o diálogo de Alberto Youssef e Márcio Bonilho, interceptado nos autos dos processos nº 5026387-13.2013.404.7000 e nº 5049597-93.2013.404.7000, onde, Alberto Youssef se mostra indignado com o inadimplemento de uma dívida de dois milhões de reais, onde o suposto devedor seria conhecido de ambos pelo codinome de "Leitoso"; em Juízo, Alberto Youssef teria admitido a autenticidade das gravações e teria esclarecido que a pessoa a quem ele se referia era Eduardo Hermelino Leite, diretor de óleo e gás da Petrobras/SA., os valores, por sua vez, seriam pertinentes ao pagamento de propina que era devido a ele pela Camargo Correia. O Eduardo Hermelino Leite foi denunciado em outra ação penal (5083258-29.2014.404.7000) – item 187 e 188 da sentença nº 02.

Também nos diálogos interceptados, Alberto Youssef teria citado nominalmente Paulo Roberto Costa, como destinatário do pagamento dos valores de propina; os outros elementos probatórios pertinentes aos pagamentos recebidos por Paulo Roberto Costa seriam: o veículo Evoke, da marca Land Rover, avaliado em R$ 250.000,00 (duzentos e cinquenta mil reais), razão pela qual, ambos foram acusados de mais um crime de lavagem de dinheiro nestes autos; e o sequestro de U$ 23.000.000,00 (vinte e três milhões de dólares) na conta de titularidade de Paulo Roberto Costa aberta na Suíça, que foram repatriados e, à época, se encontravam à disposição do STF (itens 190 e 193 da sentença nº 02).

Outro elemento probatório seria a auditoria do TCU (processo nº 009.830/2010-33), no sentido de que os critérios utilizados pela Petrobras para a estimativa do custo da obra, parâmetro utilizado na licitação e na contratação do CNCC, teriam sido inadequados (item 196 da sentença nº 02).

O primeiro relatório citado pela sentença, narra que as fiscalizações das obras da RNEST (Abreu e Lima), começaram em 2008 e, inicialmente, se restringiram à análise dos contratos e execução das obras de terraplanagem; até o ano de 2010, quando a Petrobras modificou a forma de preenchimento dos formulários de gastos e se negou a fornecer o detalhamento dos insumos para o TCU, o que levou a fiscalização a adotar critérios de estimativa de custo. Segundo a estimativa adotada pelo TCU, os contratos teriam sobrepreços que resultavam na diferença de cifras acima de um bilhão de reais.

O segundo teria concluído a existência de indícios de superfaturamento total de R$ 167.041.615,39 (cento e sessenta e sete milhões quarenta e um mil seiscentos e quinze reais e trinta e nove centavos), decorrentes de condições de reajustes contratuais desfavoráveis à Petrobras.

Nenhum dos dois relatórios, contudo, guarda uma relação direta com os fatos narrados na inicial acusatória resumidos pela sentença: em primeiro lugar, porque não há qualquer liame entre as obras de terraplanagem realizadas em 2008 e os fatos ocorridos a partir de 2009; em segundo, porque os reajustes praticados nos preços contratuais obedeceram os critérios que foram estabelecidos pela própria Petrobras, o que foi dito pelo próprio Juízo no item 196 desta sentença nº 02. Não restou esclarecido de que modo os relatórios do TCU (parcialmente transcritos) serviriam à comprovação do superfaturamento dos contratos firmados entre a CNCC e as empresas Sanko, para o fornecimento de materiais de construção na obra da RNEST.

A sentença afirma, nesse ponto, que os dois relatórios do TCU, o primeiro apontando sobrepreço na estimativa de custos do preço referência da Petrobras; o outro apontando efetivo prejuízo pelo pagamento dos valores indevidos, constituiriam indícios adicionais ao sobrepreço e superfaturamento das obras da Petrobras, executadas pelo CNCC (item 202 da sentença nº 02).

A prova indiciária, nesse caso, conforme a construção da sentença, refere-se ao crime antecedente à lavagem de dinheiro (crime de peculato) – conforme itens 207 e 208 da referida decisão. O outro crime antecedente seria o de fraude à licitação (item 211 da sentença nº 02).

Do item 216 ao item 224 da fundamentação da sentença nº 02, vê-se uma digressão a respeito da utilização de prova indiciária no direito comparado, que é, simplesmente, idêntica à fundamentação existente do item 218 ao item 229 da sentença nº 01, a única diferença é que, na sentença de nº 02 (objeto deste sub-tópico), o crime que é colocado como passível de comprovação através de prova indiciária é o crime de lavagem de dinheiro, enquanto na sentença de nº 01 é o crime de tráfico de drogas.

Não há qualquer diferenciação com relação aos elementos de cada tipo penal e sua relação com o conteúdo de direito comparado suscitado pelas sentenças.

No item 224 (sentença nº 02), afirma-se que admitir como válida a prova indiciária para o crime de lavagem de dinheiro não contém qualquer diferença em relação à admissão desse tipo de prova (indiciária) em relação a qualquer outro crime. Nesse item, fala-se que, ainda que indiciária, a prova deve ser "convincente" para satisfazer o *standard* da prova acima de qualquer dúvida razoável.

Esta parte da fundamentação da sentença nos faz questionar se não haveria uma confusão, para o Juízo, entre o *standard* da prova clara e convincente (*clear and convincing evidence*) e o para além de uma dúvida razoável (*beyond a reasonable doubt*), já que o "convencimento" de uma hipótese em relação à outra não é um requisito do *BARD*. A aplicação do

BARD deve ser acompanhada de um Juízo de "mais próximo" da certeza quanto à probabilidade da veracidade da prova, conforme abordado no tópico 3.4 deste trabalho.

4.2.2. Da análise do atingimento de elevado grau de suficiência probatória

Reputa-se como comprovada a materialidade da primeira fase do crime de lavagem de dinheiro, pelas provas indiciárias acima suscitadas[201]. A segunda fase da lavagem de dinheiro estaria materialmente comprovada pelas transferências internacionais realizadas pela MO Consultoria para as empresas Labogen e Piroquímica; as transferências eram justificadas por contratos de câmbio de importação (simulada) e eram contabilizadas como se fossem pagamentos aos fornecedores estrangeiros.

O elemento circunstancial de prova suscitado seria o fato de que as declarações de importação prestadas pelas empresas Labogen, assim como pelas empresas Piroquímica, seriam inconsistentes com os contratos de importação celebrados com a MO Consultoria e as transferências recebidas (itens 245 e 247 da sentença nº 02).

Com a quebra de sigilo bancário e fiscal, o Juízo constatou que: a Indústria Labogen não teria apresentado declaração de rendimentos para a Receita Federal, a empreiteira Rigidez apresentou declarações em branco. A Labogen Química e Piroquímica apresentaram declarações inconsistentes. Com relação à RCI Software, foi apresentada uma declaração que não era manifestamente inconsistente com os créditos recebidos da MO Consultoria (itens 249 e 250 da sentença ora analisada).

É traçado o paralelo entre os pagamentos realizados pela MO Consultoria, empresa que era administrada por Alberto Youseff, e as empresas que receberam os pagamentos em contas administradas no exterior, cuja atividade não era compatível com os recebíveis, o Juízo concluiu que as referidas empresas eram de "fachada" (item 254 e 255 da sentença nº 02). A MO Consultoria teria feito ainda o repasse indevido de, pelo menos, R$ 18.645.930,13 (dezoito mil seiscentos e quarenta e cinco novecentos e trinta reais e treze centavos) – oriundos, por sua vez, do superfaturamento das obras da RNEST, executadas pelo CNCC (item 257).

---

201. A saber: os indícios de sobrepreço nos contratos do CNCC com a Petrobras em decorrência dos relatórios do TCU; indícios de sobrepreço nos contratos do CNCC com a Petrobras em decorrência dos serviços simulados com a MO Consultoria; utilização de expedientes de simulação e ocultação dos repasses dos valores do CNCC para os destinatários finais através do superfaturamento dos contratos firmados com as empresas Sanko e a simulação de prestação de serviços pela MO.

Todavia, a despeito de ter suscitado a existência de um fio condutor entre os pagamentos que foram realizados pela MO Consultoria e as empresas Labogen e Piroquímica, o Juízo reputou como desnecessária e inviável a demonstração específica de rastreamento de cada valor (item 260 da sentença nº 02).

A leitura desses itens deixa aparente que o raciocínio do Juízo não é um raciocínio hipotético-indutivo, mas sim hipotético-dedutivo, que se utilizou da presunção da veracidade dos fatos narrados pelas hipóteses acusatórias[202]: traça-se um paralelo entre pagamentos que foram recebidos, cuja origem não pode ser explicada, e os pagamentos superfaturados que foram realizados pela Petrobras, com a execução das obras da RNEST, sem, contudo, esclarecer-se para o leitor, qual o caminho percorrido (com a demonstração específica do rastreamento de cada valor), pois isso não seria "necessário" na visão do juízo[203].

Há, também, a presunção de fraude em relação aos contratos de câmbio destinados à importação de produtos pela empresa Indústria e Comércio Labogen, tendo em vista a inexistência de declaração de operações de importação perante a Receita Federal para o período dos fatos, de maneira que o Juízo concluiu – não se sabe com base em qual fato – que a importação dos produtos era inexistente (item 244). Não foi ponderado, entretanto, se a hipótese não seria apenas de sonegação fiscal.

O Juízo continua sua narrativa, no sentido de que a materialidade do crime de lavagem de dinheiro estaria comprovada apenas por esses repasses (para além da existência de confissões, depoimentos e testemunhas) e, então, afirma que os dois ciclos da lavagem de dinheiro não constituem condutas criminosas autônomas, enquadradas em cinco fatos delitivos distintos (conforme descrito na denúncia), mas, na verdade, vinte e uma operações de lavagem de dinheiro, conforme comprovado pelas vinte e uma transações que foram realizadas pela MO Consultoria (itens 264 e 268 da sentença nº 02); reputando, como comprovadas, a materialidade delitiva de pelo menos vinte e uma operações de lavagem de dinheiro.

Quanto à autoria dos crimes de lavagem de dinheiro, há provas do envolvimento de Alberto Youssef, Paulo Roberto Costa, Márcio Bonilho,

---

202. Nesse sentido, afirma-se que a presunção não é um meio de prova, mas sim uma operação mental feita pelo Juízo que, admitindo a ocorrência do fato "x", presume a ocorrência do fato "y" – de modo a demonstrar, para tanto, a conexão existente entre tais fatos. (BADARÓ, Gustavo. **Processo Penal**, *op. cit.*, p. 508-509).

203. A questão é seguinte: se a MO Consultoria era mesmo operada por Alberto Youssef, qual prova, efetivamente, garante que o dinheiro desviado da RNEST e repassado para a MO Consultoria era exatamente o mesmo dinheiro que foi depositado pela MO Consultoria para as contas das *offshores*? Isto é importante, na medida em que pode significar até mesmo a exclusão da participação das *offshores* e seus dirigentes dos crimes descritos pela acusação.

Waldomiro de Oliveira, Leonardo Meirelles, Leandro Meirelles, Pedro Argese Júnior e Esdra Arantes Ferreira (item 270 da sentença em questão).

A referida sentença passa então a analisar a prova oral pertinente ao depoimento prestado pela Sra. Meire Poza (titular da empresa de contabilidade que prestava serviço para a MO Consultoria). Neste depoimento, a testemunha teria afirmado que a empresa era de fachada e nunca prestou os serviços referentes às notas emitidas; narra, além disso, que Alberto Youssef não teria ingerência alguma sobre a MO Consultoria[204].

Ainda na fase de inquérito, Leonardo Meirelles, Leandro Meirelles, Pedro Argese, Esdra de Arantes e Waldomiro de Oliveira confessaram parcialmente os fatos e a utilização das contas as empresas por Alberto Youssef; assim como confessaram total ou parcialmente, a inatividade das empresas e o caráter fraudulento dos contratos cambiários (item 277 da sentença nº 02). Em Juízo, contudo, Pedro Argese, Esdra de Arantes e Leandro Meirelles utilizaram-se de seu direito ao silêncio, de modo que o Juízo levou em consideração o teor dos depoimentos prestados exclusivamente na fase de inquérito, justificando que não haveria prejuízo porque as partes estavam acompanhadas de advogado (item 283 da sentença)[205].

O Sr. Leonardo Meirelles, por sua vez, teria reiterado a confissão realizada na fase de inquérito, transcrita para a sentença; admitiu que era o principal responsável pelas transações fraudulentas, mas que os senhores Leandro Meirelles, Pedro Argese e Esdra de Arantes estavam cientes de todas elas (itens 284 a 287).

O Sr. Waldomiro Oliveira teria também admitido ser o responsável pela abertura e gestão da MO Consultoria e que recebia uma comissão pelas transações realizadas por esta, assim como pelas outras empresas (Emprei-

---

204. Isto não se comunica com os objetivos do presente trabalho, mas é interessante notar a contradição entre a narrativa da sentença, construída inteiramente no sentido de que Alberto Youssef seria a pessoa responsável pelas transações da MO Consultoria e, na análise da prova oral deduzida nos autos, notar que a pergunta realizada pelo próprio Ministério Público acerca da ingerência ou não de Alberto Youssef sobre a empresa de "fachada", foi respondida de maneira negativa (item 276 da sentença nº 09).

205. Ainda que isto não seja propriamente pertinente ao nosso objeto de estudo, é devido ponderar a absoluta inadmissibilidade dos atos de inquérito como atos de prova, uma vez que os atos produzidos na fase de investigação acompanham a denúncia única e exclusivamente para que seja possível ao Juízo exercer a análise de admissibilidade da ação penal proposta. Os atos de prova, que são dirigidos ao Juiz, sobre a verdade de uma afirmação, estão a serviço do processo e integram o processo penal, dirigem-se à formação de um Juízo de certeza, servem à sentença, exigem a observância da publicidade, contradição e imediação, são praticados perante a autoridade judiciária. Pouco importa, assim, a presença de advogados de defesa (responsáveis pela defesa técnica do acusado) no momento de feitura do seu interrogatório de investigação, pois a produção daquele ato não é direcionado ao Juízo de certeza (sentença), mas sim ao Juízo hipotético (admissibilidade da ação penal). O valor probatório dos atos de investigação são, portanto, limitados ao fim a que se destinam: comprovar a existência de Justa Causa para o recebimento e a procedibilidade da ação penal. (LOPES Jr., Aury, *op. cit*, p. 155-156).

teira Rigidez e RCI Software), a pedido de Alberto Youssef (item 288 a 290 da sentença nº 02).

O Sr. Márcio Bonilho, em seu interrogatório de investigação teria negado a realização das fraudes e pagamentos de "comissões" para Alberto Youssef, tendo modificado o teor do seu depoimento em Juízo, assumindo a veracidade das acusações (item 291), admitindo também que os repasses dos valores eram realizados nas contas da MO Consultoria e GFD Investimentos (item 292).

Os senhores Alberto Youssef e Paulo Roberto Costa (diretor de abastecimento da Petrobras S/A.) formularam acordos de colaboração premiada visando à obtenção de redução da sua pena, ao passo que declararam em seus respectivos termos, que as empreiteiras brasileiras, reunidas em cartel (dentre elas a Camargo Correa), fraudaram as licitações da Petrobras e pagavam sistematicamente de 2% a 3% sobre cada contrato da estatal para os dirigentes da empresa (diretoria de abastecimento, diretoria de serviços etc.).

Eles admitiram, além disso, que esse esquema também teria ocorrido nas obras da RNEST, sendo que o Sr. Paulo Roberto Costa ainda admitiu que persistiu recebendo vantagem indevida mesmo depois de ter deixado o cargo de diretor de abastecimento, em 2012, e que o veículo Evoque da marca Land Rover, avaliado em R$ 250.000,00, seria pertinente à parte de pagamento que estavam pendentes (itens 293 a 300).

Foi realizada a transcrição de parte dos depoimentos prestados por Paulo Roberto Costa, com a descrição de como funcionava a operação fraudulenta e os repasses que eram realizados (a partir do item 300). Não há, contudo, correlação entre os trechos destacados na sentença e as obras executadas pelo CNCC na RNEST.

Foi também transcrita parte dos depoimentos prestados por Alberto Youssef (item 301), em determinado ponto, este descreve de que forma as obras da RNEST foram superfaturadas pelo CNCC (através das notas referentes aos materiais fornecidos e serviços prestados pela Sanko e dos repasses que eram feitos desta para a MO Consultoria). Ainda segundo Alberto Youssef, a planilha de pagamentos seria autêntica, os valores lançados como "repasses" seriam concernentes ao pagamento de propina para agentes públicos e os valores lançados como "comissões" seriam valores a ele devidos pelas intermediações realizadas entre o CNCC e a Sanko Sider (item 302).

Não há, entretanto, qualquer menção à existência de uma prova de corroboração ou, ainda, de prova documental que sirva à correlação entre essa afirmação e os depósitos que foram identificados nas contas das empresas Sanko.

A conclusão parcial da sentença, nesse ponto, é que estaria provado o crime de peculato e fraude à licitação (como crimes antecedentes), não sendo esclarecido, entretanto, qual seria a prova – além do depoimento prestado por Alberto Youssef, acima citado –, que serviria como prova de corroboração das declarações prestadas. Não é possível identificar na fundamentação da decisão, também, a correlação entre a prova que demonstre a veracidade das declarações prestadas (testemunhal, documental etc.) e as alegações do referido colaborador (itens 314 a 319 da sentença nº 02).

No item 338 da mencionada sentença, há uma afirmação interessante no sentido de que a ciência dos envolvidos acerca da procedência criminosa dos valores concernentes às transações podia ser inferida pela prática prévia da conduta de ocultação e dissimulação; o que nos leva a questionar, se não haveria, aqui, uma presunção relacionada ao dolo dos agentes.

O dolo de Alberto Youssef e de Paulo Roberto Costa seria manifesto, já que nenhum dos dois negou o seu envolvimento com o esquema; o dolo do Sr. Márcio Bonilho seria comprovado pelo depoimento prestado por Alberto Youssef, no sentido de que ele deveria saber da ilegalidade das transações[206], a despeito de seu álibi inicial apontando que as empresas Sanko teriam efetivamente prestado serviços para o CNCC e de que ele não teria conhecimento da emissão de notas ou contratos frios (item 341) e do próprio Alberto Youssef ter dito, em seu depoimento, que o Márcio Bonilho não tinha qualquer ganho em relação aos repasses.

O dolo de Leonardo Meirelles, Leandro Meirelles, Pedro Argese Júnior e Esdra Arantes Ferreira deve ser reconhecido, em virtude da aplicação da teoria da cegueira deliberada, já que realizaram sistematicamente remessas internacionais vinculadas aos contratos de câmbio cuja importação a eles relacionada era inexistente (itens 344 a 346 da sentença nº 02).

A instrução revelou que Murilo Tena Barrios estava afastado da direção da empresa Sanko Serviços à época dos fatos e não teve qualquer contato direto com a sua realização, de maneira que deve ser absolvido das acusações (item 353).

O réu Antônio Almeida Silva (contador das empresas MO Consultoria; Empreiteira Rigidez e RCI Software) também deve ser absolvido, já que a única prova utilizada pelo MPF no seu pedido de condenação, é o depoimento prestado por Waldomiro Oliveira, mas as declarações prestadas

206. Vale a transcrição do texto do depoimento, pela inexatidão das palavras utilizadas por Alberto Youssef: "(...) olha, o Márcio Bonilho frequentava meu escritório e sabia que meu escritório frequentava várias pessoas, agentes públicos. Acredito que ele sabia."

por ele podem ter sido motivadas por sua tentativa de redução da própria responsabilidade[207].

Reputa o Juízo, assim, que restou comprovada "acima de qualquer dúvida razoável a materialidade e a autoria" à exceção de Antônio Almeida Silva, que será absolvido.

A última imputação criminosa apontada nos autos diz respeito ao crime de pertinência à organização criminosa e, segundo a fundamentação da sentença, restou comprovado nos autos a existência de um esquema criminoso envolvendo cartel, fraudes à licitação, pagamento de propinas a agentes públicos e a agentes políticos, assim como da lavagem de dinheiro (item 374).

O vínculo associativo entre os diversos envolvidos nos crimes, transcenderia "a coautoria na prática dos crimes", pois haveria a presença de desígnios autônomos para a prática de crimes em série e indeterminados, objetivando o enriquecimento ilícito dos envolvidos, em maior ou menor grau, caracterizaria a hipótese de associação criminosa, conforme a descrição do art. 288 do CP, de modo que para os crimes praticados até 19/09/2013 teria incidido este tipo penal (itens 380 e 381).

Também teria sido demonstrada a prática de crimes após 19/03/2013, o que foi comprovado pelas interceptações telefônicas realizadas pouco antes da prisão cautelar de Alberto Youssef, cujo teor revelavam a entrega de valores a terceiros por solicitação das empreiteiras mesmo após a sua prisão e o desfazimento do grupo. Desse modo, após a data de 17/03/2014, o grupo teria incidido o tipo penal de organização criminosa (art. 2º da Lei nº 12.850/2013)[208].

A conclusão da sentença com relação ao crime de lavagem de dinheiro é que teria restado comprovada a materialidade e autoria do referido tipo

---

207. Interessante notar, com relação às declarações prestadas por Alberto Youssef, que esse raciocínio não foi feito para os demais. Não poderia ele, Alberto Youssef, também estar agindo em uma tentativa de diminuição da sua própria responsabilidade?

208. A despeito deste não ser o foco do presente trabalho, não se passa por despercebido que nessa parte da sentença não há a descrição dos elementos concernentes ao enquadramento do tipo penal de organização criminosa, conforme descritos pelo § 1º do art. 1º da Lei nº 12.850/2013. A fundamentação traz em seu texto o que seria considerado como elemento probatório da manutenção do vínculo associativo entre o grupo, principalmente no que se refere ao destaque para as datas de ocorrência dos delitos, mas não caracteriza de que forma a estrutura era ordenada, tampouco caracteriza qual era a divisão de tarefas executadas por cada um dos pertencentes ao grupo. A redação precária dos itens 391 e 392, assim como do item 405, não pode ser considerada como uma apropriada descrição dos elementos do tipo de organização criminosa. Outro ponto curioso a ser notado é que, na fase da fixação de pena, o Juízo reconheceu a existência do crime de organização criminosa, aplicando-lhe a pena pertinente, ao mesmo tempo em que considerou a "transnacionalidade" (um dos elementos especiais do tipo de organização criminosa) como uma circunstância negativa, aumentando a pena base fixada para o crime de lavagem de dinheiro, incorrendo, assim, em *bis in idem*. Remete-se ao item 419 da sentença, a título exemplificativo (fixação da pena base do Sr. Márcio Andrade Bonilho).

penal, de modo que Paulo Roberto Costa, Márcio Andrade Bonilho e Waldomiro de Oliveira deveriam ser condenados pela prática do referido crime, enquanto que a responsabilização de Alberto Youssef, Esdra de Arantes Ferreira, Leandro Meirelles, Leonardo Meirelles e Pedro Argese Junior teria sido prejudicada pela existência de litispendência em relação a esse delito com ação penal conexa. Os réus, Antônio Almeida Silva e Murilo Tena Barrios foram absolvidos da imputação.

Identificamos, nesse ponto, que o liame existente entre o superfaturamento das obras da RNEST e os pagamentos que foram realizados entre a MO Consultoria, Labogen Química, Labogen Piroquímica e RCI Software, foi presumido pelo Juízo, já que a demonstração específica de rastreamento de cada valor foi considerada como desnecessária e inviável (item 260 da sentença nº 02), dentro de uma lógica argumentativa hipotético-dedutiva, que parte de determinado ponto, chegando à autoria e materialidade dos crimes, sem o devido encadeamento das garantias (adição e subtração dos argumentos).

Haveria, contudo, para o Juízo, a convicção estável da culpa dos envolvidos (Alberto Youssef, Paulo Roberto Costa, Márcio Bonilho, Waldomiro de Oliveira, Leonardo Meirelles, Leandro Meirelles, Pedro Argese Júnior e Esdra Arantes Ferreira), já que o depoimento da testemunha que prestava serviço de contabilidade para a MO Consultoria comprovaria que a empresa era de "fachada" e, ao somado à isto, os réus Leonardo Meirelles, Leandro Meirelles, Pedro Argese, Esdra de Arantes e Waldomito de Oliveira confessaram parcialmente o cometimento dos delitos, na fase de inquérito, acompanhados por seus advogados, fato que foi reputado como suficiente para elidir o cerceamento de defesa (ou qualquer nulidade) ante à inexistência de reafirmação da culpabilidade dos referidos réus, ainda que alguns tenham optado pelo silêncio em Juízo (itens 276, 277 e 283 da sentença nº 02).

Os senhores Leonardo Meirelles, Waldomiro Oliveira e Márcio Bonilho (este último mudando o teor do seu depoimento inicial), todavia, teriam admitido o cometimento dos crimes e imputado a ciência da ilicitude a todos os envolvidos (itens 284 a 287; 288 a 290; 291 a 292 da sentença nº 02).

Alberto Youssef e Paulo Roberto Costa formularam acordos de colaboração premiada, assumindo a autoria dos ilícitos imputados e descrevendo em seus depoimentos o modo como teriam sido operacionalizados os crimes (itens 300, 301, 302 da sentença nº 02). Não são citadas as provas de corroboração que serviriam como confirmação da veracidade dos depoimentos prestados por ambos (itens 314 a 319 da sentença nº 02).

Novamente, o Juízo apresenta uma narrativa no sentido de que os envolvidos deveriam ter ciência da procedência criminosa dos valores concernentes às transações, já que haveria uma prática prévia de dissimulação (item 338 da sentença nº 02) – por esta passagem, podemos concluir que o modo de aferição do *BARD* implementado com relação aos réus foi, mais uma vez, a convicção estável da culpabilidade dos envolvidos.

Observamos, contudo, hesitação com relação à tomada de decisão para o atingimento do *BARD*, em relação aos réus Murilo Tena Barrios e Antônio Almeida Silva, que foram absolvidos, já que foram observadas inconsistências quanto à sua participação no cometimento dos delitos (ausência da empresa no momento dos fatos, um único depoimento apontando sua culpa, que não foi corroborado por outras provas).

Quanto à sentença nº 02, observamos então que o modo de aferição do *BARD*, feito pelo Juízo, foi determinado pela convicção estável da materialidade, autoria e dolo dos acusados, para condenar; e pela hesitação em relação à tomada de uma decisão condenatória, por ausência de elementos probatórios suficientes à garantia do dolo dos réus, para absolver.

No que se refere ao acórdão prolatado pelo TRF4, relacionado às apelações que foram interpostas pelo MPF e pelos réus Esdra de Arantes Ferreira, Leandro Meirelles, Leonardo Meirelles, Marcio Andrade Bonilho, Paulo Roberto Costa, Pedro Argese Junior e Waldomiro de Oliveira, o *BARD* foi considerado atingido em todos os casos – mais uma vez, considerando o "conjunto probatório"[209], de maneira que as sentenças acima esmiuçadas foram integralmente mantidas em relação aos réus/apelantes.

4.3. SENTENÇA Nº 03

A terceira sentença, objeto da análise qualitativa, é a que se refere à ação penal nº 5047229-77.2014.4.04.7000/PR, identificada na Planilha I

209. No que se refere ao acórdão prolatado na Apelação Criminal n. 5026212-82.2014.4.04.7000, interposta pelo MPF e os réus Esdra De Arantes Ferreira, Leandro Meirelles, Leonardo Meirelles, Marcio Andrade Bonilho, Paulo Roberto Costa, Pedro Argese Junior, Waldomiro De Oliveira, é interessante notar que a construção da sucessão de eventos e hipóteses fáticas narradas neste acórdão são distintas das que foram narradas no curso da sentença. A distinção não é em relação ao contexto dos fatos em si, mas da profundidade da narrativa e do oferecimento de uma concatenação, entre hipóteses e provas de corroboração para tais hipóteses, algo que – como vimos – não aconteceu na sentença de primeiro grau. Reconhecido, contudo, que tal arcabouço probatório seria indiciário (vide pág. 05-16 do mencionado acórdão). Observamos, também, que toda a descrição dos pagamentos (que não foi observada na sentença) foi feita pelo Desembargador no curso de seu voto (vide pág. 19-28). Especificamente, com relação ao *BARD* e o uso da prova indiciária, o Desembargador cita a doutrina de Danilo Knijnik e Gustavo Badaró (pág. 68), para falar da admissibilidade da prova indiciária em conjunto, ignorando, contudo, o fato de que ambos os autores (também referenciados neste trabalho) admitem que esse uso é previsto para crimes complexos, desde que demonstrado o liame subjetivo existente entre cada fato probando e as provas que corroboram a existência desses fatos, a partir de um viés confirmatório de argumentação, no sentido de que a hipótese confirmada ou menos refutada é a mais provável (em sentido aproximativo) de ser verdadeira. O modo de aferição do *BARD* foi o mesmo utilizado pelo primeiro grau (estabilização na formação da culpa do sujeito acusado).

pelo número 17, réus: Ediel Viana da Silva, Carlos Alberto Pereira da Costa, Alberto Youssef e Carlos Habib Chater.

Trata-se de ação penal concernente à lavagem de dinheiro, apropriação indébita, estelionato, falsidade ideológica, uso de documento falso e associação criminosa.

Conforme consta da denúncia, os recursos investidos na Dunel Indústria e Comércio LTDA., teriam origem nas empresas CSA Project Finance Consultoria e Intermediação de Negócios Empresarial LTDA., que eram controladas por José Janene; de modo que tais valores, seriam provenientes dos recursos desviados que foram objeto da AP470.

Foram identificados inúmeros depósitos realizados na conta da Ferramentas Gerais, em datas e valores distintos, em espécie, mediante a utilização de um terminal bancário localizado na cidade de Brasília/DF, assim como por interpostas pessoas jurídicas; em um dos depósitos foi identificado que o depositante seria o Sr. Helton Rodrigo Gomes dos Santos (itens 94 e 96 da sentença nº 17).

Com relação à transferência eletrônica realizada em 08/07/2008, feita pela empresa Angel, na conta da Ferramentas Gerais, no valor de R$ 130.013,50 (cento e trinta mil e treze reais e cinquenta centavos), foi apresentado um contrato fraudulento, datado de 08/07/2008, cujo teor estabelecia que a empresa Angel teria emprestado exatamente este valor para a empresa CSA e recebido a devolução em 20/10/2008. Este contrato foi apresentado por Ediel Viana da Silva em seu interrogatório de inquérito (item 97 da sentença em referência).

Códigos ligados ao processo nº 17
"Confissão" - "Depoimento" - "Dúvida razoável" - "Garantia da ordem pública" - "Pagamentos" - "Presunção da inocência" - "Prova emprestada" - "Prova testemunhal" - "Standard" - "Testemunha" - "Colaboração premiada" - "Colaborador" - "Comprovação" - "Confessou" - "Enriquecimento ilícito" - "Falta de prova suficiente"- "Indícios" - "Materialidade do crime" - "Materialidade" - "Prova documental" - "Prova indiciária" - "Risco à Ordem Pública"- "Transações bancárias" - "Transações financeiras" - "Transações"

Quadro resumo das denúncias:		**Prova oferecida na denúncia:**
Todos os acusados	Crime de lavagem de dinheiro e de associação criminosa	A conclusão da AP470 no sentido de que o Dep. José Janene (extinta punibilidade por morte) havia repassado propina para outros deputados do Partido Progressista, cuja destinação era a compra de votos no Congresso Nacional, assim como para alimentar o esquema fraudulento do publicitário Marcos Valério. Cerca de R$ 1.165.600,08 de

		titularidade de José Janene foram investidos subrepticiamente na empresa Dunel Indústria, deste total, R$ 537.252,00 seriam originários de empresas controladas por Carlos Habib Chater e R$ 618.434,08 seriam originários de empresas controladas por Alberto Youssef.
Alberto Youssef e Carlos Alberto Pereira da Costa	Apropriação indébita e estelionato	Transferência de equipamentos industriais para o galpão JN Rent a Car., de propriedade de Assad Jannani, irmão de José Janene e a simulação de uma ação cautelar preparatória trabalhista que pudesse justificar o arresto dos bens da empresa e do restante dos equipamentos industriais.
Carlos Habib Chater, Ediel Viana da Silva e Carlos Alberto Pereira da Costa	Falsidade ideológica e uso de documento falso	Um contrato de mútuo ideologicamente falso apresentado por Ediel Viana Filho (fl. 1.862 do inquérito), como justificativa falsa do depósito efetuado pela empresa Angel Serviços Terceirizados LTDA., em favor da empresa CSA – Project Finance, no montante de R$ 130.013,50. O contrato foi assinado pelos réus e tem como testemunha Carlos Alberto Pereira da Costa.

O esquema argumentativo de Toulmin ficou assim definido:

Ediel Viana da Silva	
Dados	Lavagem de dinheiro; Associação criminosa; Falsidade ideológica; Uso de documento falso.
Garantia	Acórdão da AP470 no sentido de que R$ 1.165.600,08 de titularidade de José Janene foram investidos subrepticiamente na empresa Dunel Indústria, deste total, R$ 537.252,00 seriam originários de empresas controladas por Carlos Habib Chater e R$ 618.434,08 seriam originários de empresas controladas por Alberto Youssef (item 04, item 05 e item 54); Um contrato de mútuo ideologicamente falso apresentado pelo réu Ediel Viana Filho (fl. 1.862 do inquérito), como justificativa falsa do depósito efetuado pela empresa Angel Serviços Terceirizados LTDA., em favor da empresa CSA – Project Finance, no montante de R$ 130.013,50; Apreensão dos dados do Sismoney (sistema utilizado no Posto Torre) que denotavam as transações financeiras (item 125);

	Apropriação intelectual e material do patrimônio da empresa Dunel Indústria em detrimento de Hermes Freitas Magnus e Maria Teodora Silva (item 08 e item 62); Simulação da ação preparatória trabalhista em face da empresa Dunel Indústria a fim de obter o arresto dos bens da empresa (item 09); Acordo de colaboração firmado por Alberto Youssef com o MPF nos autos n. 5049557-14.2013.4.04.7000 (item 30, item 41 e item 118); Acordo de colaboração firmado por Alberto Youssef com o MPF nos autos n. 2004.7000002414-0, no caso do Banestado (item 47); Notícia crime firmada por Hermes Magnus no sentido de que Alberto Youssef estaria descumprindo o acordo e lavando dinheiro para José Janene, em 29/11/2008 (item 48 e item 49).
Operação (adição/ subtração)	Adição, tendo em vista a confissão parcial dos fatos (a despeito de inexistir acordo de colaboração firmado pelo réu com o MPF) – conforme item 76, item 122, item 123, item 124; Adição, tendo em vista o depoimento prestado por Helton Rodrigues Gomes dos Santos, funcionário da Angel Serviços terceirizados LTDA (empresa de Ediel Viana da Silva), confirmou a relação de subordinação em relação ao Posto da Torre (item 96); Subtração, por força do depoimento prestado pelo corréu Carlos Alberto Pereira Costa (sócio da CSA Project Finance Consultoria) no sentido de que sequer conhecia Ediel Viana da Silva (item 115); Subtração, uma vez que a origem fraudulenta dos recursos não era passível de rastreio até os pagamentos que seriam destinados ou provenientes do "caixa 02" de José Janene (item 121 e item 218 e s.s.); Subtração, tendo em vista que em depoimento Alberto Youssef não teria confirmado a participação de Ediel Viana da Silva (item 121); Subtração, em razão de ser subordinado de Carlos Habib Chater no Posto da Torre e agir por determinação deste, inconsciente das transações financeiras, já que o gerente financeiro da empresa era André Catão de Miranda (item 122, item 123 e item 124).
Força	Na sentença analisada, considerado sólido para reconhecer a materialidade e autoria do crime de lavagem de dinheiro referente à transação da Angel Serviços (item 138), assim como o dolo direto (item 214); Na sentença analisada, considerado como sólido para reconhecer a materialidade, autoria e dolo, com relação ao tipo penal de uso de documento falso (item 226); Na sentença analisada, considerada como fraco para reconhecer a ocorrência da associação criminosa, ressaltando-se a existência de uma ação penal prévia conexa à esta (n. 5026663-10.2014.404.7000), onde este crime também é imputado ao réu, sendo Ediel Viana da Silva absolvido desta imputação (item 229).

Carlos Alberto Pereira da Costa	
Dados	Lavagem de dinheiro; Associação criminosa; Estelionato; Apropriação indébita; Falsidade ideológica; Uso de documento falso.
Garantia	Acórdão da AP470 no sentido de que R$ 1.165.600,08 de titularidade de José Janene foram investidos subrepticiamente na empresa Dunel Indústria, deste total, R$ 537.252,00 seriam originários de empresas controladas por Carlos Habib Chater e R$ 618.434,08 seriam originários de empresas controladas por Alberto Youssef (item 04, item 05 e item 54); Um contrato de mútuo ideologicamente falso apresentado, como justificativa falsa do depósito efetuado pela empresa Angel Serviços Terceirizados LTDA., em favor da empresa CSA – Project Finance, cujo sócio administrador era Carlos Alberto Pereira da Costa (item 86 e s.s.); Apreensão dos dados do Sismoney (sistema utilizado no Posto Torre) que denotavam as transações financeiras (item 125); Acordo de colaboração firmado por Alberto Youssef com o MPF nos autos n. 5049557-14.2013.4.04.7000 (item 30, item 41 e item 118); Acordo de colaboração firmado por Alberto Youssef com o MPF nos autos n. 2004.7000002414-0, no caso do Banestado (item 47); Notícia crime firmada por Hermes Magnus no sentido de que Alberto Youssef estaria descumprindo o acordo e lavando dinheiro para José Janene, em 29/11/2008 (item 48 e item 49).
Operação (adição/ subtração)	Adição, em razão da confissão parcial dos fatos por parte do réu, em depoimento prestado nos autos (item 114); Subtração, uma vez que a origem fraudulenta dos recursos não era passível de rastreio até os pagamentos que seriam destinados ou provenientes do "caixa 02" de José Janene (item 121 e item 218 e s.s.).
Força	Na sentença analisada, considerada como sólida para reconhecer a materialidade, autoria e dolo do réu, em relação à lavagem de R$ 618.434,08, por intermédio da CSA e R$ 130.013,50, por meio da empresa Angel (item 136, item 168, item 189); assim como de R$ 1.165.600,08, dos recursos provenientes do esquema de corrupção encabeçado por José Janene (item 221); Na sentença analisada, considerado como fraco para reconhecer a materialidade, autoria e dolo, com relação ao tipo penal de uso de documento falso, tendo sido estabelecido que Ediel Viana da Silva agiu sozinho com relação a esse crime, determinando-se a absolvição do réu em relação a essa imputação (item 226);

	Na sentença analisada, considerada como fraco para reconhecer a ocorrência da associação criminosa, ressaltando-se a existência de uma ação penal prévia conexa à esta (n. 5025699-17.2014.404.7000), onde este crime também é imputado ao réu, sendo Carlos Alberto Pereira da Costa absolvido desta imputação (item 228); Na sentença analisada, considerada como fraca para reconhecer a materialidade, autoria e dolo dos crimes de apropriação indébita e estelionato, sendo o réu absolvido dessas imputações por falta de provas (item 233 e s.s.).

Alberto Youssef	
Dados	Lavagem de dinheiro; Associação criminosa; Apropriação indébita; Estelionato.
Garantia	Acórdão da AP470 no sentido de que R$ 1.165.600,08 de titularidade de José Janene foram investidos subrepticiamente na empresa Dunel Indústria, deste total, R$ 537.252,00 seriam originários de empresas controladas por Carlos Habib Chater e R$ 618.434,08 seriam originários de empresas controladas por Alberto Youssef (item 04, item 05 e item 54); Um contrato de mútuo ideologicamente falso apresentado pelo réu Ediel Viana Filho (fl. 1.862 do inquérito), como justificativa falsa do depósito efetuado pela empresa Angel Serviços Terceirizados LTDA., em favor da empresa CSA – Project Finance, no montante de R$ 130.013,50; Apreensão dos dados do Sismoney (sistema utilizado no Posto Torre) que denotavam as transações financeiras (item 125); Apropriação intelectual e material do patrimônio da empresa Dunel Indústria em detrimento de Hermes Freitas Magnus e Maria Teodora Silva (item 08 e item 62); Simulação da ação preparatória trabalhista em face da empresa Dunel Indústria a fim de obter o arresto dos bens da empresa (item 09); Acordo de colaboração firmado por Alberto Youssef com o MPF nos autos n. 5049557-14.2013.4.04.7000 (item 30, item 41 e item 118); Acordo de colaboração firmado por Alberto Youssef com o MPF nos autos n. 2004.7000002414-0, no caso do Banestado (item 47); Notícia crime firmada por Hermes Magnus no sentido de que Alberto Youssef estaria descumprindo o acordo e lavando dinheiro para José Janene, em 29/11/2008 (item 48, item 49 e item 90).

Operação (adição/ subtração)	Adição, tendo em vista que Carlos Alberto Pereira da Costa em seu depoimento prestado em Juízo teria afirmado que os recursos transacionados pela CSA – Project Finance, eram provenientes da operação financeira que Alberto Youssef fazia para José Janene (item 114, item 115); Adição, tendo em vista a confissão dos fatos por parte de Alberto Youssef em sede de instrução e acordo de colaboração firmado com o MPF (item 118 e item 121); Subtração, uma vez que a origem fraudulenta dos recursos não era passível de rastreio até os pagamentos que seriam destinados ou provenientes do "caixa 02" de José Janene (item 121 e item 218 e s.s.).
Força	Na sentença analisada, considerado como sólido para reconhecer a materialidade, autoria e dolo, do crime de lavagem de dinheiro no montante total de R$ 1.165.600,08, recursos provenientes do esquema de corrupção encabeçado por José Janene (item 135, item 169, item 170, item 188, item 195, item 215, item 221); Na sentença analisada, considerada como fraco para reconhecer a ocorrência da associação criminosa, ressaltando-se a existência de uma ação penal prévia conexa à esta (n. 5025699-17.2014.404.7000), onde este crime também é imputado ao réu, sendo Alberto Youssef absolvido desta imputação (item 228); Na sentença analisada, considerada como fraca para reconhecer a materialidade, autoria e dolo dos crimes de apropriação indébita e estelionato, sendo o réu absolvido dessas imputações por falta de provas (item 233 e s.s.).

Carlos Habib Chater	
Dados	Lavagem de dinheiro; Associação criminosa; Falsidade ideológica; Uso de documento falso.
Garantia	Acórdão da AP470 no sentido de que R$ 1.165.600,08 de titularidade de José Janene foram investidos subrepticiamente na empresa Dunel Indústria, deste total, R$ 537.252,00 seriam originários de empresas controladas por Carlos Habib Chater e R$ 618.434,08 seriam originários de empresas controladas por Alberto Youssef (item 04, item 05 e item 54); Um contrato de mútuo ideologicamente falso apresentado pelo réu Ediel Viana Filho (fl. 1.862 do inquérito), como justificativa falsa do depósito efetuado pela empresa Angel Serviços Terceirizados LTDA., em favor da empresa CSA – Project Finance, no montante de R$ 130.013,50; Apreensão dos dados do Sismoney (sistema utilizado no Posto Torre) que denotavam as transações financeiras (item 125);

	Apropriação intelectual e material do patrimônio da empresa Dunel Indústria em detrimento de Hermes Freitas Magnus e Maria Teodora Silva (item 08 e item 62); Simulação da ação preparatória trabalhista em face da empresa Dunel Indústria a fim de obter o arresto dos bens da empresa (item 09); Acordo de colaboração firmado por Alberto Youssef com o MPF nos autos n. 5049557-14.2013.4.04.7000 (item 30, item 41 e item 118); Acordo de colaboração firmado por Alberto Youssef com o MPF nos autos n. 2004.7000002414-0, no caso do Banestado (item 47); Notícia crime firmada por Hermes Magnus no sentido de que Alberto Youssef estaria descumprindo o acordo e lavando dinheiro para José Janene, em 29/11/2008 (item 48, item 49 e item 90).
Operação (adição/ subtração)	Adição, tendo em vista que em depoimento Alberto Youssef teria confirmado a participação de Carlos Habib Chater (item 119 e item 121); Adição, em relação à confissão parcial dos fatos, a despeito da negativa no sentido de que conheceria que a procedência e titularidade dos valores pertencia a José Janene (item 127); Subtração, uma vez que a origem fraudulenta dos recursos não era passível de rastreio até os pagamentos que seriam destinados ou provenientes do "caixa 02" de José Janene (item 121 e item 218 e s.s.); Subtração, por força do depoimento prestado pelo corréu Carlos Alberto Pereira Costa (sócio da CSA Project Finance Conultoria) no sentido de que não tratava com Carlos Habib Chater, mas sim com o próprio Alberto Youssef; sendo induzido a responder que "poderia" ter tratado com Chater em resposta ao Juízo (item 115).
Força	Na sentença analisada, considerado como sólido para reconhecer a materialidade, autoria e dolo, do crime de lavagem de dinheiro no montante total de R$ 1.165.600,08, recursos provenientes do esquema de corrupção encabeçado por José Janene (item 130, item 208, item 210, item 215, item 221); Na sentença analisada, considerado como fraco para reconhecer a materialidade, autoria e dolo, com relação ao tipo penal de uso de documento falso, tendo sido estabelecido que Ediel Viana da Silva agiu sozinho com relação a esse crime (item 226); Na sentença analisada, considerada como fraco para reconhecer a ocorrência da associação criminosa, ressaltando-se a existência de uma ação penal prévia conexa à esta (n. 5026663-10.2014.404.7000), onde este crime também é imputado ao réu, sendo Carlos Habib Chater absolvido desta imputação (item 229).

4.3.1. Das provas eleitas pelo Juízo e sua análise de validade

O primeiro ponto probatório abordado pela sentença diz respeito à aduzida nulidade procedimental quanto a quebra de sigilo bancário de Alberto Youssef e dos terceiros envolvidos nos crimes, o que não foi reconhecido pelo Juízo porque a despeito da denúncia ter sido anônima, ela teria sido acompanhada de vasta documentação apta à comprovação de causa provável para a produção da prova; na época em que as quebras de sigilo foram determinadas, José Janene, em razão de sua aposentadoria, não detinha mais foro privilegiado. Não haveria também qualquer conexão entre esta ação e a AP470, porque os crimes de lavagem pertinentes à esta ação não se comunicariam com o objeto da AP470, cuja decisão judicial de 09/02/2009 foi citada apenas para determinar a causa provável a justificar a quebra de sigilo (produção da prova)[210].

Quanto à arguição de nulidade da prova emprestada pela defesa de Carlos Alberto Pereira da Costa, uma análise acurada do Juízo com relação a isto teria sido prejudicada, já que a defesa deste não se referiu diretamente qual prova pretendia questionar a validade. Ademais, os elementos probatórios emprestados ao presente caso foram produzidos em observância ao contraditório na AP470 e são suscitados na presente ação penal apenas como prova da origem ilícita dos recursos lavados que são objeto desta ação.

Com relação à nulidade da prova testemunhal produzida antes do oferecimento de resposta à acusação, a sentença analisada se fundamenta no sentido de que inexistiria nulidade, porque a antecipação da prova testemunhal, pautada no art. 225 do CPP e do depoimento de duas vítimas, visava a garantia da proteção das testemunhas e das vítimas (ameaçadas), os réus já haviam sido citados, as testemunhas foram ouvidas em contraditório e não haveria qualquer prejuízo para a defesa (art. 563 do CPP).

Não se verifica, além disso, a impossibilidade de utilização do depoimento prestado por Ediel Viana da Silva – que não teria sido fruto de colaboração premiada, inclusive. O depoimento teria sido prestado em audiência, e depois de Carlos Habib Chater ter prestado o seu, sendo que, ao contrário do que defenderia a defesa deste, Ediel Viana da Silva não citou o "Sistema Money" (sistema de contabilidade financeira utilizado pelo Posto Torre).

A existência do sistema, como elemento de prova, foi suscitada pelo próprio Carlos Habib Chater, que teve direito à produção de prova, que foi renovada para ambas as partes (item 73 da sentença nº 03). Não haveria que se falar em cerceamento de defesa, já que, intimada para requerer o que lhe fosse conveniente, a defesa de Carlos Habib Chater nada apresentou. Não haveria que se falar em desconsideração das declarações prestadas por Ediel Viana da Silva, porque mesmo sem a realização do acordo de colaboração, o

210. Não existem maiores digressões sobre o assunto e nem uma explicação mais detalhada entre a diferenciação e o distanciamento existentes entre os crimes de lavagem apontados pela AP470 e os crimes de lavagem de dinheiro concernentes à esta ação (item 54 da sentença).

réu manifestou-se no sentido de confessar e colaborar, buscando os benefícios legais decorrentes disso.

Em depoimento, Hermes Freitas Magnus e Maria Teodora Silva, que figuraram como sócios de fachada para o empreendimento, afirmaram que foram ameaçados de morte por José Janene, e que tiveram suas empresas envolvidas no esquema, mas que não faziam ideia de quem era José Janene, assim como da origem ilícita dos recursos investidos. Ambos afirmaram que se negaram a assinar um acordo de mútuo fraudulento, cujo intento seria dar ares de licitude para uma parte do dinheiro (itens 90 e 91 da sentença nº 03).

Alan Siedman, que trabalhou como projetista na empresa, afirmou que os investimentos partiram de José Janene e que o seu "primo" Meheidin Hussein e sua filha Danielle Janene ficaram à frente da gerência da empresa (Dunel) e Marcos Aurélio Alves, que trabalhou como vendedor externo na empresa Ferramentas Gerais, declarou que José Janene participou das negociações e que deu a última palavra na compra dos equipamentos/insumos para a Dunel, confirmou que viu José Janene várias vezes na empresa e que os valores devidos pelo maquinário foram realizados em vários depósitos em nome de terceiros (item 93 da sentença em análise).

Helton Rodrigo Gomes dos Santos, que era funcionário da Angel Serviços Terceirizados LTDA., de titularidade do réu Ediel Viana, narrou que a empresa prestava serviços para o Posto da Torre, que pertencia ao réu Carlos Habib Chater. Narrou também que recebia ordens deste último e que o próprio Ediel Viana também era subordinado a ele. Confirmou a realização de todos os depósitos e afirmou que pensava que os valores se referissem a pagamentos de combustível (item 96 da sentença nº 03).

Nesse ponto, faz-se a observação de que a realização contínua e estruturada de transações em espécie constituiria técnica própria do crime de lavagem de dinheiro, entretanto, não há uma vinculação entre essa afirmação e os elementos essenciais do crime, que também não são suscitados.

Em depoimento, Carlos Alberto Pereira da Costa (sócio formal da CSA), confessou que participou da realização do negócio e que os valores investidos pertenciam a José Janene e confirmou que Alberto Youssef era responsável pelas transações, pois seria o administrador dos recursos de "caixa 02" pertencentes à José Janene e não teria como justificar a origem do dinheiro (itens 114 e 115). Confirmou, além disso, a falsidade ideológica do contrato de mútuo firmado entre a CSA e a Angel Serviços (item 116) e a ciência de que o dinheiro seria proveniente de empreiteiras que deviam para José Janene (item 117 da sentença nº 03). Não há, no entanto, informação de que tenha sido oferecida qualquer prova documental apta a confirmar isso.

Em depoimento, Alberto Youssef confessou os crimes, tendo em vista a celebração de acordo de colaboração premiada, de modo que admitiu ser o administrador dos recursos ilícitos de José Janene, cuja procedência seria de fato criminosa, tendo sid o o responsável pela estruturação das transações financeiras e depósitos que foram realizados por Carlos Habib Chater (itens 118 e 119); a despeito de sua participação nas transações, Carlos Habib Chater não tinha ciência de que os valores seriam de titularidade de José Janene, conforme narrado por Alberto Youssef (item 120). Por fim, confessou também a fraude dos contratos de mútuo realizados entre a CSA e a Angel, a seu pedido (item 121 da sentença ora analisada).

A sentença não menciona, nessa parte, qual teria sido a prova de corroboração.

Em depoimento, Ediel Viana da Silva também confessou a autoria dos crimes, afirmou que foi ele quem fez o depósito na conta da Ferramentas Gerais, entre outras transações bancárias, a pedido de Carlos Habib Chater, para quem trabalhava (item 122); afirmou, entretanto, desconhecer a procedência dos recursos, mas confirmou que conhecia Alberto Youssef e que fazia diversas transações para ele, assim como para "terceiros" (item 123). Admitiu a falsidade do contrato de mútuo (item 124), assim como a existência da contabilidade informal, realizada através do sistema "Money" e que, apesar de não conhecer José Janene, sabia que outro agente político (Pedro Silva Correia) frequentava o Posto Torre e retirava dinheiro "em espécie" frequentemente de lá (item 126 da sentença nº 03).

Carlos Habib Chater confessou parcialmente a autoria dos crimes, assumindo que realizou os depósitos na conta da Ferramentas Gerais, mas que desconhecia o fato de que o beneficiário da transação seria José Janene e que, na realidade, o dinheiro seria pertinente ao pagamento de dívidas que possuía com Alberto Youssef (item 127). Confirmou ainda a existência do sistema "Money" de contabilidade no Posto Torre, assim como a fraude do contrato de mútuo firmado entre a CSA e a Angel (itens 128 e 129 da referida sentença).

Embora Carlos Habib Chater tente justificar a procedência dos depósitos, o Juízo reputa como justificável apenas a transferência realizada da Angel para a CSA, em 08/07/2008. Entretanto, mesmo este depósito seria inconsistente com o valor recebido e datado de 20/10/2008 (item 133 da sentença nº 03).

Conclui, assim, que a autoria do crime de lavagem de dinheiro se encontra comprovada para todos os réus. Reputa, entretanto, que, a despeito de Carlos Habib Chater ser o responsável direto pelos depósitos realizados em Brasília, teria sido comprovada acima de uma dúvida razoável a realização apenas dos depósitos feitos por Helton Gomes, Torre Comércio e Angel Serviços (item 137).

Tendo em vista que houve fracionamento dos depósitos realizados (técnica comum ao crime de lavagem de dinheiro) e que o espaço de tempo advindo entre as transações foi curto (dois meses), o Juízo reputou como uma única conduta para cada um dos réus (item 139).

A sentença passa à análise da prova relacionada à origem criminosa dos valores envolvidos nas ocultações e dissimulações (item 140).

Do item 141 ao item 154, vê-se, na fundamentação da sentença, uma digressão a respeito da utilização de prova indiciária no direito comparado, que é simplesmente idêntica à fundamentação existente do item 218 ao item 229 da sentença nº 01, assim como do item 216 ao item 224 na sentença de nº 02, com a única distinção relacionada ao crime que é colocado como passível de comprovação através de prova indiciária (crime de lavagem de dinheiro para as sentenças nº 02 e nº 03, e o crime de tráfico de drogas para a sentença nº 01). Não há qualquer diferenciação em relação aos elementos de cada tipo penal e sua relação com o conteúdo de direito comparado suscitado pelas sentenças.

No item 155, a sentença afirma que existem nos autos indícios robustos da origem ilícita dos recursos que foram objeto da lavagem de dinheiro, uma vez que tais valores pertenciam ao ex-deputado José Janene, que seria "notoriamente" um dos articuladores do esquema de compra de votos no congresso nacional, cuja condenação na AP 470 não teria ocorrido apenas em razão do seu falecimento no curso do processo (itens 156 e 159 da sentença nº 03).

São citados trechos do acórdão vinculado pelo MPF com a denúncia, cujo conteúdo denotaria a culpabilidade de José Janene nos autos da AP470. Todavia, não podemos deixar de ponderar que, na realidade, no início do relatório do referido acórdão, o Min. Joaquim Barbosa (relator do voto condutor em questão) deixa claro que não fará o exame de culpabilidade de José Janene em razão da extinção de sua punibilidade (morte).

Os depoimentos prestados pelos réus, suscitados pelo Juízo, atestam o dinheiro utilizado como investimento seria proveniente de recursos de José Janene e que tais recursos teriam como origem o pagamento de propina por parte de empreiteiras.

Admite o Juízo, nessa parte da sua fundamentação, que a prova com relação à essa ligação (pagamento ilícito realizado por empreiteiras para José Janene) seria circunstancial, pois na época das transações, a CSA teria recebido créditos significativos da Galvão Engenharia (cujos envolvidos responderiam em ação penal conexa pela ocorrência de crime de corrupção, lavagem de dinheiro e associação criminosa) – conforme itens 171 e 172 da sentença nº 03. Aparentemente, para o Juízo, há uma confusão entre a utilização de prova indiciária, prova circunstancial e prova direta ou indireta verificada acima de uma dúvida razoável.

A sentença afirma que, pelo "princípio da autonomia do crime de lavagem de dinheiro", não seria necessário comprovar os elementos e circunstâncias dos crimes de lavagem, sendo necessário apenas demonstrar a origem ilícita dos recursos (itens 176 e 177 da sentença nº 03).

Haveria nos autos, segundo o Juízo, provas indiciárias robustas, no sentido de que os recursos empregados no empreendimento de Londrina/PR (Dunel), seriam os recursos que foram objeto de corrupção, por parte de José Janene, praticados conforme a descrição das condutas na AP470. O crime antecedente seria então o crime de corrupção daquela ação.

O problema, repise-se, é que não foi analisada a extensão da culpa de José Janene na AP470. Poder-se-ia afirmar a existência de materialidade, mas seria necessário o reconhecimento da inexistência de uma conclusão com relação à culpabilidade de José Janene no acórdão prolatado pelo STF, de modo que não é possível afirmar a extensão de suas práticas, ou seja, não se sabe exatamente quais os valores que eram pertencentes exclusivamente a José Janene, e que foram objeto de lavagem de dinheiro (objeto do mensalão), por isso poderiam ser objeto da lavagem de dinheiro ocorrida no empreendimento da Dunel.

A sentença passa à análise do dolo dos réus. Reconhece-se o dolo direito de Alberto Youssef, que confessou a prática dos crimes e a consciência de que os valores seriam provenientes de crimes praticados por José Janene. Reconhece-se também o dolo direito de Carlos Alberto Pereira da Costa, que elaborou o contrato de mútuo fraudulento, cujo intento era esconder a participação de José Janene nos investimentos do empreendimento.

Quanto a Carlos Habib Chater, o Juízo reconhece o dolo direito[211], baseando-se no fato de que este atuaria em conjunto com Alberto Youssef, ciente de todas as ilicitudes, o que, teria sido comprovado – para além da confissão e depoimentos das partes – através de interceptação telefônica realizada (conversa entre Carlos Habib Chater e Alberto Youssef), da qual foi depreendida narração sobre a existência de uma "operação" que teria sido alvo de diligência policial (esta operação, seria a Op. Miqueias, conduzida pela Polícia Federal, que teria culminado na prisão do doleiro Fayed Traboulsi).

Ediel Viana da Silva, também teve o dolo direto reconhecido, já que teria agido como subordinado de Carlos Habib Chater, o que, conforme a

---

211. Aqui, o Juízo faz uma digressão com relação à teoria da cegueira deliberada e a impossibilidade de reconhecimento do dolo eventual (tese de defesa), tendo em vista que – ainda que se pudesse admitir que Carlos Habib Chater não sabia da titularidade dos recursos (pertencentes à José Janene), ele sabia da origem ilícita, já que operava com Alberto Youssef, em outros negócios ilegais.

fundamentação do Juízo, teria implicações práticas na dosimetria da pena, mas não na análise pertinente à sua culpabilidade.

Com relação à tese de defesa suscitada por Carlos Habib Chater, que consiste em alegar que a caracterização do crime de lavagem de dinheiro (objeto desta sentença analisada), uma vez que os recursos da AP 470 já tinham sido objeto de uma lavagem de dinheiro prévia e já se encontravam "limpos" quando foram utilizados pelos réus no empreendimento de Londrina/PR, não podendo ser objeto de novo crime de lavagem de dinheiro, o Juízo ponderou que: a) a referência à AP 470 se dá como prova indireta da origem ilícita dos recursos que, por seu grau de complexidade, não foram integralmente rastreados naquela ação penal; b) o fato de os valores terem sido objeto de lavagem de dinheiro anterior não teria o condão de torná-los "limpos" - de modo que, os recursos empregados em questão, ainda que fossem submetidos à inúmeras lavagens, seriam sempre "sujos".

4.3.2. Da análise do atingimento de elevado grau de suficiência probatória

O crime de falsidade documental também restaria comprovado, mas deveria ser absorvido pelo crime de lavagem de dinheiro (item 223 da sentença nº 03); o crime de utilização do documento falso, contudo, restaria comprovado e representaria um desígnio autônomo do réu Ediel Viana da Silva, no sentido de enganar as autoridades policiais, anos após a ocorrência do crime de lavagem de dinheiro, de modo que apenas este réu deveria responder por sua materialidade e autoria (item 225).

Não teria restado comprovada a associação criminosa entre os acusados (item 227), assim como não teria restado comprovada a existência de apropriação indébita e estelionato por parte de Alberto Youssef e Carlos Alberto Pereira da Costa (item 233), tendo sido ambos absolvidos da imputação realizada pelo MPF no sentido de que teriam agido, após o crime de lavagem de dinheiro, em conjunto, para apropriar-se do empreendimento em Londrina/PR e prejudicar os demais sócios (Hermes Freitas Magnus e Maria Teodora Silva), inclusive com a utilização de lide trabalhista simulada.

Interessante notar, nesse ponto, que, apesar de terem sido absolvidos dessa imputação (apropriação e estelionato), os réus foram condenados a indenizar civilmente os antigos sócios do empreendimento, Hermes Freitas Magnus e Maria Teodora Silva, por terem sido reconhecidas as suas responsabilidades indiretas nos danos experimentados por estes, cuja ocorrência se deu em razão do crime de lavagem de dinheiro (itens 242 e 244 da sentença nº 03).

A conclusão da sentença, quanto ao crime de associação criminosa, é pela absolvição dos réus por ausência de provas; absolver também Alberto

Youssef e Carlos Alberto Pereira da Costa, da imputação de apropriação indébita e estelionato, assim como Carlos Habib Chater e Carlos Alberto Pereira da Costa, do crime de uso de documento falso. Com relação ao crime de lavagem de dinheiro, todos os réus foram condenados, de modo que Ediel Viana da Silva foi também condenado pelo crime de uso de documento ideologicamente falso.

A partir do quadro argumentativo acima lançado, pode-se concluir que o raciocínio hipotético-dedutivo do juízo em relação aos depoimentos prestados por Hermes Freitas Magnus e Maria Teodora Silva, supostos "laranjas" do empreendimento construído em Londrina/PR pelos réus, foi determinante para a aferição da estabilidade na formação da culpa dos acusados (Ediel Viana da Silva, Alberto Youssef, Carlos Habib Chater e Carlos Alberto Pereira da Costa), com relação ao crime de lavagem de dinheiro.

Novamente, não há na sentença uma descrição das provas documentais que serviriam como comprovação desta hipótese fática (lançada em depoimento pelos "laranjas" da atividade criminosa). Observamos, entretanto, a hesitação na estabilidade da formação da culpa dos réus, com relação aos crimes de associação criminosa, apropriação indébita, estelionato e uso de documento falso; fato que levou à absolvição dos acusados, com exceção de Ediel Viana da Silva, que teve sua culpa aferida de maneira estável também quanto a este último crime (uso de documento ideologicamente falso, apresentado à polícia em sede de inquérito - itens 222 a 226 da sentença nº 03).

Assim, também na terceira sentença analisada, observamos que o modo de aferição do *BARD* para condenar foi a convicção estável da culpabilidade dos sujeitos e para absolver, a hesitação quanto o atingimento do *standard*.

No segundo grau, em relação às apelações que foram interpostas[212], o TRF4 considerou que o *BARD* teria sido atingido, também pela estabilização da culpa dos sujeitos acusados, tendo sido a prova indiciária determinante para essa análise, em determinado conjunto probatório[213].

---

212. Apelação criminal n. 5047229-77.2014.4.04.7000, interposta pelo MPF e pelos réus Ediel Viana da Silva, Carlos Alberto Pereira da Costa, Alberto Youssef e Carlos Habib Chater.

213. É interessante notar, nesse aspecto, que – assim como ocorreu em relação à sentença nº 02 –, na parte de fundamentação de seu voto, o Desembargador relator cita a obra de Danilo Knijnik para fundamentar a utilização da prova indiciária como meio idôneo à comprovação do dolo nos crimes complexos. Nesse acórdão, contudo, é curioso notar o trecho que é destacado pelo Desembargador, pois o texto recortado por ele para o seu voto fala justamente que a validade da utilização da prova indiciária como sustentação da afirmação de que uma hipótese fática é verdadeira (ou seja, a garantia do argumento) depende do modelo de constatação adotado pelo julgador. O que, conforme restou demonstrado na presente pesquisa, foi justamente o problema das decisões de primeiro grau analisadas.

Capítulo 5

CONCLUSÃO

Da análise qualitativa das três sentenças (identificadas na Planilha I pelos números 07, 09 e 17, acima identificadas como sentenças nº 01, 02 e 03, respectivamente), conclui-se que as principais provas verificadas acima de uma dúvida razoável referem-se à prova indiciária de processos anteriores, conexos ou não, obtidos através de interceptações telefônicas e telemáticas, assim como depoimentos prestados em acordos de colaboração e audiência pelos corréus.

O Juízo faz uma digressão sobre o possível interesse dos corréus em mentir ou omitir fatos deliberadamente, a fim de diminuir a extensão da sua própria responsabilidade, em seus respectivos acordos de colaboração e depoimentos (item 354 da sentença nº 02). A despeito disso, o acordo de colaboração firmado por Alberto Youssef é um ponto de intersecção entre as três sentenças analisadas e não há menção quanto às provas de corroboração apresentadas que fariam deste acordo, um acordo válido. Também não há uma correlação, entre as provas de corroboração apresentadas por Alberto Youssef e os fatos criminosos atribuídos aos réus em cada uma das sentenças.

Quanto ao crime de tráfico internacional, reputado como crime antecedente da lavagem de dinheiro imputada aos réus da sentença nº 01, há um rebaixamento do *standard* probatório pertinente à análise de autoria do crime de tráfico internacional de drogas. Com efeito, o Juízo reputa como comprovada a ligação do réu Rene Luiz Pereira com o tráfico internacional de drogas objeto da ACP nº 0014808-07.2013.4.03.6120, quando, na verdade, trata-se de uma presunção, já que em sua própria fundamentação, há a admissão de impossibilidade de ligar o referido réu à droga que foi apreendida em Araraquara/SP (item 153 da sentença nº 01).

A autoria do tráfico internacional de drogas foi reconhecida como comprovada acima de uma dúvida razoável, pelo "conjunto probatório" apresentado, entretanto, apenas a interceptação telemática aponta de maneira circunstancial a existência de um liame entre Rene Luiz Pereira e a atividade de tráfico internacional de drogas, o que caracterizariam os indícios suficientes para o recebimento da ação penal, momento processual onde a análise do *standard* probatório é menos exigente, todavia, não deveria ser suficientemente preenchido (os indícios) para fins de condenação[1].

A questão que se coloca é que, o conteúdo das mensagens (destacado pela sentença) revela de fato o envolvimento de Rene Luiz Pereira com a atividade criminosa, contudo, o crime pelo qual ele é acusado nos autos da ACP nº 5025678-03.2014.4.04.7000/PR (sentença nº 01) é o de tráfico internacional dos 698 quilos de cocaína apreendidos em Araraquara/SP, e a própria fundamentação da sentença afirma que não é possível ligar o réu a tal apreensão de drogas. Logo, o raciocínio hipotético-indutivo pretendido pela inferência probatória devida ao atingimento do *BARD* foi rebaixado e submetido à verificação por meio do raciocínio dedutivo simples[2].

A prova da autoria de Rene em relação ao tráfico de drogas é, portanto, meramente indiciária (circunstancial). O raciocínio empreendido foi o dedutivo simples e o seu *standard* probatório foi rebaixado para caber dentro de uma operação mental de presunção de ocorrência do fato "x" em relação ao fato "y"[3] – o que não se comunica com o *BARD*, que pressupõe intensa atividade analítica de inferência de todo o conjunto probatório, assim como a adoção do raciocínio hipotético-indutivo de viés confirmatório de uma hipótese em relação às demais.

---

1. Acerca do tema, a leitura combinada dos arts. 312 e 413, ambos do CPP, não deixa dúvidas de que – a despeito de inexistir no referido código processual menção expressa à utilização de *standards* probatórios distintos para cada fase processual –, para as decisões proferidas em cognição sumária o legislador pátrio estabelece que os critérios exigidos para a materialidade devem ser de "convencimento" (ou seja, alta probabilidade), enquanto que, para a autoria e a participação, os meros "indícios" seriam suficientes ao recebimento da denúncia ou prolação de pronúncia (ou seja, em relação à autoria, esse patamar pode ser o mínimo de probabilidade da prova). Esta não é a realidade da decisão proferida em sede de cognição exauriente, onde o *standard* a ser atingido deve ser sempre o mais exigente/adequado ao caso concreto (a exceção do *standard* preponderância da prova que não deve ser utilizado em decisões penais). Para proferir decisão terminativa em relação à materialidade do crime e autoria delitiva, não seriam suficientes, então, os meros "indícios" – pois o momento processual exige do Juízo o exercício de certeza quanto à probabilidade de uma hipótese em relação a outra (PEIXOTO, Ravi, *op. cit.*, p. 217-221 e p. 253-255.). Também sobre a dinamicidade do grau de atingimento dos *standards* probatórios conforme o momento processual, há quem estabeleça essa previsibilidade na própria legislação, pela utilização de signos que transmitem a ideia de distintos graus de convicção para cada fase do processo (MELIM, Mafalda, *op. cit.*, p. 149-150). O exemplo doutrinário em questão se refere ao Código de Processo Penal português. No âmbito brasileiro, porém, a legislação não traz uma resposta ainda. A única referência que se encontra prevista é no CPC, em seu artigo 311, IV do (ao tratar de tutela provisória de evidência, que o legislador diz que o Juiz poderá conceder a tutela se a petição inicial for acompanhada de prova documental suficiente à comprovação do direito afirmado pelo autor e o "réu não puder opor prova capaz de gerar uma dúvida razoável"; a despeito do art. 155 do CPP tratar sobre o modelo de valoração da prova e o art. 315, §2º do CPP, regular as exigências para que a prisão preventiva esteja suficientemente fundamentada, não há previsão expressa na legislação processual referente à decisão sobre fatos e seus respectivos limites (PEIXOTO, Ravi, *op. cit.*, p. 199).
2. BADARÓ, Gustavo. **Processo Penal**,*op. cit.* p. 507.
3. BADARÓ, Gustavo. **Processo Penal**,*op. cit.* p. 507.

A existência de uma dúvida em relação à autoria do crime de tráfico internacional de drogas, se levada em consideração o alto grau de suficiência probatória exigido pelo *BARD*, deveria, neste caso, culminar na absolvição de Rene Luiz Pereira, e não em sua condenação, já que a regra de decisão do *in dubio pro reo* assim o determina.

Outro ponto de intersecção entre as sentenças se refere ao uso do direito comparado para fins de defesa da prova indiciária para os crimes de lavagem de dinheiro, assim como para o tráfico internacional de drogas.

As passagens destacadas na análise acima descrita, relacionadas aos itens do direito comparado, são simplesmente idênticas, a despeito dos crimes serem distintos e, portanto, possuírem elementos de tipo também distintos. Para além disso, os trechos destacados pela jurisprudência internacional, utilizada pelo Juízo, se referem ao aceite de prova indiciária em lavagem de dinheiro quando o crime antecedente é de caráter financeiro/econômico e se referem à análise de tipicidade da conduta, e não à materialidade do crime (como fora concluído pelo Juízo).

A colaboração premiada realizada por Paulo Roberto Costa também foi o instrumento probatório destacado pela sentença da ACP nº 5026212-82.2014.4.04.7000/PR (sentença nº 02) e haveria prova preexistente da materialidade e autoria dos crimes dos corréus, acima de qualquer dúvida razoável, a despeito de tal prova não ter sido discriminada na decisão (item 115 da sentença nº 02).

São também suscitados diversos depósitos e transferências bancárias, no curso da narrativa da sentença, mas não há a construção de um liame de identificação entre cada um desses depósitos e os réus, o que é admitido pelo próprio Juízo também, na medida em que se afirma a existência de prova indiciária também quanto a isso, já que o crime é "complexo e difícil de ser comprovado".

Além da prova indiciária, verifica-se também a utilização dos depoimentos e confissões prestados pelos réus, mas não é possível afirmar de que forma tais provas foram confirmadas. Haveria, assim, a presunção de veracidade da prova oral produzida, não submetida à regra de confirmação hipotética inferencial[4].

4. BADARÓ, Gustavo. **Processo Penal**, *op. cit.*, p. 509.

Há também a presunção de veracidade quanto à lavagem de dinheiro praticada por José Janene na AP470, a despeito de sua autoria não ter sido objeto do acórdão prolatado nos autos daquela ação penal, devido à sua morte. De igual sorte, presume-se como válida a afirmação feita por Alberto Youssef no sentido de que os recursos empregados no empreendimento da Dunel pertenciam a José Janene, sendo que a corroboração de tal afirmação são os depoimentos prestados pelas vítimas do esquema que, na realidade, eram os supostos laranjas do empreendimento.

Para além das provas indiciárias e de corroboração que não foram identificadas, quando da formação de seu convencimento, o Juízo não expressou o tipo de metodologia adotada para fins de reconhecimento da legalidade e valoração de tais provas em relação aos eventos narrados nos autos principais (sentença nº 01, nº 02 e nº 03).

Todavia, a forma como se encontram fundamentadas as decisões exprimem para o leitor que o método elegido pelo julgador para as decisões analisadas foi o método hipotético-indutivo, de cunho narrativo, já que a descrição dos eventos atende à verificação de determinada hipótese[5].

Em contrapartida, a despeito da escolha do método hipotético-indutivo (em tese), não foi realizada a inferência probatória compatível com este método, já que inúmeros trechos das sentenças demonstram a realização de um raciocínio de presunção de veracidade absoluta, em sede de conclusão da análise das sentenças – o que não é compatível com a lógica exigida pelo método elegido pelo juiz, conforme abordado linhas acima no curso da análise qualitativa.

Também não foi possível extrair um "conceito" do que seria, para as sentenças analisadas, o "*beyond a reasonable doubt*".

Conforme dito e reiterado ao longo da exposição desta obra, devemos considerar que o tratamento da matéria "*standards* probatórios" em relação ao sistema jurídico brasileiro é relativamente novo, de modo que a utilização dos "conceitos" e preceitos teóricos afetos à técnica de *standards* é algo que

5. Conforme se observa nos relatórios das sentenças nº 07, nº 09 e nº 17 que, apesar de descreverem quais teriam sido os argumentos defensivos sucitados pelos réus, não faz qualquer menção à análise das provas de corroboração que foram apresentadas pelas respectivas defesas e que poderiam infirmar o seu entendimento de modo a confirmar a hipótese contrária ou a não ocorrência da hipótese da acusação.

também se encontra em início de abordagem dogmática na realidade da doutrina[6] e jurisprudência brasileira[7].

Na contramão do que é a realidade doutrinária sobre o tema, sem que exista qualquer digressão acerca do conteúdo semântico ou teórico do que significam os *standards* probatórios[8], as sentenças analisadas trazem em seu texto a afirmação de que o *BARD* é o *standard* de prova utilizado como técnica de decisão[9] (itens 152, 228, 230, 277 da sentença nº 01; itens 115, 224, 355 da sentença nº 02 e itens 137, 154, 220 da sentença de nº 03).

Tomamos este fato como "padrão de repetição probatório" da fundamentação das decisões adotadas na Lava-Jato, aqui isoladas e analisadas pela TFD, já que o código "dúvida razoável" aparece em 85,714% (oitenta e cinco vírgula setecentos e quatorze por cento), das sentenças que foram objeto do sistema de codificação aberta e fechada, descritos no tópico 2.1.1

---

6. O que, evidentemente, é um problema. A inexistência de vasta produção acadêmica sobre o tema, não faz com que a técnica de *standards* probatórios desapareça da realidade judicial. A falta de discussão/debate sobre o assunto contribui apenas para insegurança jurídica advinda da fragilidade do controle que as partes poderão exercer – do ponto de vista teórico e dogmático – no momento em que é proferida a decisão judicial (PEIXOTO, Ravi, *op. cit.*, p. 197). Ou seja, se por um lado a doutrina critica o uso dos *standards* probatórios como mero recurso retórico, por outro, não há a preocupação em explicar, dogmaticamente, o que seriam esses *standards* e, portanto, o que não pode ser considerado como *standard* e se materializa como expressão vazia em seu conteúdo semântico. Diga-se: para dizer que a expressão é vazia em seu conteúdo semântico, primeiro devemos dizer qual é o real conteúdo semântico que se deve extrair da expressão originária (traduzindo o que é o signo e qual é o seu significado).
7. Rememoramos nesse ponto, que no âmbito do STF, a utilização do standard "além de qualquer dúvida razoável" remonta à década de noventa, tendo por destaque o acórdão proferido no HC 73.338/RJ, de relatoria do Ministro Celso de Mello, julgado pela primeira turma da corte, em 1996, embora tenha sido associada à ideia de que a condenação exigiria uma "prova inequívoca" da culpabilidade do acusado. Este raciocínio se repetiu também no julgamento do HC 80.084/PE, também de relatoria do Ministro Celso de Mello. No julgamento da AP470, o *BARD* passou a ser usado de maneira recorrente, senso reafirmado como standard probatório da Corte no julgamento da AP521. Entretanto, foi no contexto da Op. LJ, como já dito, que o *BARD* ganhou uma maior disseminação, consolidando a sua utilização nos processos referentes a esta operação, seja pela jurisdição de primeiro grau, em Curitiba/PR, seja pelo segundo grau (TRF4), notadamente no que se refere às decisões proferidas pelo Desembargador João Pedro Gebran Neto. (MATIDA, J.; VIEIRA, Antonio, *op. cit.*, p. 221-248, p. 233-237).
8. Tendo em vista que a temática (standards probatórios) ainda é nova na realidade brasileira.
9. Nesse sentido, afirma-se que os *standards* probatórios são método (técnica de decisão) e ao mesmo tempo fonte de justificativa do convencimento (argumentação racional da decisão). Trata-se de uma figura que pretende auxiliar o julgador no processo de valoração da prova, indicando o patamar mínimo de convencimento que deverá ser alcançado para que determinado fato seja reputado como comprovado, dentro de uma lógica de inferência do conjunto probatório produzido na ação (MELIM, Mafalda, *op. cit.*, p. 144-145). Ainda como técnica de decisão, os *standards* de prova possuem a função de justificação epistêmica para a decisão tomada e, ao mesmo tempo, reafirmar a opção política do Estado em assumir o "risco" de absolver culpados em privilégio à conservação do estado de inocência de pessoas acusadas de autoria delitiva, cláusula constitucional afeta aos países democráticos (MATIDA, Janaina. ***Standards* de prova: a modéstia necessária a juízes na decisão sobre os fatos**. Ensaio publicado nos anais do VII Seminário Nacional do Instituto Baiano de Direito Processual Penal – IBADPP, pp. 93-110, 2018, p. 99-100. Disponível em: <https://www.academia.edu/39554898/MATIDA_Standards_de_prova_A_mod%C3%A9stia_necess%C3%A1ria_a_ju%C3%ADzes_e_o_abandono_da_prova_por_convic%C3%A7ao>. Acessado em 19/07/2020).

do presente trabalho, enquanto que os códigos "indícios" e "colaboração premiada" aparecem em 76,19% (setenta e seis vírgula dezenove por cento) e os códigos "testemunha", "confissão" e "depoimento" aparecem em 100% (cem por cento).

Aqui, cabe o destaque do item 228 da sentença nº 01, do item 224 da sentença nº 02 e do item 154 da sentença de nº 03, cujo conteúdo textual (idêntico para as três decisões) afirma que a admissão da validade da prova indireta para a caracterização do crime de lavagem de dinheiro não é diferente da admissão desse tipo de prova para a caracterização de qualquer outro crime e que isso não importa em um "enfraquecimento de garantias do acusado", pois a prova, ainda que indireta, deve ser "convincente para satisfazer o *standard* acima de qualquer dúvida razoável".

Essa afirmação, nas referidas sentenças, precede a menção de que para o crime antecedente ao crime de lavagem de dinheiro, em todos os casos, "há indícios robustos quanto a origem e natureza criminosa dos valores envolvidos" (conforme item 229 da sentença de nº 01; item 225 da sentença de nº 02 e item 155 da sentença de nº 03).

Ou seja, o *BARD* seria considerado como suficientemente preenchido para o crime da ação penal principal, de acordo com a prova indiciária prévia, existente em outra ação penal conexa, ou em acordos de colaboração premiada, sustentados por depoimentos prestados por corréus e confissões totais ou parciais. Afinal, se por um lado podemos dizer que o formato das decisões nos permite concluir que a metodologia seria a do raciocínio hipotético-dedutivo simples (ao invés da lógica-indutiva inferencial), por outro, não se sabe em que doutrina funda-se o Juízo para o preenchimento do *standard BARD* nas sentenças analisadas, já que isso não foi abordado em seus respectivos conteúdos textuais.

Em nosso esforço de compreensão, voltamo-nos para a produção acadêmica do julgador responsável[10] pelas confecções dessas sentenças e encontramos menção expressa à admissão do preenchimento do *BARD* através de provas diretas ou indiretas, em conjunto ou exclusivamente apenas uma delas, como suficientes para o atingimento do referido *standard*[11] – o que,

10. MORO, Sergio Fernando. **Autonomia do crime de lavagem e prova indiciária**. Revista CEJ, v. 12, n. 41, 2008, p. 12.

11. O que também já foi destacado em estudos anteriores à esta pesquisa (MATIDA, J.; VIEIRA, Antonio, *op. cit.*, p. 237-239). Nesse ponto, vale destacar que a segunda citação direta incluída na página 238 do referido artigo, concernente à obra "As lógicas das provas no processo penal: prova direta, prova indireta, indícios e presunções", autoria de Deltan Martinazzo Dallagnol, traz em seu bojo textual o que seria considerado como *beyond a/any reasonable doubt* e sua relação de restrição interpretativa com relação ao brocado do *in dubio pro reo*. Tal proposição merece nossa atenção, pois configura um erro comum que pode ser originado da leitura desatenta do que vem a ser o *BARD*. Os *standards* probatórios, dentre eles o *BARD*, se configuram como técnica de decisão passível de imprimir maior

como sabemos, não é compatível com o raciocínio indutivo baconiano, que é devido à adoção da técnica dos *standards* probatórios.

Nesse ponto, é interessante destacar que a pesquisa realizada pela Associação dos Magistrados Brasileiros (AMB), com a divulgação do ponto de vista quantitativo e nominal das matérias e autores de Direito mais citados nas decisões judiciais brasileiras, revela que nenhuma obra de direito processual foi classificada como "tipo de obra" da base teórica utilizada pelos magistrados (conforme tabela 63.a)[12], a despeito da leitura de determinados doutrinadores processualistas (a exemplo de "Fredie Didier", "Nelson Nery" e "Guilherme Nucci") apareceram nominalmente na referida pesquisa (conforme tabela 63.b)[13].

Nas três sentenças que foram objeto de análise qualitativa, não há qualquer menção ao marco teórico adotado pelo Juízo, com relação à técnica de *standards* probatórios, ou seja, não se sabe em qual doutrina processual brasileira se baseou o Juízo para a aplicação da referida técnica. Também não está descrita sua metodologia decisória (narrativa, argumentativa ou híbrida), de modo que o modelo silogístico segundo o qual as proposições lançadas nas decisões são articuladas não pode ser facilmente identificado. Ou seja, os juízos formulados pelo encadeamento racional, ainda que hipotético-dedutivo, não estão devidamente dispostos nas decisões analisadas.

A forma de apresentação dos elementos probatórios tratados pelas decisões analisadas (proposições de veracidade quanto a prova "a" e o fato "b"), conforme dito anteriormente, em tese, nos levariam a crer que a escolha metodológica para a valoração das provas seria pelo modelo narrativo e pelo raciocínio hipotético-indutivo. Todavia, a análise das proposições existentes nas sentenças – quanto à valoração das provas em relação aos fatos – denota que o raciocínio do Juízo foi conduzido pela lógica dedutiva simples, com

---

racionalidade e, por conseguinte, controle da decisão judicial prolatada. Estão relacionados, assim, com a metodologia empreendida pelo magistrado no momento de feitura da decisão, mas não se configuram como regra de decisão. O princípio do *in dubio pro reo*, por sua vez, tem estrita relação com o ônus da prova, que funciona como um "pêndulo" decisional, de modo que se a proposição "x" não é verdadeira em relação à prova "y", apresentada nos autos, e a parte interessada na produção da prova não obtém êxito em sua produção, por ocasião de seu ônus, arcará com o peso da decisão. Trata-se, portanto, não de uma técnica de decisão, mas de uma regra. O pêndulo da decisão deve pender para o lado daquele que não produziu a prova que deveria produzir, para comprovar em Juízo o seu direito afirmado (Nesse sentido: MELIM, Mafalda, *op. cit.*, p. 148; PEIXOTO, Ravi, *op. cit.*, p. 44).

12. Disponível em: <https://www.amb.com.br/wp-content/uploads/2019/02/Pesquisa_completa.pdf>. Acesso em 05/03/3021, p. 132.

13. Disponível em: <https://www.amb.com.br/wp-content/uploads/2019/02/Pesquisa_completa.pdf>. Acesso em 05/03/3021, p. 134.

a eleição de proposições verdadeiras não submetidas à refutação proposta pelas demais hipóteses fáticas deduzidas no caso[14].

Tendo em vista que a análise epistemológica, realizada pelo juízo, quanto ao sistema de valoração da prova não faz parte de nossa categoria central de pesquisa, essa temática não foi esmiuçada no presente trabalho, mas, por uma questão ético-científica não poderíamos deixar de pontuar este fato observado na condução de nossa análise qualitativa.

Com relação ao *BARD*, especificamente, não se sabe de que modo o juízo aferiu o atingimento do *standard*: a) se pela convicção acima de uma dúvida razoável[15]; b) ou se tal dúvida razoável seria o tipo de dúvida responsável pela hesitação em relação à tomada de decisão[16]; c) ou se a prova considerada acima de toda dúvida razoável refere-se à convicção estável da culpabilidade do acusado[17]; d) ou se a dúvida razoável seria racionalmente explicada[18]; e) ou se tal dúvida razoável seria de probabilidade numérica[19].

A despeito das possíveis abordagens da técnica de decisão referente ao *BARD*, nas sentenças analisadas, não há menção expressa a nenhuma delas. Isto, conforme já analisado pela doutrina brasileira em outros trabalhos, é absolutamente inadmissível sob a perspectiva da teoria racional da prova, assim como para a adoção da técnica dos *standards* probatórios. O aspecto da prova é objetivo e exige do julgador uma fundamentação analítica e exaustiva, como forma de corroborar a hipótese fática cuja veracidade (pro-

---

14. Fato que pode ocasionar em resultados falsos-positivos, em relação às hipóteses fáticas "vencedoras", conforme tratado no pela crítica dos filósofos modernos à variação do silogismo de "Bárbara" (Aristóteles), tratado no tópico 2.4 deste estudo.

15. Conceito passível de críticas doutrinárias, já que a exigência do atingimento de determinado grau probatório em uma linha de "convicção" fulmina a própria ideia probabilística adotada pela técnica de *standards* probatórios, quer dizer, em condições normais e naturais da vida humana, raras serão as situações jurídicas onde será possível afirmar-se a convicção de determinada hipótese probatória, de modo que todo o manancial de situações jurídicas que não se encaixassem neste padrão (de convicção) seriam automaticamente excluídos da apreciação do Juízo através da adoção do *standard beyond a reasonable doubt* (LAUDAN, Larry. **Verdad, error y proceso penal**, *op. cit.*, p. 68-70).

16. Ou seja, ainda que o sujeito pense estar diante de uma situação jurídica que lhe permita assumir como verdade determinada hipótese ou prova, há uma hesitação para afirmar-se convencido desta hipótese e não da hipótese contrária – fato que, também, diante da realidade corriqueira excluiria uma série de situações jurídicas onde mesmo sabendo-se da veracidade de determinada hipótese, por questões outras, o sujeito deixa de tomar determinada decisão (em relação à hipótese que se sabe ser a verdadeira) (LAUDAN, Larry. **Verdad, error y proceso penal**, *op. cit.*, p. 71).

17. Teoria que encontra vasta crítica criminológica, pois esbarra em situações esdrúxulas do ponto de vista prático, como, por exemplo, o etiquetamento de sujeitos afetos ao crime (LAUDAN, Larry. **Verdad, error y proceso penal**, *op. cit.*, p. 74).

18. Se referindo, assim, aos argumentos debatidos no processo e aos elementos probatórios produzidos no curso da ação penal.

19. Em uma tentativa matemática de aferição da culpabilidade do sujeito, na qual fosse possível a afirmação de que a pessoa acusada do cometimento do crime seria culpada em com algo entre 90 e 95% de certeza por parte do julgador (LAUDAN, Larry. **Verdad, error y proceso penal**, *op. cit.*, p. 68-83). Neste mesmo sentido: MELIM, Mafalda, *op. cit.*, p. 145.

vável) quer-se pôr a teste para confirmar determinado evento[20], sob pena de configurar-se o *faggot fallacy*[21].

Ainda que a eleição do Juízo tenha sido pelo modelo narrativo, com relação à descrição das provas produzidas nas respectivas sentenças – como já dito – isso não exclui a necessidade de uma abordagem crítica e contraposta entre as teses apresentadas nos autos[22] hipótese por hipótese (ou, em termos linguísticos, proposição por proposição), colocadas uma contra a outra e comparadas, evidentemente, pelas provas de corroboração afetas a cada uma delas e que sustentam, ou não, a sua verossimilhança.

Quanto ao modo de verificação e valoração das provas, o exame de leitura realizado na tentativa de identificação do padrão de aferição do Juízo, praticado nas três sentenças analisadas, revela que: *a)* para condenar, o *BARD* foi considerado atingido quando demonstrada a culpabilidade estável dos sujeitos, dentro de uma lógica hipotético-dedutiva que ignorou as hipóteses fáticas contrárias (abordadas no relatório de análise qualitativa descrito no capítulo 03 deste trabalho); *b)* para absolver, quando demonstrada a hesitação do juízo, ante o conjunto probatório, para considerar suficientemente comprovada a culpabilidade dos sujeitos envolvidos, sem que tenha sido também descrito o raciocínio inferencial que deveria ter sido realizado.

Com efeito, conforme exposto neste trabalho, as provas utilizadas nas sentenças analisadas dizem respeito: a) aos depoimentos prestados pelos próprios réus (um não confirmado em instrução processual); b) depoimentos prestados pelas testemunhas (algumas com interesse de diminuir a sua própria "contribuição" para os acontecimentos dos fatos, conforme digressão feita

---

20. Nesse sentido, afirma-se que é simplesmente inadmissível a utilização de meros argumentos de que o juízo está convencido de determinada hipótese fática sem a indicação das razões para tanto, afinal o parâmetro de correção não é a persuasão do julgador, mas os elementos probatórios disponíveis (PEIXOTO, Ravi, *op. cit*, p. 28).

21. Traduzido como "falácia do feixe" por André de Godoy Vieira e Nélio Schneider. A referência é citada por Susan Haack para ilustrar o ocorrido no caso *General Eletric Co. v. Joiner*, no sentido de que a existência de muitos argumentos probatórios fracos não servem como sustentação para determinada hipótese apenas pelo volume em que se apresentam. Nas palavras da moção que foi apresentada pela *G.E.* no caso, pleiteando pelo julgamento sumário, e citada pela referida autora: "(...) o erro de supor que, se uma pilha de provas fracas for suficientemente grande, é magicamente transmutada em prova forte.". Ver mais em: HAACK, Susan. **Perspectivas pragmatistas da filosofia do direito**. BRITTO, Adriano N. de e BARRETO, Vicente (orgs.); VIERIA, André Godoy e SCHNEIDER, Nélio (trads.). – São Leopoldo: Unisinos, 2015, p. 289.

22. Ainda que se admita a existência não rigorosa de três possíveis modelos para a adoção de *standards* probatórios: a) argumentativo; b) narrativo; c) híbrido; ainda sim, o julgador quando da valoração das provas carreadas nos autos assume determinado método de apresentação dos elementos de prova articulados no processo. Esse método, auxiliará o caminho traçado pelo Juízo em sua atividade e tem por função, fornecer o nível de convencimento mínimo que deverá ser alcançado para a configuração de determinada situação jurídica. Se por um lado os *standards* de prova regulamentam a atividade final do Juiz, por outro, os modelos de prova integram a própria formação da convicção do julgador (MELIM, Mafalda, *op. cit.*, p. 149).

pelo próprio juízo); c) depoimentos prestados em acordos de colaboração premiada (por dois réus); d) e, por fim, as provas e elementos indiciários concernentes dos fatos que deram início às investigações.

Esse conjunto de provas circunstanciais, analisado separadamente ou somado, foi responsável pela estabilidade da culpa (dolo presumido ou não) dos sujeitos que figuraram como réus nas sentenças analisadas.

Ocorreu, na sentença nº 01, um rebaixamento do *standard* (*BARD*) para fins de aferição da estabilidade da culpa do réu Rene Luiz Pereira no que tange à autoria do crime de tráfico internacional de drogas. O crime posterior (lavagem de dinheiro), respondido pelos demais réus, inexistiria se o juízo tivesse reputado como não atingido o *BARD* para fins de estabilização da culpa de Rene Luiz Pereira no crime antecedente, já que não era possível ligá-lo à droga.

Para o crime posterior (lavagem de dinheiro), o juízo considerou como atingida a formação estável da culpa dos acusados, por ocasião da presunção do dolo, já que pela forma dissimulada como foram feitas as transações, todos deveriam saber da ilicitude da origem do dinheiro (itens 253 e 254 da sentença nº 01), sendo que a possibilidade de ocorrência do dolo eventual fora excluída por não ser plausível.

Percebe-se, quanto ao crime de lavagem de dinheiro – cujo liame entre "origem do dinheiro no tráfico internacional de drogas" e "transações subpreptícias" não foi possível de ser construído –, ocorreu o atingimento do *standard BARD* por ocorrência da presunção de estabilidade da culpa dos sujeitos envolvidos, a partir da presunção de que Rene Luiz Pereira seria o titular da droga apreendida, dada a semelhança da quantidade de droga referida na interceptação telemática e o volume da carga que foi interceptada pela PF em Araraquara/SP.

Na sentença de nº 02, para o crime de lavagem de dinheiro, a convicção estável da culpa dos sujeitos foi considerada atingida pelos depoimentos prestados pelos próprios réus, em interrogatório de inquérito, interrogatório em juízo e acordo de colaboração premiada, somados ao depoimento prestado por uma testemunha; sendo presumido o dolo dos envolvidos, já que haveria uma prévia dissimulação (referente à obtenção dos recursos – item 338 desta sentença). Ou seja, há um raciocínio ligado à soma de distintas provas diretas (ou imediatas) e indiretas (ou circunstanciais) que, segundo a interpretação dada pelo juízo, serviram como instrumento de comprovação da veracidade de seu conteúdo objeto entre si.

Como se o fato de o colaborador afirmar que "x" deveria ter ciência do esquema de propina, porque ele ocupava um alto cargo dentro da empresa ou porque o seu escritório era frequentado por pessoas notoriamente ligadas aos esquemas de corrupção conhecidos no país, fosse suficiente para determinar o dolo de "x" em relação ao cometimento do crime de lavagem de dinheiro.

Ou ainda, que o conteúdo do depoimento por ele prestado pudesse ser confirmado através da contraposição feita entre este mesmo depoimento de colaboração e o conteúdo do depoimento prestado por outra testemunha (ou seja, duas provas orais). Ignora-se, desse modo, toda a problemática afeta às provas orais e a possibilidade de mentira, engano, falsas memórias etc., por parte do depoente.

Ignora-se, também, o fato de que a prova direta e a prova indireta, provenientes de depoimentos, necessitam de uma justa corroboração ante os demais elementos probatórios existentes nos autos[23].

Como já dito nos itens anteriores deste trabalho, não são mencionadas – na sentença de nº 02 –, quais as provas de corroboração apresentadas nos autos que nos permitiram assumir a veracidade das hipóteses apresentadas nos depoimentos, de modo que podemos concluir que tal veracidade foi presumida (ao menos no que toca aos depoimentos prestados pelos réus que não foram objeto dos procedimentos de colaboração premiada).

No que se refere à sentença de nº 03, o atingimento do *BARD* se deu pela aferição de estabilidade da culpa dos réus envolvidos, ante os depoimentos prestados pelos terceiros que foram utilizados como "laranjas" do empreendimento em Londrina/PR e que sofreram um "golpe" dos réus; não tendo sido mais uma vez invocado qualquer elemento de corroboração, para além do fato de que um dos réus apresentou um contrato fraudulento à polícia em sede de investigação.

Foi assim que, para as três sentenças analisadas, com a ocorrência de distintos crimes – e por conseguinte, de distintos elementos dos tipos – o juízo reputou atingido o *BARD* ante a aferição da estabilidade da formação da culpa dos réus.

Por outro lado, os mesmos elementos de prova que foram suscitados pelo Juízo como prova suficiente à estabilidade da formação da culpa dos sujeitos condenados, foram tidos como insuficientes para o atingimento de tal estabilização, em relação a um ou outro corréu.

---

23. Noutras palavras, não pode uma prova indireta relacionada a "x" servir para comprovar a veracidade de outra prova indireta relacionada a "x". A prova indireta obtida por depoimento necessitaria de corroboração obtida através de uma prova direta, ou seja, as provas indiretas necessitam de inferências adicionais, de modo a conectar o fato secundário (o indício) com o fato principal (a hipótese) por meio de um raciocínio condizente. A título de exemplo, o testemunho de alguém que alega ter visto o acusado "atirando uma pedra através da janela" seria uma prova direta. O fato bruto narrado é precisamente aquele que necessita ser provado e teria sido diretamente presenciado pela testemunha. O testemunho de alguém que alega ter visto o acusado "correndo do local logo após a janela ter sido quebrada" seria uma prova indireta. O fato bruto narrado não é aquele que precisa ser provado, mas este pode ser inferido a partir daquele. Ver mais em: ÁVILA, Humberto, *op. cit.*, p. 113-114.

Os trechos contraditórios existentes nas sentenças, quanto aos elementos de prova que foram ao mesmo tempo utilizados para condenar e absolver pessoas relacionadas no cometimento dos mesmos crimes, já foram abordados nos itens anteriores deste trabalho.

Todavia, a despeito das contradições apresentadas no raciocínio de inferência probatória que foi realizado pelo Juízo, não é possível afirmar seguramente a razão pela qual a prova "x" foi utilizada para condenar o réu "a", e em direção diametralmente oposta, utilizada para absolver o réu "b". Dito de outro modo, não está claro porque para um se presumiu a estabilização na formação de sua culpa (ainda que por dolo eventual) e para outro não representou uma prova apta a aferição da estabilidade da culpa do sujeito.

Ou seja, se por um lado, o modo de aferição do *BARD* (exame de estabilidade da culpa do sujeito) foi utilizado erroneamente como uma forma de presunção da culpa dos envolvidos, por outro, o modo de aferição quanto à hesitação sobre a estabilidade da culpa dos réus[24] também se demonstra equivocada, se levarmos em consideração que o raciocínio é de presunção de veracidade das provas e depoimentos realizados nos autos – com o que, evidentemente, não concordamos. Afinal, o modo de aferição do *BARD* para absolver os sujeitos que figuraram como réus nas sentenças nº 01, 02 e 03, aqui analisadas, não faz o menor sentido diante do raciocínio que foi empreendido pelo próprio julgador.

Se a ciência quanto à ilicitude das ações praticadas é presumida em razão das dissimulações prévias aos delitos de lavagem de dinheiro, de modo a denunciar o dolo dos agentes, por exemplo, o agente "a" não pode ser por isso condenado e o agente "b" absolvido, pois se uma mesma hipótese de verificação, submetida a uma única hipótese de presunção culmina em um resultado "x", não é possível implementarmos a mesma operação lógica com relação a outro sujeito e obtermos um resultado "y". Isto foi o que pudemos verificar nas sentenças analisadas.

O modo de aferição do *BARD* variou conforme o sujeito e não conforme a prova apresentada. A mesma prova apresentada, que serviu como base de condenação, serviu também como base de absolvição, ante a dissimulação do modo de aferição do *BARD* e do atingimento ou não da estabilidade da culpa dos sujeitos.

A operação não foi modificada em seus elementos, mas sim o raciocínio. Por esta razão, foram obtidos resultados distintos (condenação x absolvição).

O modo de aferição do *BARD* eleito pelo Juízo não nos parece ter sido equivocado. A forma de adoção do raciocínio hipotético-dedutivo é

24. Para absolver.

que parece ter sido o problema das decisões analisadas, pois não é possível demonstrar de maneira contraposta, como as hipóteses fáticas vencedoras atingiram ou não a estabilidade da culpa dos réus.

O que se verifica é que a narrativa realizada pelo Juízo nos leva a crer que o seu raciocínio se encontra contido na lógica-indutiva, entretanto, a descrição probatória realizada não nos permite verificar que o raciocínio empreendido foi de fato hipotético-indutivo ou ainda indutivo por presunção, pois as hipóteses e eventos narrados nas decisões não foram contrapostos entre si.

Desse modo, não é possível identificar o viés confirmatório[25].

Ou seja, o problema é que o texto das sentenças não demonstra – do ponto de vista confirmatório –, de que forma a premissa foi tida como verdadeira; tendo sido presumida a veracidade absoluta de depoimentos prestados por pessoas que estavam em situação de conflito de interesses (réus, corréus, partícipes)[26], assim como dos depoimentos prestados em acordos de colaboração premiada firmados por outro corréu.

O raciocínio empreendido ignora que a veracidade do conteúdo da delação em relação ao terceiro delatado não pode ser presumida em absoluto[27], já que o valor probatório do acordo de colaboração premiada é atenuado pelo nosso ordenamento jurídico (art. 4º, §16, da Lei nº 12.850/2013)[28].

---

25. Ou seja, nem mesmo a regra de validade universal (regra inferencial), para atribuir justa verificação ao raciocínio lógico empreendido pelo Juízo em sua presunção, foi devidamente respeitada. Do modo como foi exposta a narrativa do convencimento da decisão, não é possível extrair o respeito ao princípio lógico da não contradição. Não se tem por demonstrada a relação de implicação necessária entre as proposições anunciadas. Da análise de verificação da proposição "x", não é possível inferir a ocorrência da proposição "y" – de modo que por consectário também não se verifica a possibilidade (ou não) de serem as proposições oferecidas simplesmente "falsas" dentro do contexto do caso concreto em relação ao direito material a que elas se referem (BADARÓ, Gustavo. **Processo Penal**, *op. cit.*, p. 509).

26. Não se confunde a existência de "conflito de interesses" dos depoimentos apresentados em Juízo, com o sinalagma da delação premiada (o critério utilitarista do acordo de colaboração para o réu que se comporta como delator), no caso deste último, o fator de credibilidade do depoimento será o "desinteresse" do delator ante as informações prestadas em relação ao terceiro, isto é, a inexistência de lucro pessoal, que pode ser resumido como ausência de animosidade, inimizade ou ódio do terceiro delatado. BADARÓ, Gustavo. **Processo Penal**, *op. cit.*, p. 479.

27. As presunções absolutas não se referem à matéria probatória ou processual, mas sim ao direito material. São expedientes de técnica legislativa utilizados para conferir o regramento de determinada relação jurídica ou criar uma *fattispecie*, a partir da pressuposição de que determinadas situações, consideradas requisitos de existência ou de inexistência do direito que visam proteger não poderão ser contestadas ou infirmadas. BADARÓ, Gustavo. **Processo Penal**, *op. cit.*, p. 511.

28. Também por esta razão, a Lei nº 12.850/2013 (organizações criminosas), trouxe no art. 4º, §16, uma importante regra de valoração da prova de colaboração, no sentido de que nenhuma sentença condenatória será proferida com fundamento apenas nas declarações de agente colaborador. Desse modo, o legislador adotou um sistema de prova legal negativa, em que se determina que apenas a delação premiada não será suficiente para a condenação do delatado. Há o estabelecimento da regra de corroboração da prova, que deverá ser comprovada por outros elementos (para além do teor dos depoimentos prestados). Entre negar por completo o valor probatório dos acordos de

O erro identificado no raciocínio empreendido nas decisões diz respeito ao falso positivo que já era previsto pela crítica da filosofia à lógica hipotética-dedutiva de Aristóteles e o problema do silogismo Bárbara[29].

Em relação especificamente às sentenças analisadas, podemos dizer, a título de exemplo, que a premissa maior adotada pelo Juízo - veracidade e valor probatório absoluto da delação em relação ao terceiro delatado –, em contraposição à sua premissa menor - no sentido de que os crimes de lavagem de dinheiro admitem prova indiciária, inclusive única –, foi o que conduziu o seu raciocínio a um falso positivo como resultado no sentido de que o dolo do sujeito delatado estaria demonstrado apenas pelas provas indiciárias que eram suficientes para iniciar a ação penal contra ele, mas não para destituir-lhe o estado de inocência, em razão da regra de decisão decorrente da presunção da inocência.

Em razão disso, não foi possível confirmar a fórmula descrita pela repetição dos códigos[30], simplesmente porque a utilização do raciocínio lógico hipotético-dedutivo da forma como foi colocado nas sentenças, não nos permite afirmar que as premissas eram verdadeiras (no sentido de confirmadas), já que não se sabe qual é a contraposição (premissa menor) que as coloca em posição de confirmação, porque isto não foi dito nas sentenças.

O esquema argumentativo de Toulmin, que poderia ter sido empreendido pelo julgador em relação às hipóteses apresentadas como premissas obtidas pela primeira fase de seu raciocínio (lógico-dedutivo), também não confirma a conclusão obtida pelas sentenças, pois a operação empreendida nos textos decisórios ignora os fatores de subtração que são apresentados pelo quadro, conforme descrito no capítulo 04, tópicos e respectivos subtópicos.

As decisões analisadas ignoram o fato de que a técnica de *standards* probatórios exige do exercício decisório a adoção do raciocínio hipotético-indutivo, de caráter inferencial confirmatório ou de refutação. Possuem, por essa razão, um problema metodológico e apresentam resultados que não são justificáveis pela adoção da referida técnica de decisão.

O contrário disso pode ser qualquer coisa, exceto a adoção da técnica de *standards* probatórios para a tomada de decisão, que exige a demonstra-

---

colaboração premiada em relação ao sujeito delatado e atribuir-lhe um valor probatório atenuado, a segunda opção nos parece ser o raciocínio correto, dentro de uma lógica de privilégio aos princípios do contraditório e da presunção de inocência do acusado (BADARÓ, Gustavo. **Processo Penal**, *op. cit.*, p. 478-479); de modo a propor uma leitura crítica ao critério da voluntariedade das delações premiadas firmadas por réu preso no âmbito das grandes operações, como a Lava-Jato, ver também: BADARÓ, Gustavo. **Quem está preso pode delatar?**, *op. cit.*

29. Remete-se ao tópico 3.2. deste trabalho.

30. Quadro descrito no capítulo 02 deste trabalho (Indícios + Dúvida Razoável = CONDENAÇÃO; Falta de prova suficiente + Dúvida Razoável = ABSOLVIÇÃO).

ção do raciocínio probabilístico desenvolvido pelo Juízo e que, por sua vez, culminará em seu convencimento com relação a uma hipótese ou outra.

Ao revés, como já dito, a análise das sentenças revela que o raciocínio praticado pelo Juízo foi conduzido pela lógica dedutiva simples, com a eleição de proposições hipotéticas verdadeiras não verificadas pelo raciocínio inferencial em relação às demais hipóteses fáticas (hipóteses de refutação) e, em relação a determinados fatos, refutadas por si mesmas[31].

O *BARD*, então, seria mero recurso retórico, enquanto o reconhecimento da autoria e o reconhecimento da materialidade delitiva dos crimes, apurados nas mencionadas sentenças, se deram através de provas indiciárias, que se baseia na lógica-dedutiva simples e isolada, incompatível com a técnica de *standards, como restou claro ao longo desta exploração do tema*[32].

31. A exemplo da sentença de Rene Luiz Pereira, onde se tem a admissão de que a hipótese fática narrada pela acusação, no sentido de que ele era o proprietário da droga apreendida em Araraquara/SP, não seria possível de ser confirmada, já que não era possível ligar o réu ao produto do crime (drogas).

32. Ainda que se admita a possibilidade de condenação pela existência de uma pluralidade de indícios, coerentes e concatenados entre si, há que se exigir do Juízo a demonstração inequívoca, em termos de valoração da prova indiciária, do fato indiciário/indiciante (que deve estar plenamente provado) e do fato indiciado; de maneira que, considerado o raciocínio inferencial, se o indício estiver fundado em uma regra da experiência, a conclusão será de probabilidade. Contudo, se o indício estiver fundado em um princípio da razão, a conclusão será pela certeza. O valor probatório do indício dependerá, assim, de uma justa contraposição entre fato indiciante e fato indiciado, de maneira que quanto mais forte for este liame, mais forte será a conexão existente entre eles e, por via de consequência, dos indícios em si. Ainda assim, não se admite como razoável a condenação com base em apenas um indício, pois a inexistência de outros elementos bastantes ao raciocínio inferencial não nos permite atingir o *standard* da elevadíssima probabilidade do acontecimento dos fatos (BADARÓ, Gustavo. **Processo Penal**, *op. cit.*, p. 507-508).

REFERÊNCIAS

ACCATINO, Daniela. **Atomismo e holismo en la justificación probatoria. Isonomía**, n. 40, abr.-2014.

ANDRADE, Flávio da Silva. **Julgamentos criminais na perspectiva da psicologia. Heurísticas e vieses, dissonância cognitiva, falsas memórias e comparticipação**. – Salvador: Juspodivm, 2020.

ANDRADE, Vera Regina Pereira de. **A ilusão da segurança jurídica: do controle da violência a violência do controle penal**. – Porto Alegre: Livraria do Advogado, 1997.

ANDREWS T, Mariano GJS, Santos JLG, Koerber-Timmons K, Silva FH. A metodologia da teoria fundamentada nos dados clássica: considerações sobre sua aplicação na pesquisa em enfermagem. **Texto contexto - Enferm**. vol.26 no.4. Florianópolis, 2017, Epub 11-Dez-2017. DOI: http://dx.doi.org/10.1590/0104-07072017000156001 7.

ÁVILA, Humberto. **Teoria da prova: *standards* de prova e os critérios de solidez da inferência probatória**. Revista de Processo, n. 282, p. 113-139, ago. 2018.

BACON, F. **Novum Organum ou Verdadeiras Indicações acerca da Interpretação da Natureza: Nova Atlântida**. São Paulo: Nova Cultural, 1997.

BADARÓ, Gustavo Henrique e BOTTINI, Pierpaolo Cruz. **Lavagem de dinheiro: aspectos penais e processuais penais. Comentários à Lei 9.613/1998, com as alterações da Lei 12.683/2012**. – São Paulo: Revista dos Tribunais, 2012.

BADARÓ, Gustavo Henrique. **Processo Penal**. 7ª ed. rev., atua. e amplia. São Paulo: Thomson Reuters Brasil, 2019.

BADARÓ, Gustavo. Editorial dossiê "Prova penal: fundamentos epistemológicos e jurídicos". **Rev. Bras. de Direito Processual Penal**, Porto Alegre, vol. 4, n. 1, p. 43-80, jan.-abr. 2018.

BADARÓ, Gustavo. **Epistemologia judiciária e prova penal**. São Paulo: Thomsom Reuters Brasil, 2019.

BADARÓ, Gustavo. **Quem está preso pode delatar?**. Disponível em: <https://www.jota.info/paywall?redirect_to=//www.jota.info/opiniao-e-analise/artigos/quem-esta-preso-pode-delatar-23062015>. Acessado em 18/07/2020.

BADARÓ, Gustavo. **Quem está preso pode delatar?**. Disponível em: <https://www.jota.info/paywall?redirect_to=//www.jota.info/opiniao-e-analise/artigos/quem-esta-preso-pode-delatar-23062015>. Acessado em 18/07/2020.

BALTAZAR Jr., João Paulo. ***Standards* probatórios no processo penal**. Revista AJUFERGS, Porto Alegre, n. 04, p. 161-185, nov. 2007.

BARATTO, Geselda. Descobrindo o encobrimento da descoberta freudiana, a psicanálise e a "ego psychology". **Portal de Revistas da USP**, v. 7 n. 12 (2002), pp. 156-177. Disponível em: <http://www.revistas.usp.br/estic/article/view/61127/64127>. Acessado em 23/08/2020.

BELTRÁN, Jordi Ferrer. **Prova e verdade no direito**. Trad. Vitor de Paula Ramos. São Paulo: Revista dos Tribunais, 2017.

BERTRAND, Russell. **A história da filosofia ocidental – Livro 03: a filosofia moderna**. Trad. Hugo Langone – 1ª ed. Rio de Janeiro: Nova Fronteira, 2015.

BLANCHÉ, Robert. **História da Lógica**. Lisboa: Edições 70, 2001.

CABRAL, Bruno Fontenele. **Breves comentários sobre a teoria da cegueira deliberada (willful blindness doctrine)**. Jus Navigandi: Teresina, ano 17, n. 3193, 29 mar. 2012.

CAOCCI, Thiago. A pesquisa com acórdãos nas ciências sociais: algumas reflexões metodológicas. Mediações – **Revista de Ciências Sociais**, Londrina, v. 18 n. 2, p. 86-109, jul./dez. 2013.

CAPPI, Ricardo. Pensando as respostas estatais às condutas criminalizadas: um estudo empírico dos debates parlamentares sobre a redução da maioridade penal (1993-2010). **Revista de Estudos Empíricos em Direito Brazilian Journal of Empirical Legal Studies**, vol. 1, n. 1, p. 10-27, jan 2014.

CARVALHO, Camilo de Oliveira. **Seletividade política e corrupção passiva no Brasil: uma análise empírica das decisões do Tribunal Regional Federal da 1ª Região, entre 2015 e 2018**. 360f. 2019. Tese (Doutorado) – Faculdade de Direito, Universidade Federal da Bahia, Salvador, 2019.

CHATELARD, Daniela Scheinkman. Do determinismo psíquico às escolhas subjetivas. **Rev. Dep. Psicol., UFF vol.19 no.2** Niterói July/Dec. 2007.

COPI, Irving. **Introdução à Lógica**. São Paulo: Editora Mestre Jou, 2001.

CORDERO, Franco. **Tre studi sulle Prove Penali**. Milão: Giuffrè.

DESCARTES, René. **Regras para a orientação do espírito**. São Paulo: Martisn Fontes, 2012.

DELMAS-MARTY, Mireille (org.). **Processo penal e direitos do homem: rumo à consciência europeia**. Trad. Fernando Freitas Franco. Barueri: Manole, 2004.

DIDIER Jr., Fredie e OLIVEIRA, Rafael Alexandria. Dever judicial de considerar as consequências práticas da decisão: interpretando o art. 20 da Lei de Introdução às Normas do Direito Brasileiro. **Revista do Ministério Público do Estado do Rio de Janeiro** nº 73, jul./set. 2019.

DIDIER JR., Fredie; BONFIM, Daniela. *Colaboração premiada (Lei n. 12.850/2013): natureza jurídica e controle da validade por demanda autônoma – um diálogo com o Direito Processual Civil*. **Civil Procedure Review**, v.7, n.2. 135-189, mai./ago. 2016, p.150. Disponível em: <http://www.civilprocedurereview.com/busca/baixa_arquivo.php?id=136&embedded=true>. Acesso em: 31/03/2020..

DIDIER Jr., Fredie; BRAGA, Paula Sarno e OLIVEIRA, Rafael Alexandria. **Curso de direito processual civil: teoria da prova, direito probatório, ações probatórias, decisão, precedente, coisa julgada e antecipação dos efeitos da tutela**.10ª ed.- Salvador: Ed. Juspodivm, 2015.

FERNANDES, Antônio Scarance. **Teoria Geral do Procedimento e o Procedimento no Processo Penal**. – São Paulo: Revista dos Tribunais, 2005.

FERRAJOLI, Luigi. **Direito e Razão – Teoria do Garantismo Penal**, 6ª ed. – São Paulo: Revista dos Tribunais.

FERRER-BELTRÁN, Jordi. **Prolegómenos para una teoría sobre los estándares de prueba. El test case de la responsabilidad del Estado por prisión preventiva errónea**. Disponível em: <www.catedrajuridica.com>. Acessado em 16/08/2020.

FERRER-BELTRÁN, Jordi. **La valoración racional de la prueba**. Barcelona: Marcial Pons, 2007.

FERRER-BELTRÁN, Jordi. **Prova e verità nel diritto**. Bologna: Società editrice il Mulino. 2004.

FERRER-BELTRÁN, Jordi. **Prueba sin convicción: Estándares de prueba y debido proceso**. – Madrid: Marcial Pons, 2021.

FERRUA, Paolo. **La prova nel Processo Penale. Struttura e procedimento**. 2. ed. Torino: G. Giappichelli, v. I, 2017.

FOUCAULT, Michel. **Vigiar e punir: nascimento da prisão**; tradução de Raquel Ramalhete. 42ª ed. Petrópolis: Vozes, 2014.

GARCIA, Alessandra Dias. **O Juiz de Garantias e a investigação criminal**. Dissertação (Mestrado em Direito) – Faculdade de Direito, Universidade de São Paulo (USP), 208p. 2014.

GASCÓN-ABELLÁN, Marina. **Sobre la posibilidad de formular estándares de prueba objetivos**. In: Doxa: Cuadernos de Filosofía del Derecho. nº 28, 2005.

GASCÓN-ABELLÁN, Marina (Coord.). **Argumentación Jurídica**. – Valencia: Tirant, 2014.

GIULIANI, Alessandro. **Prova in Generale**. A) Filosofia del dirito, in Enciclopedia del Diritto, XXXVII, Milano: Giuffrè, 1988.

GLASER-G., Barney e Strauss-L., Anselm. **The Discovery of Grounded Theory: Strategies for Qualitative Research**. 4th ed. New Jersey: Transaction Publishers, 2006.

GOMES FILHO, Antônio Magalhães. **A motivação das decisões penais**. 2ª ed. rev. e atua. – São Paulo: Revista dos Tribunais, 2013.

GONZÁLEZ-LAGIER, Daniel. ¿Es posible formular un estándar de prueba preciso y objetivo? Algunas dudas desde un enfoque argumentativo de la prueba, **Revista Telemática de Filosofía del Derecho**, nº 23, 2020, pp. 79-97.

GRECO, Leonardo. O conceito de prova. **Revista da Faculdade de Direito de Campos**, Ano IV, Nº 4 e Ano V, Nº 5 - 2003-2004.

GRECO, Luís, LEITE, Alaor, TEIXEIRA, Adriano e ASSIS, Augusto. **Autoria como domínio do fato: estudos introdutórios sobre o concurso de pessoas no direito penal brasileiro**. 1ª ed. – São Paulo: Marcial Pons, 2014..

GRINOVER, Ada Pellegrini. **Provas ilícitas, interceptações e escutas**. – 1ª ed. Brasília, DF: Gazeta Jurídica, 2013.

GRINOVER, Ada Pellegrini. **Liberdades públicas e processo penal: as interceptações telefônicas**. 2ª ed. atua. – São Paulo: Revista dos Tribunais, 1982.

GRINOVER, Ada Pellegrini. **Eficácia e autoridade da sentença penal**. – São Paulo: Revista dos Tribunais, 1987.

GUSTIN, Miracy Barbosa de Sousa e DIAS, Maria Tereza Fonseca. **(Re)Pensando a Pesquisa Jurídica: Teoria e Prática**. – 3ª ed. rev. e atual. – Belo Horizonte: DelRey, 2010.

HAACK, Susan. **Perspectivas pragmatistas da filosofia do direito**. BRITTO, Adriano N. de e BARRETO, Vicente (orgs.); VIERIA, André Godoy e SCHNEIDER, Nélio (trads.). – São Leopoldo: Unisinos, 2015.

HOFFER, Peter Charles. **The Salem witchcraft trials: a legal history**. Lawrence: University Press of Kansas, 1944.

JESUZ, Danilo Augusto Ferreira de; OLIVEIRA, Julio Cezar Rodrigues e TORTOLA, Emerson. Uma proposta para o ensino do Teorema de Bayes na perspectiva da resolução dos problemas. Educação Matemática na Contemporaneidade: desafios e possibilidades. **XII Encontro Nacional de Educação Matemática**. São Paulo, 13 a 16 de julho de 2016.

KNEALE, William & KNEALE, Martha. **O Desenvolvimento da Lógica**. Lisboa: Fundação Calouste Gulbenkian, 1980.

KNIJNIK, Danilo. **Os *standards* do convencimento judicial: paradigmas para o seu possível controle**. Revista Forense, Rio de Janeiro, n. 353, jan-fev. 2001.

KOCHEM, Ronaldo. **Fundamentando decisões: uma doutrina lógico-argumentativa**. – Londrina: Thoth, 2021.

LAUDAN, Larry. Teorias do método científico de Platão a Mach: resenha bibliográfica. Trad. Balthazar Barbosa Filho. **Cad. Hist. Fil. Ci., Campinas**, Série 3, v. 10, n. 2, p. 9-140, jul.-dez. 2000.

LAUDAN, Larry. **Verdad, error y proceso penal: un ensayo sobre epistemología jurídica**. Trad. Carmen Vázquez e Edgar Aguilera. Madri: Marcial Pons, 2013.

LIMA, Antenor Mafra Pereira. **Lavagem de dinheiro: uma análise da tipicidade do delito à luz da teoria do conflito aparente de normas**. Dissertação (Mestrado em Direito Penal) – Faculdade de Direito, Universidade do Estado do Rio de Janeiro, Rio de Janeiro, 2018.

LOPES Jr., Aury. **Direito Processual Penal**. 12ª ed. – São Paulo: Saraiva, 2015.

MACCORMICK, Neil. **Argumentação jurídica e teoria do direito**. Trad. Waldéa Barcellos. Rev. da Trad. Marylene Pinto Michael. 2ª ed. – São Paulo: Martins Fontes, 2009.

MACHADO, Maíra Rocha (Org.). **Pesquisar empiricamente o direito**. São Paulo: Rede de Estudos Empíricos em Direito, 2017.

MALAN, Diogo; BADARÓ, Gustavo; ZILLI, Marcos; ASSIS MOURA, Maria Thereza Rocha de; SAAD, Marta; MORAES, Mauricio Zanoide de (Orgs.) **Processo penal humanista. Escritos em homenagem a Antonio Magalhães Gomes Filho**. Belo Horizonte: Ed. D´Plácido, 2019.

MARTINS, Ives Gandra da Silva e JOBIM, Eduardo (coord.). **O processo na Constituição**. – São Paulo: Quartier Latin, 2008.

MATIDA, Janaína e HERDY, Rachel. As inferências probatórias: compromissos epistêmicos, normativos e interpretativos. *In:* CUNHA, José Ricardo (org.). **Epistemologias críticas do direito**. Rio de Janeiro: Lumen Juris, 2016.

MATIDA, Janaina. ***Standards* de prova: a modéstia necessária a juízes na decisão sobre os fatos**. Ensaio publicado nos anais do VII Seminário Nacional do Instituto Baiano de Direito Processual Penal - IBADPP, pp. 93-110, 2018, p. 99-100. Disponível em: <https://www.academia.edu/39554898/MATIDA_Standards_de_prova_A_mod%C3%A9stia_necess%C3%A1ria_a_ju%C3%ADzes_e_o_abandono_da_prova_por_convic%C3%A7ao>. Acessado em 19/07/2020.

MATIDA, Janaina; VIEIRA, Antonio. **Para além do *BARD*: uma crítica à crescente adoção do standard de prova "para além de toda a dúvida razoável no processo penal brasileiro**. Revista Brasileira de Ciências Criminais, v. 156, jun.-2019.

MELIM, Mafalda. *Standards* de prova e grau de convicção do julgador. **Revista de concorrência e regulação**. - Coimbra: Almedina. - ISSN 1647-5801. - A. 4, n.º 16 (out.-dez. 2013).

MELLO, Sebástian Borges de Albuquerque e GONÇALVES, Alana Stefanello. Suficiência Probatória no direito criminal brasileiro: descaracterizaçao do *standard* probatório *beyond a reasonable doubt*. **Revista Brasileira de Ciências Criminais**, vol. 167, ano 28, p. 303-328. São Paulo: Revista dos Tribunais, maio de 2020.

MINAYO, Maria Cecília de Souza (Org.). **Pesquisa Social: Teoria, método e critatividade**. 21ª ed., Petrópolis: Vozes, 2002.

MORO, Sergio Fernando. Autonomia do crime de lavagem e prova indiciária. **LEC – Legal ethics compliance.** Disponível em: https://www.conjur.com.br/2015-jul-17/sergio-moro-expoe-opiniao-autonomia-crime-lavagem. <Acessado em 03/10/2020>.

MORO, Sergio Fernando. **Autonomia do crime de lavagem e prova indiciária.** Revista CEJ, v. 12, n. 41, 2008.

NOBRE, Marcos. Apontamentos sobre a pesquisa em Direito no Brasil. *In*.: Simpósio "O que é pesquisa em Direito", organizado por Paulo Todescan Lessa Mattos, 2002, marco inicial das atividades da Coordenadoria de Pesquisas e Publicações da EDESP. Disponível em: https://bibliotecadigital.fgv.br/dspace/handle/10438/2779 <acessado em 28/12/2019>.

NUNES, José Messildo Viana e ALMOULOUD, Saddo Ag. O modelo de Toulmin e a análise da prática da argumentação em matemática. **Revista Educ. Matem. Pesq.**, São Paulo, v.15, n.2, pp. 487-512, 2013.

PEIXOTO, Ravi. ***Standards* probatórios do direito processual brasileiro.** Tese (Doutorado). Universidade do Estado do Rio de Janeiro – UERJ. Rio de Janeiro. 302p. 2020.

PENA, S.D, Thomas Bayes: O Cara. **Revista Ciência Hoje**, vol 38, nº 228, 2006. Disponível em: <www.icmc.usp.br/pessoas/francisco/sme0120/material/Thomas_Bayes_CH.pdf>. Acesso em 01/03/2021.

PEREIRA, Maria Dorotéia. **A Teoria dos Ídolos de Francis Bacon**. Manuscrito (Especialização). Universidade Federal de Minas Gerais (UFMG). 2012.

POPPER, Karl. **Lógica das Ciências Sociais**. 3ª ed. Rio de Janeiro: Tempo Brasileiro, 2004..

RAMOS, André de Carvalho. **Curso de direitos humanos**. 4ª ed. – São Paulo: Saraiva, 2017.

SÁ, Luciana Passos; KASSEBOEHMER, Ana Claudia e QUEIROZ, Salete Linhares. Esquema de argumento de Toulmin como instrumento de ensino: explorando possibilidades. **Revista Ensaio**: Belo Horizonte, v.16, n. 03, p. 147-170, set-dez, 2014.

SANTOS JLG, Cunha K, Adamy EK, Backes MTS, Leite JL, Sousa FGM. Data analysis: comparison between the different methodological perspectives of the Grounded Theory. **Revista Escola Enfermagem da USP**. 2018; 52: e 03303. DOI: http://dx.doi.org/10.1590/S1980-220X2017021803303.

SCHMITZ, Leonard Ziesemer. **Raciocínio probatório por inferências: critérios para o uso e controle das presunções judiciais**. Tese (Doutorado). PUC São Paulo – São Paulo, 2018.

SHAPIRO, Barbara. Beyond reasonable doubt and probable cause: historical perspectives on the Anglo-American Law of evidence. **Berkeley: University of California Press**, 1991.

SIGNORETTI, Diogo Brandau. **A utilização de precedentes estrangeiros pelo Supremo Tribunal Federal: fundamentos e critérios.** Dissertação (Mestrado). Universidade do Estado de São Paulo - USP. São Paulo. 177p. 2013.

SILVA, Franklyn Roger Alves. **Produção probatória defensiva: a possibilidade de exercício da investigação criminal defensiva e a sua repercussão no campo da avaliação de standards no Processo Penal**. Tese (Doutorado). Universidade Estadual do Rio de Janeiro - UERJ. Rio de Janeiro. 586p. 2019.

SILVA, Luciano André da Silveira e. **O agente infiltrado: um estudo comparado da Legislação da Alemanha, Brasil e Portugal**. Dissertação (Mestrado). Universidade de Coimbra - UC. Coimbra. 118 p., 2015.

STRAPASSON, Bruno Angelo e DITTRICH, Alexandre. Notas sobre determinismo: implicações para a psicologia como ciência e profissão. **Avances en Psicología Latinoamericana**, Bogotá (Colombia), Vol. 29(2), pp. 295-301, 2011.

STRAUSS, Anselm e Corbin, Juliet. **Pesquisa qualitativa: técnicas e procedimentos para o desenvolvimento de teoria fundamentada**. Tradução de Luciane de Oliveira da Rocha. 2. ed. - Porto Alegre: Artmed, 2008.

TAKAYANAGI, Fabiano Yuji. Os momentos probatórios no direito processual penal. **Rev. Faculdade Direito da USP**. v. 106/107, p. 779 - 807, jan./dez. 2011/2012.

TARUFFO, Michele. **Uma simples verdade. O juiz e a construção dos fatos**. Trad. Vitor de Paula Ramos. São Paulo: Macial Pons, 2012.

TAVARES, Juarez e PRADO, Geraldo. **O direito penal e o processo penal no Estado de Direito: análise de casos**. 1ª ed. Florianópolis: Empório do Direito, 2016.

TOULMIN, Stephen. **Os usos do argumento**. Trad. Reinaldo Guarany. São Paulo: Martins Fontes, 2001.

TUGENDHAT, **Ernest. Propedêutica Lógico-Semântica**. Petrópolis, Editora Vozes, 1997.

VIANNA, Túlio. **Teoria quântica do direito: o direito como instrumento de dominação e resistência**. Prisma Jurídico, vol. 7, núm. 1, enero-junio, 2008.

WHITMAN, James Q. **The origins of reasonable doubt. Theological roots of the Criminal Trial**. Londres: New Haven & London, Yale University Press, 2008, 277 p.; disponível também em versão resumida em: <https://digitalcommons.law.yale.edu/fss_papers/1/>. Acessado em 15/08/2020.

WOLTER, Jürgen. **O inviolável e o intocável no direito processual penal: reflexões sobre dignidade humana, proibições de prova, proteção de dados (e separação informacional de poderes) diante da persecução penal**. Org., Intro. e Trad., Luís Greco. Trad. Alaor Leite e Eduardo Viana. - 1ª ed. São Paulo: Marcial Pons, 2018.

ZANIN, Cristiano, MARTINS, Valeska e VALIM, Rafael. **Lawfare: uma introdução**. São Paulo: Contracorrente, 2019.

ZUFELADO, Camilo e YARSHELL, Luiz Flávio (org.). **40 anos da Teoria Geral do Processo no Brasil. Passado, presente e futuro**. São Paulo: Editora Malheiros, 2013.

PLANILHA I – Lista de ações penais selecionadas

	Processo	Réu	Juízo	Juiz(a)	1º Grau acessível	2º Grau acessível
1	5000553-66.2017.4.04.7000	Mariano Marcondes Ferraz	13ª Vara Federal de Curitiba/PR	Sérgio Fernando Moro	Sim	Sim
2	5012331-04.2015.4.04.7000	Adir Assad	13ª Vara Federal de Curitiba/PR	Sérgio Fernando Moro	Sim	Sim
	5012331-04.2015.4.04.7000	Alberto Youssef	13ª Vara Federal de Curitiba/PR	Sérgio Fernando Moro	Sim	Sim
	5012331-04.2015.4.04.7000	Augusto Ribeiro de Mendonça Neto	13ª Vara Federal de Curitiba/PR	Sérgio Fernando Moro	Sim	Sim
	5012331-04.2015.4.04.7000	Dario Teixeira Alves Júnior	13ª Vara Federal de Curitiba/PR	Sérgio Fernando Moro	Sim	Sim
	5012331-04.2015.4.04.7000	João Vaccari Neto	13ª Vara Federal de Curitiba/PR	Sérgio Fernando Moro	Sim	Sim
	5012331-04.2015.4.04.7000	Julio Gerin e Almeida Camargo	13ª Vara Federal de Curitiba/PR	Sérgio Fernando Moro	Sim	Sim
	5012331-04.2015.4.04.7000	Mario Frederico Mendonça Goes	13ª Vara Federal de Curitiba/PR	Sérgio Fernando Moro	Sim	Sim
	5012331-04.2015.4.04.7000	Paulo Roberto Costa	13ª Vara Federal de Curitiba/PR	Sérgio Fernando Moro	Sim	Sim
	5012331-04.2015.4.04.7000	Pedro José Barusco Filho	13ª Vara Federal de Curitiba/PR	Sérgio Fernando Moro	Sim	Sim

	5012331-04.2015.4.04.7000	Renato de Souza Duque	13ª Vara Federal de Curitiba/PR	Sérgio Fernando Moro	Sim	Sim
	5012331-04.2015.4.04.7000	Sonia Mariza Branco	13ª Vara Federal de Curitiba/PR	Sérgio Fernando Moro	Sim	Sim
3	5014170-93.2017.4.04.7000	Agosthilde Monaco de Carvalho	13ª Vara Federal de Curitiba/PR	Sérgio Fernando Moro	Sim	Sim
	5014170-93.2017.4.04.7000	Bruno Gonçalves Luz	13ª Vara Federal de Curitiba/PR	Sérgio Fernando Moro	Sim	Sim
	5014170-93.2017.4.04.7000	Demarco Jorge Epifanio	13ª Vara Federal de Curitiba/PR	Sérgio Fernando Moro	Sim	Sim
	5014170-93.2017.4.04.7000	Fernando Schahin	13ª Vara Federal de Curitiba/PR	Sérgio Fernando Moro	Sim	Sim
	5014170-93.2017.4.04.7000	Jorge Antônio da Silva Luz	13ª Vara Federal de Curitiba/PR	Sérgio Fernando Moro	Sim	Sim
	5014170-93.2017.4.04.7000	Luis Carlos Moreira da Silva	13ª Vara Federal de Curitiba/PR	Sérgio Fernando Moro	Sim	Sim
	5014170-93.2017.4.04.7000	Milton Taufic Schahin	13ª Vara Federal de Curitiba/PR	Sérgio Fernando Moro	Sim	Sim
4	5017409-71.2018.4.04.7000	Cesar Ramos Rocha	13ª Vara Federal de Curitiba/PR	Gabriela Hardt	Sim	Sim
	5017409-71.2018.4.04.7000	Djalma Rodrigues de Souza	13ª Vara Federal de Curitiba/PR	Gabriela Hardt	Sim	Sim
	5017409-71.2018.4.04.7000	Glauco Colepicolo Legatti	13ª Vara Federal de Curitiba/PR	Gabriela Hardt	Sim	Sim

	5017409-71.2018.4.04.7000	Isabel Izquierdo Mendiburo Degenring Botelho	13ª Vara Federal de Curitiba/PR	Gabriela Hardt	Sim	Sim
	5017409-71.2018.4.04.7000	Marcio Faria da Silva	13ª Vara Federal de Curitiba/PR	Gabriela Hardt	Sim	Sim
	5017409-71.2018.4.04.7000	Maurício de Oliveira Guedes	13ª Vara Federal de Curitiba/PR	Gabriela Hardt	Sim	Sim
	5017409-71.2018.4.04.7000	Olívio Rodrigues Junior	13ª Vara Federal de Curitiba/PR	Gabriela Hardt	Sim	Sim
	5017409-71.2018.4.04.7000	Paulo Cezar Amaro Aquino	13ª Vara Federal de Curitiba/PR	Gabriela Hardt	Sim	Sim
	5017409-71.2018.4.04.7000	Rogério Santos de Araújo	13ª Vara Federal de Curitiba/PR	Gabriela Hardt	Sim	Sim
5	5022182-33.2016.4.04.7000	Breno Altman	13ª Vara Federal de Curitiba/PR	Sérgio Fernando Moro	Sim	Sim
	5022182-33.2016.4.04.7000	Delúbio Soares de Castro	13ª Vara Federal de Curitiba/PR	Sérgio Fernando Moro	Sim	Sim
	5022182-33.2016.4.04.7000	Enivaldo Quadrado	13ª Vara Federal de Curitiba/PR	Sérgio Fernando Moro	Sim	Sim
	5022182-33.2016.4.04.7000	Luiz Carlos Casante	13ª Vara Federal de Curitiba/PR	Sérgio Fernando Moro	Sim	Sim
	5022182-33.2016.4.04.7000	Marcos Valério Ferandes de Souza	13ª Vara Federal de Curitiba/PR	Sérgio Fernando Moro	Sim	Sim
	5022182-33.2016.4.04.7000	Natalino Bertin	13ª Vara Federal de Curitiba/PR	Sérgio Fernando Moro	Sim	Sim

	5022182-33.2016.4.04.7000	Oswaldo Rodrigues Vieira Filho	13ª Vara Federal de Curitiba/PR	Sérgio Fernando Moro	Sim	Sim
	5022182-33.2016.4.04.7000	Ronan Maria Pinto	13ª Vara Federal de Curitiba/PR	Sérgio Fernando Moro	Sim	Sim
	5022182-33.2016.4.04.7000	Sandro Tordin	13ª Vara Federal de Curitiba/PR	Sérgio Fernando Moro	Sim	Sim
6	5025676-71.2014.4.04.7000	Arianna Azevedo Costa Bachmann	13ª Vara Federal de Curitiba/PR	Sérgio Fernando Moro	Sim	Sim
	5025676-71.2014.4.04.7000	Humberto Sampaio de Mesquita	13ª Vara Federal de Curitiba/PR	Sérgio Fernando Moro	Sim	Sim
	5025676-71.2014.4.04.7000	Márcio Lewkowicz	13ª Vara Federal de Curitiba/PR	Sérgio Fernando Moro	Sim	Sim
	5025676-71.2014.4.04.7000	Paulo Roberto Costa	13ª Vara Federal de Curitiba/PR	Sérgio Fernando Moro	Sim	Sim
	5025676-71.2014.4.04.7000	Shanni Azevedo Costa Bachmann	13ª Vara Federal de Curitiba/PR	Sérgio Fernando Moro	Sim	Sim
7	5025687-03.2014.4.04.7000	Alberto Youssef	13ª Vara Federal de Curitiba/PR	Sérgio Fernando Moro	Sim	Sim
	5025687-03.2014.4.04.7000	André Catão de Miranda	13ª Vara Federal de Curitiba/PR	Sérgio Fernando Moro	Sim	Sim
	5025687-03.2014.4.04.7000	Carlos Habib Chater	13ª Vara Federal de Curitiba/PR	Sérgio Fernando Moro	Sim	Sim
	5025687-03.2014.4.04.7000	Rene Luiz Pereira	13ª Vara Federal de Curitiba/PR	Sérgio Fernando Moro	Sim	Sim

8	5025692-25.2014.4.04.7000	Maria Josilene Costa	13ª Vara Federal de Curitiba/PR	Sérgio Fernando Moro	Sim	Sim
	5025692-25.2014.4.04.7000	Raul Henrique Srour	13ª Vara Federal de Curitiba/PR	Sérgio Fernando Moro	Sim	Sim
9	5026212-82.2014.4.04.7000	Alberto Youssef	13ª Vara Federal de Curitiba/PR	Sérgio Fernando Moro	Sim	Sim
	5026212-82.2014.4.04.7000	Antônio Almeida Silva	13ª Vara Federal de Curitiba/PR	Sérgio Fernando Moro	Sim	Sim
	5026212-82.2014.4.04.7000	Esdra de Arantes Ferreira	13ª Vara Federal de Curitiba/PR	Sérgio Fernando Moro	Sim	Sim
	5026212-82.2014.4.04.7000	Leandro Meirelles	13ª Vara Federal de Curitiba/PR	Sérgio Fernando Moro	Sim	Sim
	5026212-82.2014.4.04.7000	Leonardo Meirelles	13ª Vara Federal de Curitiba/PR	Sérgio Fernando Moro	Sim	Sim
	5026212-82.2014.4.04.7000	Márcio Andrade Bonilho	13ª Vara Federal de Curitiba/PR	Sérgio Fernando Moro	Sim	Sim
	5026212-82.2014.4.04.7000	Murilo Tena Barros	13ª Vara Federal de Curitiba/PR	Sérgio Fernando Moro	Sim	Sim
	5026212-82.2014.4.04.7000	Paulo Roberto Costa	13ª Vara Federal de Curitiba/PR	Sérgio Fernando Moro	Sim	Sim
	5026212-82.2014.4.04.7000	Pedro Argese Júnior	13ª Vara Federal de Curitiba/PR	Sérgio Fernando Moro	Sim	Sim
	5026212-82.2014.4.04.7000	Waldomiro Oliveira	13ª Vara Federal de Curitiba/PR	Sérgio Fernando Moro	Sim	Sim

10	5026243-05.2014.4.04.7000	Cleverson Coelho de Oliveira	13ª Vara Federal de Curitiba/PR	Sérgio Fernando Moro	Sim	Sim
	5026243-05.2014.4.04.7000	Faiçal Mohamed Nacirdine	13ª Vara Federal de Curitiba/PR	Sérgio Fernando Moro	Sim	Sim
	5026243-05.2014.4.04.7000	Iara Galdino da Silva	13ª Vara Federal de Curitiba/PR	Sérgio Fernando Moro	Sim	Sim
	5026243-05.2014.4.04.7000	Juliana Cordeiro de Moura	13ª Vara Federal de Curitiba/PR	Sérgio Fernando Moro	Sim	Sim
	5026243-05.2014.4.04.7000	Luccas Pace Júnior	13ª Vara Federal de Curitiba/PR	Sérgio Fernando Moro	Sim	Sim
	5026243-05.2014.4.04.7000	Maria Dirce Penasso	13ª Vara Federal de Curitiba/PR	Sérgio Fernando Moro	Sim	Sim
	5026243-05.2014.4.04.7000	Nelma Mitsue Penasso Kodama	13ª Vara Federal de Curitiba/PR	Sérgio Fernando Moro	Sim	Sim
	5026243-05.2014.4.04.7000	Rinaldo Gonçalves de Carvalho	13ª Vara Federal de Curitiba/PR	Sérgio Fernando Moro	Sim	Sim
11	5026663-10.2014.4.04.7000	André Catão de Miranda	13ª Vara Federal de Curitiba/PR	Sérgio Fernando Moro	Sim	Sim
	5026663-10.2014.4.04.7000	André Luis Paula dos Santos	13ª Vara Federal de Curitiba/PR	Sérgio Fernando Moro	Sim	Sim
	5026663-10.2014.4.04.7000	Carlos Habib Chater	13ª Vara Federal de Curitiba/PR	Sérgio Fernando Moro	Sim	Sim
	5026663-10.2014.4.04.7000	Ediel Viana da Silva	13ª Vara Federal de Curitiba/PR	Sérgio Fernando Moro	Sim	Sim

12	5030424-78.2016.4.04.7000	João Cláudio de Carvalho Genu	13ª Vara Federal de Curitiba/PR	Sérgio Fernando Moro	Sim	Sim
	5030424-78.2016.4.04.7000	Lucas Amorim Alves	13ª Vara Federal de Curitiba/PR	Sérgio Fernando Moro	Sim	Sim
	5030424-78.2016.4.04.7000	Rafael Ângulo Lopez	13ª Vara Federal de Curitiba/PR	Sérgio Fernando Moro	Sim	Sim
13	5036518-76.2015.4.04.7000	Alberto Youssef	13ª Vara Federal de Curitiba/PR	Sérgio Fernando Moro	Sim	Sim
	5036518-76.2015.4.04.7000	Antônio Pedro Campelo de Souza	13ª Vara Federal de Curitiba/PR	Sérgio Fernando Moro	Sim	Sim
	5036518-76.2015.4.04.7000	Armando Furlan Júnior	13ª Vara Federal de Curitiba/PR	Sérgio Fernando Moro	Sim	Sim
	5036518-76.2015.4.04.7000	Elton Negrão de Azevedo Júnior	13ª Vara Federal de Curitiba/PR	Sérgio Fernando Moro	Sim	Sim
	5036518-76.2015.4.04.7000	Fernando Antônio Falcão Soares	13ª Vara Federal de Curitiba/PR	Sérgio Fernando Moro	Sim	Sim
	5036518-76.2015.4.04.7000	Flávio Gomes Machado Filho	13ª Vara Federal de Curitiba/PR	Sérgio Fernando Moro	Sim	Sim
	5036518-76.2015.4.04.7000	Lucélio Roberto Von Lehsten Goes	13ª Vara Federal de Curitiba/PR	Sérgio Fernando Moro	Sim	Sim
	5036518-76.2015.4.04.7000	Mario Frederico Mendonça Goes	13ª Vara Federal de Curitiba/PR	Sérgio Fernando Moro	Sim	Sim
	5036518-76.2015.4.04.7000	Otávio Marques de Azevedo	13ª Vara Federal de Curitiba/PR	Sérgio Fernando Moro	Sim	Sim

	5036518-76.2015.4.04.7000	Paulo Roberto Costa	13ª Vara Federal de Curitiba/PR	Sérgio Fernando Moro	Sim	Sim
	5036518-76.2015.4.04.7000	Paulo Roberto Dalmazzo	13ª Vara Federal de Curitiba/PR	Sérgio Fernando Moro	Sim	Sim
	5036518-76.2015.4.04.7000	Pedro José Barusco Filho	13ª Vara Federal de Curitiba/PR	Sérgio Fernando Moro	Sim	Sim
	5036518-76.2015.4.04.7000	Renato de Souza Duque	13ª Vara Federal de Curitiba/PR	Sérgio Fernando Moro	Sim	Sim
14	5037093-84.2015.4.04.7000	João Antônio Bernardi Filho	13ª Vara Federal de Curitiba/PR	Gabriela Hardt	Sim	Sim
	5037093-84.2015.4.04.7000	Júlio Gerin de Almeida Camargo	13ª Vara Federal de Curitiba/PR	Gabriela Hardt	Sim	Sim
	5037093-84.2015.4.04.7000	Renato de Sousa Duque	13ª Vara Federal de Curitiba/PR	Gabriela Hardt	Sim	Sim
15	5037800-18.2016.4.04.7000	Adir Assad	13ª Vara Federal de Curitiba/PR	Sérgio Fernando Moro	Sim	Sim
	5037800-18.2016.4.04.7000	Agenor Franklin Magalhães Medeiros	13ª Vara Federal de Curitiba/PR	Sérgio Fernando Moro	Sim	Sim
	5037800-18.2016.4.04.7000	Alexandre Correa de Oliveira Romano	13ª Vara Federal de Curitiba/PR	Sérgio Fernando Moro	Sim	Sim
	5037800-18.2016.4.04.7000	Edison Freire Coutinho	13ª Vara Federal de Curitiba/PR	Sérgio Fernando Moro	Sim	Sim
	5037800-18.2016.4.04.7000	Erasto Messias da Silva Júnior	13ª Vara Federal de Curitiba/PR	Sérgio Fernando Moro	Sim	Sim

	5037800-18.2016.4.04.7000	Genésio Schiavinato Júnior	13ª Vara Federal de Curitiba/PR	Sérgio Fernando Moro	Sim	Sim
	5037800-18.2016.4.04.7000	José Aldemário Pinheiro Filho	13ª Vara Federal de Curitiba/PR	Sérgio Fernando Moro	Sim	Sim
	5037800-18.2016.4.04.7000	José Antônio Marsílio Schwarz	13ª Vara Federal de Curitiba/PR	Sérgio Fernando Moro	Sim	Sim
	5037800-18.2016.4.04.7000	Paulo Adalberto Ferreira	13ª Vara Federal de Curitiba/PR	Sérgio Fernando Moro	Sim	Sim
	5037800-18.2016.4.04.7000	Renato de Souza Duque	13ª Vara Federal de Curitiba/PR	Sérgio Fernando Moro	Sim	Sim
	5037800-18.2016.4.04.7000	Ricardo Backheuser Pernambuco	13ª Vara Federal de Curitiba/PR	Sérgio Fernando Moro	Sim	Sim
	5037800-18.2016.4.04.7000	Roberto Ribeiro Capobianco	13ª Vara Federal de Curitiba/PR	Sérgio Fernando Moro	Sim	Sim
	5037800-18.2016.4.04.7000	Roberto Trombeta	13ª Vara Federal de Curitiba/PR	Sérgio Fernando Moro	Sim	Sim
	5037800-18.2016.4.04.7000	Rodrigo Morales	13ª Vara Federal de Curitiba/PR	Sérgio Fernando Moro	Sim	Sim
16	5045241-84.2015.4.04.7000	Cristiano Kok	13ª Vara Federal de Curitiba/PR	Sérgio Fernando Moro	Sim	Sim
	5045241-84.2015.4.04.7000	Fernando Antônio Guimarães Hourneaux de Moura	13ª Vara Federal de Curitiba/PR	Sérgio Fernando Moro	Sim	Sim

5045241-84.2015.4.04.7000	Gerson de Mello Almada	13ª Vara Federal de Curitiba/PR	Sérgio Fernando Moro	Sim	Sim
5045241-84.2015.4.04.7000	João Vaccari Neto	13ª Vara Federal de Curitiba/PR	Sérgio Fernando Moro	Sim	Sim
5045241-84.2015.4.04.7000	José Adolfo Pascowitch	13ª Vara Federal de Curitiba/PR	Sérgio Fernando Moro	Sim	Sim
5045241-84.2015.4.04.7000	José Antunes Sobrinho	13ª Vara Federal de Curitiba/PR	Sérgio Fernando Moro	Sim	Sim
5045241-84.2015.4.04.7000	José Dirceu de Oliveira e Silva	13ª Vara Federal de Curitiba/PR	Sérgio Fernando Moro	Sim	Sim
5045241-84.2015.4.04.7000	Júlio César dos Santos	13ª Vara Federal de Curitiba/PR	Sérgio Fernando Moro	Sim	Sim
5045241-84.2015.4.04.7000	Julio Gerin de Almeida Camargo	13ª Vara Federal de Curitiba/PR	Sérgio Fernando Moro	Sim	Sim
5045241-84.2015.4.04.7000	Luiz Eduardo de Oliveira e Silva	13ª Vara Federal de Curitiba/PR	Sérgio Fernando Moro	Sim	Sim
5045241-84.2015.4.04.7000	Milton Pascowitch	13ª Vara Federal de Curitiba/PR	Sérgio Fernando Moro	Sim	Sim
5045241-84.2015.4.04.7000	Olavo Hourneaux de Moura Filho	13ª Vara Federal de Curitiba/PR	Sérgio Fernando Moro	Sim	Sim
5045241-84.2015.4.04.7000	Pedro José Barusco Filho	13ª Vara Federal de Curitiba/PR	Sérgio Fernando Moro	Sim	Sim
5045241-84.2015.4.04.7000	Renato de Souza Duque	13ª Vara Federal de Curitiba/PR	Sérgio Fernando Moro	Sim	Sim

	5045241-84.2015.4.04.7000	Roberto Marques	13ª Vara Federal de Curitiba/PR	Sérgio Fernando Moro	Sim	Sim
17	5047229-77.2014.4.04.7000	Alberto Youssef	13ª Vara Federal de Curitiba/PR	Sérgio Fernando Moro	Sim	Sim
	5047229-77.2014.4.04.7000	Carlos Alberto Pereira da Costa	13ª Vara Federal de Curitiba/PR	Sérgio Fernando Moro	Sim	Sim
	5047229-77.2014.4.04.7000	Carlos Habib Chater	13ª Vara Federal de Curitiba/PR	Sérgio Fernando Moro	Sim	Sim
	5047229-77.2014.4.04.7000	Ediel Viana da Silva	13ª Vara Federal de Curitiba/PR	Sérgio Fernando Moro	Sim	Sim
18	5052995-43.2016.4.04.7000	Armando Peralta Barbosa	13ª Vara Federal de Curitiba/PR	Sérgio Fernando Moro	Sim	Sim
	5052995-43.2016.4.04.7000	Delúbio Soares de Castro	13ª Vara Federal de Curitiba/PR	Sérgio Fernando Moro	Sim	Sim
	5052995-43.2016.4.04.7000	Giovane Favieri	13ª Vara Federal de Curitiba/PR	Sérgio Fernando Moro	Sim	Sim
	5052995-43.2016.4.04.7000	Hélio de Oliveira Santos	13ª Vara Federal de Curitiba/PR	Sérgio Fernando Moro	Sim	Sim
	5052995-43.2016.4.04.7000	Natalino Bertin	13ª Vara Federal de Curitiba/PR	Sérgio Fernando Moro	Sim	Sim
	5052995-43.2016.4.04.7000	Sandro Tordin	13ª Vara Federal de Curitiba/PR	Sérgio Fernando Moro	Sim	Sim
19	5083258-29.2014.4.04.7000	Adarico Negromonte Filho	13ª Vara Federal de Curitiba/PR	Sérgio Fernando Moro	Sim	Sim

	5083258-29.2014.4.04.7000	Alberto Youssef	13ª Vara Federal de Curitiba/PR	Sérgio Fernando Moro	Sim	Sim
	5083258-29.2014.4.04.7000	Dalton dos Santos Avancini	13ª Vara Federal de Curitiba/PR	Sérgio Fernando Moro	Sim	Sim
	5083258-29.2014.4.04.7000	Eduardo Hermelino Leite	13ª Vara Federal de Curitiba/PR	Sérgio Fernando Moro	Sim	Sim
	5083258-29.2014.4.04.7000	Jayme Alves de Oliveira Filho	13ª Vara Federal de Curitiba/PR	Sérgio Fernando Moro	Sim	Sim
	5083258-29.2014.4.04.7000	João Ricardo Auler	13ª Vara Federal de Curitiba/PR	Sérgio Fernando Moro	Sim	Sim
	5083258-29.2014.4.04.7000	Márcio Andrade Bonilho	13ª Vara Federal de Curitiba/PR	Sérgio Fernando Moro	Sim	Sim
	5083258-29.2014.4.04.7000	Paulo Roberto Costa	13ª Vara Federal de Curitiba/PR	Sérgio Fernando Moro	Sim	Sim
	5083258-29.2014.4.04.7000	Waldomiro Oliveira	13ª Vara Federal de Curitiba/PR	Sérgio Fernando Moro	Sim	Sim
20	5083351-89.2014.4.04.7000	Alberto Youssef	13ª Vara Federal de Curitiba/PR	Sérgio Fernando Moro	Sim	Sim
	5083351-89.2014.4.04.7000	Carlos Alberto Pereira da Costa	13ª Vara Federal de Curitiba/PR	Sérgio Fernando Moro	Sim	Sim
	5083351-89.2014.4.04.7000	Carlos Eduardo Strauch Albero	13ª Vara Federal de Curitiba/PR	Sérgio Fernando Moro	Sim	Sim
	5083351-89.2014.4.04.7000	Enivaldo Quadrado	13ª Vara Federal de Curitiba/PR	Sérgio Fernando Moro	Sim	Sim

	5083351-89.2014.4.04.7000	Gerson de Mello Almada	13ª Vara Federal de Curitiba/PR	Sérgio Fernando Moro	Sim	Sim
	5083351-89.2014.4.04.7000	Luiz Roberto Pereira	13ª Vara Federal de Curitiba/PR	Sérgio Fernando Moro	Sim	Sim
	5083351-89.2014.4.04.7000	Newton Prado Junior	13ª Vara Federal de Curitiba/PR	Sérgio Fernando Moro	Sim	Sim
	5083351-89.2014.4.04.7000	Paulo Roberto Costa	13ª Vara Federal de Curitiba/PR	Sérgio Fernando Moro	Sim	Sim
	5083351-89.2014.4.04.7000	Waldomiro de Oliveira	13ª Vara Federal de Curitiba/PR	Sérgio Fernando Moro	Sim	Sim
21	5083360-51.2014.4.04.7000	Alberto Youssef	13ª Vara Federal de Curitiba/PR	Sérgio Fernando Moro	Sim	Sim
	5083360-51.2014.4.04.7000	Dario de Queiroz Galvão Filho	13ª Vara Federal de Curitiba/PR	Sérgio Fernando Moro	Sim	Sim
	5083360-51.2014.4.04.7000	Eduardo de Queiroz Galvão	13ª Vara Federal de Curitiba/PR	Sérgio Fernando Moro	Sim	Sim
	5083360-51.2014.4.04.7000	Erton Medeiros Fonseca	13ª Vara Federal de Curitiba/PR	Sérgio Fernando Moro	Sim	Sim
	5083360-51.2014.4.04.7000	Jean Alberto Luscher Castro	13ª Vara Federal de Curitiba/PR	Sérgio Fernando Moro	Sim	Sim
	5083360-51.2014.4.04.7000	Paulo Roberto Costa	13ª Vara Federal de Curitiba/PR	Sérgio Fernando Moro	Sim	Sim
	5083360-51.2014.4.04.7000	Waldomiro de Oliveira	13ª Vara Federal de Curitiba/PR	Sérgio Fernando Moro	Sim	Sim

22	5083376-05.2014.4.04.7000	Agenor Franklin Magalhães Medeiros	13ª Vara Federal de Curitiba/PR	Sérgio Fernando Moro	Sim	Sim
	5083376-05.2014.4.04.7000	Alberto Youssef	13ª Vara Federal de Curitiba/PR	Sérgio Fernando Moro	Sim	Sim
	5083376-05.2014.4.04.7000	Fernando Augusto Stremel Andrade	13ª Vara Federal de Curitiba/PR	Sérgio Fernando Moro	Sim	Sim
	5083376-05.2014.4.04.7000	João Alberto Lazzari	13ª Vara Federal de Curitiba/PR	Sérgio Fernando Moro	Sim	Sim
	5083376-05.2014.4.04.7000	José Aldemário Pinheiro Filho	13ª Vara Federal de Curitiba/PR	Sérgio Fernando Moro	Sim	Sim
	5083376-05.2014.4.04.7000	José Ricardo Nogueira Breghirolli	13ª Vara Federal de Curitiba/PR	Sérgio Fernando Moro	Sim	Sim
	5083376-05.2014.4.04.7000	Mateus Coutinho de Sá Oliveira	13ª Vara Federal de Curitiba/PR	Sérgio Fernando Moro	Sim	Sim
	5083376-05.2014.4.04.7000	Paulo Roberto Costa	13ª Vara Federal de Curitiba/PR	Sérgio Fernando Moro	Sim	Sim
	5083376-05.2014.4.04.7000	Waldomiro de Oliveira	13ª Vara Federal de Curitiba/PR	Sérgio Fernando Moro	Sim	Sim
23	5083401-18.2014.4.04.7000	Alberto Elsídio Vilaça Gomes	13ª Vara Federal de Curitiba/PR	Sérgio Fernando Moro	Sim	Sim
	5083401-18.2014.4.04.7000	Alberto Youssef	13ª Vara Federal de Curitiba/PR	Sérgio Fernando Moro	Sim	Sim
	5083401-18.2014.4.04.7000	Ângelo Alves Mendes	13ª Vara Federal de Curitiba/PR	Sérgio Fernando Moro	Sim	Sim

	5083401-18.2014.4.04.7000	Antônio Carlos Fioravante Brasil Pieruccini	13ª Vara Federal de Curitiba/PR	Sérgio Fernando Moro	Sim	Sim
	5083401-18.2014.4.04.7000	Carlos Alberto Pereira da Costa	13ª Vara Federal de Curitiba/PR	Sérgio Fernando Moro	Sim	Sim
	5083401-18.2014.4.04.7000	Enivaldo Quadrado	13ª Vara Federal de Curitiba/PR	Sérgio Fernando Moro	Sim	Sim
	5083401-18.2014.4.04.7000	João Procópio Junqueira Pacheco de Almeida Prado	13ª Vara Federal de Curitiba/PR	Sérgio Fernando Moro	Sim	Sim
	5083401-18.2014.4.04.7000	José Humberto Cruvinel Resende	13ª Vara Federal de Curitiba/PR	Sérgio Fernando Moro	Sim	Sim
	5083401-18.2014.4.04.7000	Mario Lúcio de Oliveira	13ª Vara Federal de Curitiba/PR	Sérgio Fernando Moro	Sim	Sim
	5083401-18.2014.4.04.7000	Paulo Roberto Costa	13ª Vara Federal de Curitiba/PR	Sérgio Fernando Moro	Sim	Sim
	5083401-18.2014.4.04.7000	Rogério Cunha de Oliveira	13ª Vara Federal de Curitiba/PR	Sérgio Fernando Moro	Sim	Sim
	5083401-18.2014.4.04.7000	Sergio Cunha Mendes	13ª Vara Federal de Curitiba/PR	Sérgio Fernando Moro	Sim	Sim
	5083401-18.2014.4.04.7000	Waldomiro Oliveira	13ª Vara Federal de Curitiba/PR	Sérgio Fernando Moro	Sim	Sim
24	5083838-59.2014.4.04.7000	Alberto Youssef	13ª Vara Federal de Curitiba/PR	Sérgio Fernando Moro	Sim	Sim
	5083838-59.2014.4.04.7000	Fernando Antônio Falcão Soares	13ª Vara Federal de Curitiba/PR	Sérgio Fernando Moro	Sim	Sim

5083838-59.2014.4.04.7000	Júlio Gerin de Almeida Camargo	13ª Vara Federal de Curitiba/PR	Sérgio Fernando Moro	Sim	Sim
5083838-59.2014.4.04.7000	Nestor Cuñat Cerveró	13ª Vara Federal de Curitiba/PR	Sérgio Fernando Moro	Sim	Sim

PLANILHA II – Lista de ações penais conforme 1ª, 2ª e 3ª etapa de codificação TFD e 1ª análise dos padrões de repetição dos códigos

	Processo	1ª Codificação	2ª Codificação	3ª Codificação	Processo
1	5000553-66.2017.4.04.7000	"Dúvida razoável" - "Testemunha" - "Delatado" - "Depoimento" - "Confissão" - "Pagamentos"	"Delação" - "Comprovada a materialidade" - "Cadeia de provas" - "Transações bancárias" - "Confessou" - "Prova de corroboração"	Dúvida razoável - "Testemunha" - "Delatado" - "Depoimento" - "Confissão" - "Pagamentos" - "Delação" - "Comprovada a materialidade" - "Cadeia de provas" - "Transações bancárias" - "Confessou" - "Prova de corroboração"	**1ª Análise**: Aparentemente, a prova considerada para além de uma dúvida razoável, foi o depoimento prestado em delação premiada (Paulo Roberto Costa) e a prova de cooroboração (comprovante dos pagamentos realizados na Suíça). O réu teria confessado em seu depoimento o recebimento dos valores, alegando que seria vítima do crime de corrupção (mediante extorsão).

2	5012331-04.2015.4.04.7000	"Dúvida razoável" - "Testemunha" - "Delatado" - "Depoimento" - "Confissão" - "Planilhas" - "Pagamentos"	"Presunção da elevada capacidade econômica" - "Proteção da Ordem Pública" - "Enriquecimento ilícito" - "Delação" - "Prova documental" - "Prova de corroboração" - "Falta de prova suficiente" - "Colaborador" - "Materialidade do crime" - "Transações bancárias" - "Confessou" - "Prova de corroboração"	"Dúvida razoável" - "Testemunha" - "Delatado" - "Depoimento" - "Confissão" - "Planilhas" - "Pagamentos" - "Presunção da elevada capacidade econômica" - "Proteção da Ordem Pública" - "Enriquecimento ilícito" - "Delação" - "Prova documental" - "Prova de corroboração" - "Falta de prova suficiente" - "Colaborador" - "Materialidade do crime" - "Transações bancárias" - "Confessou" - "Prova de corroboração"	**1ª Análise**: Aparentemente, foi utilizada como prova além de uma dúvida razoável, a comprovação de transações bancárias pertinentes ao pagamento de propina, consubstanciadas em prova de corroboração oferecida através de Delação (código vinculado à Eduardo Leite). Alguns réus, entretanto, foram absolvidos (ausência de provas).

3	5014170-93.2017.4.04.7000	"Confissão" - "Testemunha" - "Delatado" - "Depoimento" - "Pagamentos"	"Indício do caráter ilícito" - "Enriquecimento ilícito" - "Delação" - "Prova documental" - "Planilha" - "Comprovação" - "Transações" - "Confessou" - "Prova de corroboração" - "Risco à Ordem Pública" - "Enriquecimento ilícito" - "Falta de prova suficiente" - "Colaboradores" - "Materialidade"	"Confissão" - "Testemunha" - "Delatado" - "Depoimento" - "Pagamentos" - "Indício do caráter ilícito" - "Enriquecimento ilícito" - "Delação" - "Prova documental" - "Planilha" - "Comprovação" - "Transações" - "Confessou" - "Prova de corroboração" - "Risco à Ordem Pública" - "Enriquecimento ilícito" - "Falta de prova suficiente" - "Colaboradores" - "Materialidade"	**1ª Análise**: Aparentemente, foi utilizada como prova além de uma dúvida razoável, a comprovação de transações bancárias pertinentes ao pagamento de propina, consubstanciadas em prova de corroboração oferecida através de Delação (código vinculado à Agosthilde Mônaco de Carvalho). Alguns réus, entretanto, foram absolvidos (ausência de provas - crime de corrupção).

4	5017409-71.2018.4.04.7000	"Dúvida razoável" - "Prova testemunhal" - "Testemunha" - "Prova emprestada" - "Delatado" - "Depoimento" - "Confissão" - "Planilhas" - "Pagamentos" - "Leniência" - **"Standard"**	"Delação" - "Risco à Ordem Pública" - "Prova Oral" - "Colaborador" - "Materialidade" - "Transações financeiras" - "Confessou" - "Prova de corroboração" - "Prova documental" - "Falta de prova suficiente" - "Indícios" - "Comprovação" - "Transações" - "Colaboradores"	Dúvida razoável - "Prova testemunhal" - "Testemunha" - "Prova emprestada" - "Delatado" - "Depoimento" - "Confissão" - "Planilhas" - "Pagamentos" - "Leniência" - "Delação" - "Risco à Ordem Pública" - "Prova Oral" - "Colaborador" - "Materialidade" - "Transações financeiras" - "Confessou" - "Prova de corroboração" - "Prova documental" - "Falta de prova suficiente" - "Indícios" - "Comprovação" - "Transações" - "Colaboradores" - "Standard"	**1ª Análise**: Aparentemente, foi utilizada como prova além de uma dúvida razoável, a comprovação de transações bancárias pertinentes ao pagamento de propina, consubstanciadas em prova de corroboração oferecida através de Delação (código vinculado à César Rocha). Alguns réus foram absolvidos por ausência de provas.

5	5022182-33.2016.4.04.7000	"Dúvida razoável" - "Testemunha" - "Depoimento" - "Pagamentos"	"Indício do caráter ilícito" - "Colaboração premiada" - "Prova documental" - "Comprovada a materialidade" - "Prova Oral" - "Não configura confissão" - "Planilha" - "Transações" - "Falta de prova suficiente" - "Colaborador" - "Materialidade do crime" - "Indícios de ilicitude" - "Materialidade" - "Indícios"	Dúvida razoável - "Testemunha" - "Depoimento" - "Pagamentos" - "Indício do caráter ilícito" - "Colaboração premiada" - "Prova documental" - "Comprovada a materialidade" - "Prova Oral" - "Não configura confissão" - "Planilha" - "Transações" - "Falta de prova suficiente" - "Colaborador" - "Materialidade do crime" - "Indícios de ilicitude" - "Materialidade" - "Indícios"	**1ª Análise**: Aparentemente, foi utilizada como prova além de uma dúvida razoável, a comprovação de transações bancárias pertinentes ao pagamento de propina, consubstanciadas em prova de corroboração oferecida através de Colaboração (código vinculado à Salim Schahin). Alguns réus foram absolvidos por ausência de provas.

6	5025676-71.2014.4.04.7000	"Testemunha" - "Depoimento" - "Confissão" - "Planilhas"	"Colaboração premiada" - "Ocultação de provas" - "Materialidade" - "Confessou" - "Enriquecimento ilícito" - "Colaborador" - "Planilha" - "Colaboradores" - "Colaboração premiada"	"Testemunha" - "Depoimento" - "Confissão" - "Planilhas" - "Colaboração premiada" - "Ocultação de provas" - "Materialidade" - "Confessou" - "Enriquecimento ilícito" - "Colaborador" - "Planilha" - "Colaboradores" - "Colaboração premiada"	**1ª Análise**: **Não foi utilizado o BARD**. Trata-se de condenação por crime de "embaraço à investigação de crime de organização criminosa" (os réus teriam tentado destruir provas). A delação de Paulo Roberto Costa e a confissão dos réus foi utilizada como prova cabal do cometimento do crime (não há absolvição).

7	5025687-03.2014.4.04.7000	"Dúvida razoável" - "Testemunha" - "Depoimento" - "Confissão" - "Pagamentos" - **"Standard"**	"Prova indiciária" - "Risco à Ordem Pública" - "Resguardar a Ordem Pública" - "Indício do caráter ilícito" - "Transações bancárias" - "Resguardar a Ordem Pública" - "Risco à Ordem Pública" - "Prova documental" - "Falta de prova suficiente" - "Colaborador" - "Materialidade do crime" - "Indícios" - "Prova documental" - "Comprovação" - "Transações" - "Risco à Ordem Pública" - "Materialidade" - "Prova indiciária" - "Resguardar a Ordem Pública"	"Dúvida razoável" - "Testemunha" - "Depoimento" - "Confissão" - "Pagamentos" - "Prova indiciária" - "Risco à Ordem Pública" - "Resguardar a Ordem Pública" - "Indício do caráter ilícito" - "Transações bancárias" - "Resguardar a Ordem Pública" - "Risco à Ordem Pública" - "Prova documental" - "Falta de prova suficiente" - "Colaborador" - "Materialidade do crime" - "Indícios" - "Prova documental" - "Comprovação" - "Transações" - "Risco à Ordem Pública" - "Materialidade" - "Prova indiciária" - "Resguardar a Ordem Pública" - "Standard"	**1ª Análise**: Aparentemente, foi utilizada como prova além de uma dúvida razoável, a comprovação de transações bancárias pertinentes ao pagamento de propina, consubstanciadas em prova indiciária - Colaboração prévia (código vinculado à Alberto Youseff). Alguns réus foram absolvidos por ausência de provas. Neste caso, além dos crimes econômicos, há também a tipificação do crime de tráfico internacional.

8	5025692-25.2014.4.04.7000	"Dúvida razoável" - "Presunção da inocência" - "Garantia da ordem pública" - "Delação premiada" - "Testemunha" - "Depoimento" - "Confissão" - "Leniência" - "Standard"	"Delação" - "Comprovada a materialidade" - "Confessou" - "Enriquecimento ilícito" - "Prova documental" - "Falta de prova suficiente" - "Materialidade do crime" - "Transações" - "Materialidade" - "Indícios" - "Colaboração premiada"	"Dúvida razoável" - "Presunção da inocência" - "Garantia da ordem pública" - "Delação premiada" - "Testemunha" - "Depoimento" - "Confissão" - "Leniência" - "Delação" - "Comprovada a materialidade" - "Confessou" - "Enriquecimento ilícito" - "Prova documental" - "Falta de prova suficiente" - "Materialidade do crime" - "Transações" - "Materialidade" - "Indícios" - "Colaboração premiada"	**<u>1ª Análise</u>**: Aparentemente, foi utilizada como prova além de uma dúvida razoável, a comprovação de transações bancárias pertinentes ao pagamento de propina, consubstanciadas em prova documental - Colaboração prévia (código vinculado à Raul Henrique Srour). Uma ré foi absolvida por ausência de provas (menção expressa à presunção da inocência no dispositivo).

9	5026212-82.2014.4.04.7000	"Dúvida razoável" - "Presunção da inocência" - "Garantia da ordem pública" - "Delação premiada" - "Testemunha" - "Delatado" - "Depoimento" - "Confissão" - "Planilhas" - "Pagamentos" - **"Standard"**	"Comprovadas materialmente" - "Prova de corroboração" - "Enriquecimento ilícito" - "Prova documental" - "Falta de prova suficiente" - "Colaborador" - "Materialidade do crime" - "Planilha" - "Transações" - "Colaboradores" - "Materialidade" - "Prova Oral" - "Indícios" - "Colaboração premiada" - "Prova indiciária" - "Comprovadas materialmente" - "Indícios de sobrepreço"	"Dúvida razoável" - "Presunção da inocência" - "Garantia da ordem pública" - "Delação premiada" - "Testemunha" - "Delatado" - "Depoimento" - "Confissão" - "Planilhas" - "Pagamentos" - "Comprovadas materialmente" - "Prova de corroboração" - "Enriquecimento ilícito" - "Prova documental" - "Falta de prova suficiente" - "Colaborador" - "Materialidade do crime" - "Planilha" - "Transações" - "Colaboradores" - "Materialidade" - "Prova Oral" - "Indícios" - "Colaboração premiada" - "Prova indiciária" - "Comprovadas materialmente" - "Indícios de sobrepreço" - "Standard"	**1ª Análise**: Aparentemente, foi utilizada como prova além de uma dúvida razoável, a comprovação de transações bancárias pertinentes ao pagamento de propina e o aparente sobrepreço das operações, consubstanciadas em prova incidiária - Colaboração prévia (código vinculado à Paulo Roberto Costa e Alberto Youseff). Alguns réus foram absolvidos por ausência de provas (a menção ao princípio da presunção da inocência aparece apenas na fundamentação).

10	5026243-05.2014.4.04.7000	"Dúvida razoável" - "Delação premiada" - "Prova testemunhal" - "Testemunha" - "Depoimento" - "Confissão" - "Pagamentos" - "Leniência"	"Colaboração premiada" - "Colaborador" - "Comprovação" - "Confissão parcial" - "Falta de prova suficiente" - "Indícios" - "Materialidade" - "Planilha" - "Prova de corroboração" - "Prova documental" - "Prova indiciária" - "Prova Oral" - "Resguardar a Ordem Pública" - "Risco à Ordem Pública" - "Transações"	"Dúvida razoável" - "Delação premiada" - "Prova testemunhal" - "Testemunha" - "Depoimento" - "Confissão" - "Pagamentos" - "Leniência" - "Colaboração premiada" - "Colaborador" - "Comprovação" - "Confissão parcial" - "Falta de prova suficiente" - "Indícios" - "Materialidade" - "Planilha" - "Prova de corroboração" - "Prova documental" - "Prova indiciária" - "Prova Oral" - "Resguardar a Ordem Pública" - "Risco à Ordem Pública" - "Transações"	**1ª Análise**: Aparentemente, foi utilizada como prova além de uma dúvida razoável, a comprovação de transações bancárias pertinentes ao pagamento de propina, consubstanciadas em prova incendiária - Acordo de Colaboração prévio (código vinculado à Luccas Pace Júnior). Alguns réus foram absolvidos por ausência de provas.

11	5026663-10.2014.4.04.7000	"Confissão" - "Depoimento" - "Dúvida razoável" - "Pagamentos" - "Testemunha"	"Colaboração premiada" - "Colaborador" - "Confessou" - "Falta de prova suficiente" - "Indícios" - "Materialidade do crime" - "Materialidade" - "Prova documental" - "Transações bancárias" - "Transações financeiras" - "Transações"	"Confissão" - "Depoimento" - "Dúvida razoável" - "Pagamentos" - "Testemunha" - "Colaboração premiada" - "Colaborador" - "Confessou" - "Falta de prova suficiente" - "Indícios" - "Materialidade do crime" - "Materialidade" - "Prova documental" - "Transações bancárias" - "Transações financeiras" - "Transações"	**1ª Análise**: Aparentemente, foi utilizada como prova além de uma dúvida razoável, a comprovação de transações bancárias pertinentes ao pagamento de propina, consubstanciadas em prova documental - Acordo de Colaboração (código vinculado à Ediel Viana da Silva - como colaboração informal - e à Carlos Costa). Alguns réus foram absolvidos por ausência de provas.

12	5030424-78.2016.4.04.7000	"Confissão" - "Depoimento" - "Dúvida razoável" - "Pagamentos" - "Planilhas" - "Testemunha"	"Colaboração premiada" - "Colaborador" - "Colaboradores" - "Confessou" - "Confissão parcial" - "Enriquecimento ilícito" - "Falta de prova suficiente" - "Indícios" - "Materialidade" - "Planilha"- "Proteção da Ordem Pública"- "Prova de corroboração" - "Prova documental" - "Transações financeiras" - "Transações"	"Confissão" - "Depoimento" - "Dúvida razoável" - "Pagamentos" - "Planilhas" - "Testemunha" - "Colaboração premiada" - "Colaborador" - "Colaboradores" - "Confessou" - "Confissão parcial" - "Enriquecimento ilícito" - "Falta de prova suficiente" - "Indícios" - "Materialidade" - "Planilha"- "Proteção da Ordem Pública"- "Prova de corroboração" - "Prova documental" - "Transações financeiras" - "Transações"	**1ª Análise**: Aparentemente, foi utilizada como prova além de uma dúvida razoável, a comprovação de transações bancárias pertinentes ao pagamento de propina, consubstanciadas em prova documental - Acordo de Colaboração (código vinculado à Rafael Ângulo Lopez). Alguns réus foram absolvidos por ausência de provas.

13	5036518-76.2015.4.04.7000	"Confissão" - "Depoimento" - "Dúvida razoável" - "Leniência" - "Pagamentos" - "Planilhas" - "Testemunha"	"Colaboração premiada" - "Colaborador" - "Colaboradores" - "Confessou" - "Delação" - "Enriquecimento ilícito" - "Indícios"- "Materialidade do crime" - "Prova de corroboração" - "Prova documental" - "Prova Oral" - "Transações"	"Confissão" - "Depoimento" - "Dúvida razoável" - "Leniência" - "Pagamentos" - "Planilhas" - "Testemunha" - "Colaboração premiada" - "Colaborador" - "Colaboradores" - "Confessou" - "Delação" - "Enriquecimento ilícito" - "Indícios"- "Materialidade do crime" - "Prova de corroboração" - "Prova documental" - "Prova Oral" - "Transações"	**1ª Análise**: Aparentemente, foi utilizada como prova além de uma dúvida razoável, a comprovação de transações bancárias pertinentes ao pagamento de propina, consubstanciadas em prova de corroboração - Acordo de Colaboração (código vinculado à Antônio Pedro Campello de Souza Dias, Elton Negrão de Azevedo Júnior, Flavio Gomes Machado Filho e Paulo Roberto Dalmazzo). Alguns réus foram absolvidos por ausência de provas. Dois réus foram absolvidos sem a discriminação da motivação específica em sede de sentença.

14	5037093-84.2015.4.04.7000	"Confissão" - "Depoimento" - "Dúvida razoável" - "Pagamentos"- "Testemunha"	"Colaboração premiada" - "Colaborador" - "Enriquecimento ilícito" - "Materialidade" - "Prova documental"	"Confissão" - "Depoimento" - "Dúvida razoável" - "Pagamentos"- "Testemunha" - "Colaboração premiada" - "Colaborador" - "Enriquecimento ilícito" - "Materialidade" - "Prova documental"	**1ª Análise**: Aparentemente, foi utilizada como prova além de uma dúvida razoável, a comprovação de transações bancárias pertinentes ao pagamento de propina, consubstanciadas em prova documental - Acordo de Colaboração (código vinculado à Júlio Gerin de Almeida Camargo e João Antônio Bernardi Filho).

15	5037800-18.2016.4.04.7000	"Confissão" - "Delatado" - "Depoimento" - "Dúvida razoável" - "Leniência" - "Pagamentos" - "Prova emprestada" - "Testemunha"	"Colaboração premiada" - "Colaborador" - "Colaboradores" - "Confessou" - "Confissão parcial" - "Delação" - "Enriquecimento ilícito" - "Falta de prova de autoria" - "Indícios" - "Materialidade do crime" - "Planilha" - "Presunção da elevada capacidade econômica" - "Prova de corroboração" - "Prova documental" - "Prova indiciária" - "Prova Oral" - "Transações"	Confissão - "Delatado" - "Depoimento" - "Dúvida razoável" - "Leniência" - "Pagamentos" - "Prova emprestada" - "Testemunha" - "Colaboração premiada" - "Colaborador" - "Colaboradores" - "Confessou" - "Confissão parcial" - "Delação" - "Enriquecimento ilícito" - "Falta de prova de autoria" - "Indícios" - "Materialidade do crime" - "Planilha" - "Presunção da elevada capacidade econômica" - "Prova de corroboração" - "Prova documental" - "Prova indiciária" - "Prova Oral" - "Transações"	**1ª Análise**: Aparentemente, foi utilizada como prova além de uma dúvida razoável, a comprovação de transações bancárias pertinentes ao pagamento de propina, consubstanciadas em prova de corroboração e prova indiciária - Acordo de Colaboração (código vinculado à Alexandre Correa de Oliveira Romano, Edison Freire Coutinho, José Antônio Marsílio Schwartz, Ricardo Pernambuco Backheuser, Roberto Trombeta, Rodrigo Morales).

16	5045241-84.2015.4.04.7000	"Confissão" - "Delatado" - "Depoimento" - "Dúvida razoável" - "Leniência" - "Pagamentos" - "Planilhas" - "Prova emprestada" - "Testemunha"	"Colaboração premiada"- "Colaborador" - "Colaboradores" - "Confessou" - "Confissão parcial" - "Delação" - "Enriquecimento ilícito" - "Falta de prova suficiente"- "Indícios" - "Materialidade do crime" - "Materialidade" - "Planilha" - "Proteção da Ordem Pública"- "Prova de corroboração" - "Prova documental" - "Prova indiciária" - "Prova Oral" - "Risco à Ordem Pública" - "Transações bancárias" - "Transações"	Confissão - "Delatado" - "Depoimento" - "Dúvida razoável" - "Leniência" - "Pagamentos" - "Planilhas" - "Prova emprestada" - "Testemunha" - "Colaboração premiada"- "Colaborador" - "Colaboradores" - "Confessou" - "Confissão parcial" - "Delação" - "Enriquecimento ilícito" - "Falta de prova suficiente"- "Indícios" - "Materialidade do crime" - "Materialidade" - "Planilha" - "Proteção da Ordem Pública"- "Prova de corroboração" - "Prova documental" - "Prova indiciária" - "Prova Oral" - "Risco à Ordem Pública" - "Transações bancárias" - "Transações"	**1ª Análise**: Aparentemente, foi utilizada como prova além de uma dúvida razoável, a comprovação de transações bancárias pertinentes ao pagamento de propina, consubstanciadas em prova de corroboração e prova indiciária - Acordo de Colaboração (código vinculado à Milton Pascowitch e José Adolfo Pascowitch). Dois réus foram absolvidos sem a discriminação da motivação específica em sede de sentença.

17	5047229-77.2014.4.04.7000	"Confissão" - "Depoimento" - "Dúvida razoável" - "Garantia da ordem pública" - "Pagamentos" - "Presunção da inocência" - "Prova emprestada" - "Prova testemunhal" - **"Standard"** - "Testemunha"	"Colaboração premiada" - "Colaborador" - "Comprovação" - "Confessou" - "Enriquecimento ilícito" - "Falta de prova suficiente"- "Indícios" - "Materialidade do crime" - "Materialidade" - "Prova documental" - "Prova indiciária" - "Risco à Ordem Pública"- "Transações bancárias" - "Transações financeiras" - "Transações"	Confissão - "Depoimento" - "Dúvida razoável" - "Garantia da ordem pública" - "Pagamentos" - "Presunção da inocência" - "Prova emprestada" - "Prova testemunhal" - "Standard" - "Testemunha" - "Colaboração premiada" - "Colaborador" - "Comprovação" - "Confessou" - "Enriquecimento ilícito" - "Falta de prova suficiente"- "Indícios" - "Materialidade do crime" - "Materialidade" - "Prova documental" - "Prova indiciária" - "Risco à Ordem Pública"- "Transações bancárias" - "Transações financeiras" - "Transações"	**1ª Análise**: Aparentemente, foi utilizada como prova além de uma dúvida razoável, a comprovação de transações bancárias pertinentes ao pagamento de propina, consubstanciadas em prova documental e prova indiciária - Acordo de Colaboração (código vinculado à Alberto Youssef). Alguns réus foram absolvidos, não há especificação do motivo para todos eles (ausência de materialidade, ausência de prova ou se pela autoria).

18	5083258-29.2014.4.04.7000	"Confissão" - "Delação premiada" - "Delatado" - "Depoimento" - "Dúvida razoável" - "Leniência" - "Pagamentos" - "Planilhas" - "Prova emprestada" - "Testemunha"	"Colaboração premiada" - "Colaborador" - "Colaboradores" - "Confessou" - "Delação" - "Enriquecimento ilícito" - "Falta de prova suficiente" - "Indícios" - "Materialidade do crime" - "Materialidade" - "Planilha" - "Prova de corroboração" - "Prova documental" - "Prova indiciária" - "Transações"	Confissão - "Delação premiada" - "Delatado" - "Depoimento" - "Dúvida razoável" - "Leniência" - "Pagamentos" - "Planilhas" - "Prova emprestada" - "Testemunha" - "Colaboração premiada" - "Colaborador" - "Colaboradores" - "Confessou" - "Delação" - "Enriquecimento ilícito" - "Falta de prova suficiente" - "Indícios" - "Materialidade do crime" - "Materialidade" - "Planilha" - "Prova de corroboração" - "Prova documental" - "Prova indiciária" - "Transações"	**1ª Análise**: Aparentemente, foi utilizada como prova além de uma dúvida razoável, a comprovação de transações bancárias pertinentes ao pagamento de propina, consubstanciadas em prova documental e prova indiciária - Acordo de Colaboração (código vinculado à Alberto Youssef, Dalton dos Santos Avancini, Eduardo Armelino Leite, Paulo Roberto Costa). Alguns réus foram absolvidos, não há especificação do motivo para todos eles (ausência de materialidade, ausência de prova ou se pela autoria).

19	5083351-89.2014.4.04.7000	"Confissão" - "Delação premiada" - "Delatado" - "Depoimento" - "Dúvida razoável" - "Leniência" - "Pagamentos" - "Prova emprestada" - "Prova testemunhal" - "Testemunha"	"Colaboração premiada" - "Colaborador"- "Colaboradores" - "Comprovação" - "Confessou" - "Confissão parcial" - "Delação" - "Enriquecimento ilícito" - "Falta de prova suficiente"- "Indícios"- "Materialidade do crime" - "Materialidade"- "Prova de corroboração"- "Prova documental" - "Prova Oral"- "Transações"	Confissão - "Delação premiada" - "Delatado" - "Depoimento" - "Dúvida razoável" - "Leniência" - "Pagamentos" - "Prova emprestada" - "Prova testemunhal" - "Testemunha" - "Colaboração premiada" - "Colaborador"- "Colaboradores" - "Comprovação" - "Confessou" - "Confissão parcial" - "Delação" - "Enriquecimento ilícito" - "Falta de prova suficiente"- "Indícios"- "Materialidade do crime" - "Materialidade"- "Prova de corroboração"- "Prova documental" - "Prova Oral"- "Transações"	**1ª Análise**: Aparentemente, foi utilizada como prova além de uma dúvida razoável, a comprovação de transações bancárias pertinentes ao pagamento de propina, consubstanciadas em prova documental e prova indiciária - Acordo de Colaboração (código vinculado à Alberto Youseff, Paulo Roberto Costa). Alguns réus foram absolvidos, não há especificação do motivo para todos eles (ausência de materialidade, ausência de prova ou se pela autoria).

20	5083360-51.2014.4.04.7000	"Confissão" - "Delação premiada"- "Delatado" - "Depoimento" - "Dúvida razoável" - "Leniência" - "Pagamentos"- "Planilhas" - "Testemunha"	"Colaboração premiada" - "Colaborador" - "Confessou" - "Delação" - "Enriquecimento ilícito"- "Falta de prova suficiente"- "Indícios"- "Materialidade do crime"- "Materialidade" - "Planilha" - "Prova de corroboração"- "Prova documental" - "Transações"	Confissão - "Delação premiada"- "Delatado" - "Depoimento" - "Dúvida razoável" - "Leniência" - "Pagamentos"- "Planilhas" - "Testemunha" - "Colaboração premiada" - "Colaborador" - "Confessou" - "Delação" - "Enriquecimento ilícito"- "Falta de prova suficiente"- "Indícios"- "Materialidade do crime"- "Materialidade" - "Planilha" - "Prova de corroboração"- "Prova documental" - "Transações"	**1ª Análise**: Aparentemente, foi utilizada como prova além de uma dúvida razoável, a comprovação de transações, consubstanciadas em prova documental e prova indiciária - Acordo de Colaboração (código vinculado à Alberto Youseff, Paulo Roberto Costa, Augusto Mendonça e Júlio Camargo). Alguns réus foram absolvidos (ausência de prova ou se pela autoria).

21	5083376-05.2014.4.04.7000	"Confissão" - "Delação premiada" - "Delatado" - "Depoimento" - "Leniência" - "Pagamentos" - "Testemunha"	"Colaboração premiada" - "Colaborador" - "Colaboradores" - "Confessou" - "Delação" - "Enriquecimento ilícito" - "Falta de prova suficiente"- "Indícios" - "Materialidade do crime" - "Materialidade" - "Prova de corroboração" - "Prova documental" - "Prova indiciária" - "Transações"	"Confissão" - "Delação premiada" - "Delatado" - "Depoimento" - "Leniência" - "Pagamentos" - "Testemunha" - "Colaboração premiada" - "Colaborador" - "Colaboradores" - "Confessou" - "Delação" - "Enriquecimento ilícito" - "Falta de prova suficiente"- "Indícios" - "Materialidade do crime" - "Materialidade" - "Prova de corroboração" - "Prova documental" - "Prova indiciária" - "Transações"	**1ª Análise**: Aparentemente, foi utilizada como prova a comprovação de transações, consubstanciadas em prova documental e prova indiciária - Acordo de Colaboração (código vinculado à Alberto Youseff, Paulo Roberto Costa e Augusto Mendonça). Não há qualquer menção ao BARD. Alguns réus foram absolvidos (ausência de prova).

Observação: na sentença 21 – o código "Dúvida razoável" não aparece

PLANILHA III – Filtro para formulação dos gráficos de disposição quantitativa dos padrões de repetição dos códigos	
1	Dúvida razoável - "Testemunha" - "Delatado" - "Depoimento" - "Confissão" - "Pagamentos" - "Delação" - "Comprovada a materialidade" - "Cadeia de provas" - "Transações bancárias" - "Confessou" - "Prova de corroboração"
2	"Dúvida razoável" - "Testemunha" - "Delatado" - "Depoimento" - "Confissão" - "Planilhas" - "Pagamentos" - "Presunção da elevada capacidade econômica" - "Proteção da Ordem Pública" - "Enriquecimento ilícito" - "Delação" - "Prova documental" - "Prova de corroboração" - "Falta de prova suficiente" - "Colaborador" - "Materialidade do crime" - "Transações bancárias" - "Confessou" - "Prova de corroboração"
3	"Confissão" - "Testemunha" - "Delatado" - "Depoimento" - "Pagamentos" - "Indício do caráter ilícito" - "Enriquecimento ilícito" - "Delação" - "Prova documental" - "Planilha" - "Comprovação" - "Transações" - "Confessou" - "Prova de corroboração" - "Risco à Ordem Pública" - "Enriquecimento ilícito" - "Falta de prova suficiente" - "Colaboradores" - "Materialidade"
4	Dúvida razoável - "Prova testemunhal" - "Testemunha" - "Prova emprestada" - "Delatado" - "Depoimento" - "Confissão" - "Planilhas" - "Pagamentos" - "Leniência" - "Delação" - "Risco à Ordem Pública" - "Prova Oral" - "Colaborador" - "Materialidade" - "Transações financeiras" - "Confessou" - "Prova de corroboração" - "Prova documental" - "Falta de prova suficiente" - "Indícios" - "Comprovação" - "Transações" - "Colaboradores" - "Standard"
5	Dúvida razoável - "Testemunha" - "Depoimento" - "Pagamentos" - "Indício do caráter ilícito" - "Colaboração premiada" - "Prova documental" - "Comprovada a materialidade" - "Prova Oral" - "Não configura confissão" - "Planilha" - "Transações" - "Falta de prova suficiente" - "Colaborador" - "Materialidade do crime" - "Indícios de ilicitude" - "Materialidade" - "Indícios"
6	"Testemunha" - "Depoimento" - "Confissão" - "Planilhas" - "Colaboração premiada" - "Ocultação de provas" - "Materialidade" - "Confessou" - "Enriquecimento ilícito" - "Colaborador" - "Planilha" - "Colaboradores" - "Colaboração premiada"
7	"Dúvida razoável" - "Testemunha" - "Depoimento" - "Confissão" - "Pagamentos" - "Prova indiciária" - "Risco à Ordem Pública" - "Resguardar a Ordem Pública" - "Indício do caráter ilícito" - "Transações bancárias" - "Resguardar a Ordem Pública" - "Risco à Ordem Pública" - "Prova documental" - "Falta de prova suficiente" - "Colaborador" - "Materialidade do crime" - "Indícios" - "Prova documental" - "Comprovação" - "Transações" - "Risco à Ordem Pública" - "Materialidade" - "Prova indiciária" - "Resguardar a Ordem Pública" - "Standard"
8	"Dúvida razoável" - "Presunção da inocência" - "Garantia da ordem pública" - "Delação premiada" - "Testemunha" - "Depoimento" - "Confissão" - "Leniência" - "Delação" - "Comprovada a materialidade" - "Confessou" - "Enriquecimento ilícito" - "Prova documental" - "Falta de prova suficiente" - "Materialidade do crime" - "Transações" - "Materialidade" - "Indícios" - "Colaboração premiada"

9	"Dúvida razoável" - "Presunção da inocência" - "Garantia da ordem pública" - "Delação premiada" - "Testemunha" - "Delatado" - "Depoimento" - "Confissão" - "Planilhas" - "Pagamentos" - "Comprovadas materialmente" - "Prova de corroboração" - "Enriquecimento ilícito" - "Prova documental" - "Falta de prova suficiente" - "Colaborador" - "Materialidade do crime" - "Planilha" - "Transações" - "Colaboradores" - "Materialidade" - "Prova Oral" - "Indícios" - "Colaboração premiada" - "Prova indiciária" - "Comprovadas materialmente" - "Indícios de sobrepreço" - "Standard"
10	"Dúvida razoável" - "Delação premiada" - "Prova testemunhal" - "Testemunha" - "Depoimento" - "Confissão" - "Pagamentos" - "Leniência" - "Colaboração premiada" - "Colaborador" - "Comprovação" - "Confissão parcial" - "Falta de prova suficiente" - "Indícios" - "Materialidade" - "Planilha" - "Prova de corroboração" - "Prova documental" - "Prova indiciária" - "Prova Oral" - "Resguardar a Ordem Pública" - "Risco à Ordem Pública" - "Transações"
11	"Confissão" - "Depoimento" - "Dúvida razoável" - "Pagamentos" - "Testemunha" - "Colaboração premiada" - "Colaborador" - "Confessou" - "Falta de prova suficiente" - "Indícios" - "Materialidade do crime" - "Materialidade" - "Prova documental" - "Transações bancárias" - "Transações financeiras" - "Transações"
12	"Confissão" - "Depoimento" - "Dúvida razoável" - "Pagamentos" - "Planilhas" - "Testemunha" - "Colaboração premiada" - "Colaborador" - "Colaboradores" - "Confessou" - "Confissão parcial" - "Enriquecimento ilícito" - "Falta de prova suficiente" - "Indícios" - "Materialidade" - "Planilha"- "Proteção da Ordem Pública"- "Prova de corroboração" - "Prova documental" - "Transações financeiras" - "Transações"
13	"Confissão" - "Depoimento" - "Dúvida razoável" - "Leniência" - "Pagamentos" - "Planilhas" - "Testemunha" - "Colaboração premiada" - "Colaborador" - "Colaboradores" - "Confessou" - "Delação" - "Enriquecimento ilícito" - "Indícios"- "Materialidade do crime" - "Prova de corroboração" - "Prova documental" - "Prova Oral" - "Transações"
14	"Confissão" - "Depoimento" - "Dúvida razoável" - "Pagamentos"- "Testemunha" - "Colaboração premiada" - "Colaborador" - "Enriquecimento ilícito" - "Materialidade" - "Prova documental"
15	Confissão - "Delatado" - "Depoimento" - "Dúvida razoável" - "Leniência" - "Pagamentos" - "Prova emprestada" - "Testemunha" - "Colaboração premiada" - "Colaborador" - "Colaboradores" - "Confessou" - "Confissão parcial" - "Delação" - "Enriquecimento ilícito" - "Falta de prova de autoria" - "Indícios" - "Materialidade do crime" - "Planilha" - "Presunção da elevada capacidade econômica" - "Prova de corroboração" - "Prova documental" - "Prova indiciária" - "Prova Oral" - "Transações"
16	Confissão - "Delatado" - "Depoimento" - "Dúvida razoável" - "Leniência" - "Pagamentos" - "Planilhas" - "Prova emprestada" - "Testemunha" - "Colaboração premiada"- "Colaborador" - "Colaboradores" - "Confessou" - "Confissão parcial" - "Delação" - "Enriquecimento ilícito" - "Falta de prova suficiente"- "Indícios" - "Materialidade do crime" - "Materialidade" - "Planilha" - "Proteção da Ordem Pública"- "Prova de corroboração" - "Prova documental" - "Prova indiciária" - "Prova Oral" - "Risco à Ordem Pública" - "Transações bancárias" - "Transações"

17	Confissão - "Depoimento" - "Dúvida razoável" - "Garantia da ordem pública" - "Pagamentos" - "Presunção da inocência" - "Prova emprestada" - "Prova testemunhal" - "Standard" - "Testemunha" - "Colaboração premiada" - "Colaborador" - "Comprovação" - "Confessou" - "Enriquecimento ilícito" - "Falta de prova suficiente"- "Indícios" - "Materialidade do crime" - "Materialidade" - "Prova documental" - "Prova indiciária" - "Risco à Ordem Pública"- "Transações bancárias" - "Transações financeiras" - "Transações"
18	Confissão - "Delação premiada" - "Delatado" - "Depoimento" - "Dúvida razoável" - "Leniência" - "Pagamentos" - "Planilhas" - "Prova emprestada" - "Testemunha" - "Colaboração premiada" - "Colaborador" - "Colaboradores" - "Confessou" - "Delação" - "Enriquecimento ilícito" - "Falta de prova suficiente" - "Indícios" - "Materialidade do crime" - "Materialidade" - "Planilha" - "Prova de corroboração" - "Prova documental" - "Prova indiciária" - "Transações"
19	Confissão - "Delação premiada" - "Delatado" - "Depoimento" - "Dúvida razoável" - "Leniência" - "Pagamentos" - "Prova emprestada" - "Prova testemunhal" - "Testemunha" - "Colaboração premiada" - "Colaborador"- "Colaboradores" - "Comprovação" - "Confessou" - "Confissão parcial" - "Delação" - "Enriquecimento ilícito" - "Falta de prova suficiente"- "Indícios"- "Materialidade do crime" - "Materialidade"- "Prova de corroboração"- "Prova documental" - "Prova Oral"- "Transações"
20	Confissão - "Delação premiada"- "Delatado" - "Depoimento" - "Dúvida razoável" - "Leniência" - "Pagamentos"- "Planilhas" - "Testemunha" - "Colaboração premiada" - "Colaborador" - "Confessou" - "Delação" - "Enriquecimento ilícito"- "Falta de prova suficiente"- "Indícios"- "Materialidade do crime"- "Materialidade" - "Planilha" - "Prova de corroboração"- "Prova documental" - "Transações"
21	"Confissão" - "Delação premiada" - "Delatado" - "Depoimento" - "Leniência" - "Pagamentos" - "Testemunha" - "Colaboração premiada" - "Colaborador" - "Colaboradores" - "Confessou" - "Delação" - "Enriquecimento ilícito" - "Falta de prova suficiente"- "Indícios" - "Materialidade do crime" - "Materialidade" - "Prova de corroboração" - "Prova documental" - "Prova indiciária" - "Transações"

Tabela I

Códigos "delação premiada" e "acordo de colaboração"
5000553-66.2017.4.04.7000
5012331-04.2015.4.04.7000
5014170-93.2017.4.04.7000
5017409-71.2018.4.04.7000
5022182-33.2016.4.04.7000
5025687-03.2014.4.04.7000
5025692-25.2014.4.04.7000
5026212-82.2014.4.04.7000
5026243-05.2014.4.04.7000
5026243-05.2014.4.04.7000
5026663-10.2014.4.04.7000
5030424-78.2016.4.04.7000
5036518-76.2015.4.04.7000
5037093-84.2015.4.04.7000
5037800-18.2016.4.04.7000
5045241-84.2015.4.04.7000
5047229-77.2014.4.04.7000
5083258-29.2014.4.04.7000
5083351-89.2014.4.04.7000
5083360-51.2014.4.04.7000
5083376-05.2014.4.04.7000

Tabela II

Código "prova de corroboração"
5000553-66.2017.4.04.7000
5012331-04.2015.4.04.7000
5014170-93.2017.4.04.7000
5017409-71.2018.4.04.7000
5022182-33.2016.4.04.7000
5026212-82.2014.4.04.7000
5026243-05.2014.4.04.7000
5026663-10.2014.4.04.7000
5030424-78.2016.4.04.7000
5036518-76.2015.4.04.7000
5037093-84.2015.4.04.7000
5037800-18.2016.4.04.7000
5045241-84.2015.4.04.7000
5047229-77.2014.4.04.7000
5083258-29.2014.4.04.7000
5083351-89.2014.4.04.7000
5083360-51.2014.4.04.7000
5083376-05.2014.4.04.7000

Tabela III

Códigos "prova testemunhal" e "testemunha"
5017409-71.2018.4.04.7000
5026243-05.2014.4.04.7000
5047229-77.2014.4.04.7000
5083351-89.2014.4.04.7000
5083360-51.2014.4.04.7000
5083376-05.2014.4.04.7000
5000553-66.2017.4.04.7000
5012331-04.2015.4.04.7000
5014170-93.2017.4.04.7000
5022182-33.2016.4.04.7000
5025676-71.2014.4.04.7000
5025687-03.2014.4.04.7000
5025692-25.2014.4.04.7000
5026212-82.2014.4.04.7000
5026663-10.2014.4.04.7000
5030424-78.2016.4.04.7000
5036518-76.2015.4.04.7000
5037093-84.2015.4.04.7000
5037800-18.2016.4.04.7000
5045241-84.2015.4.04.7000
5083258-29.2014.4.04.7000

GRÁFICO I

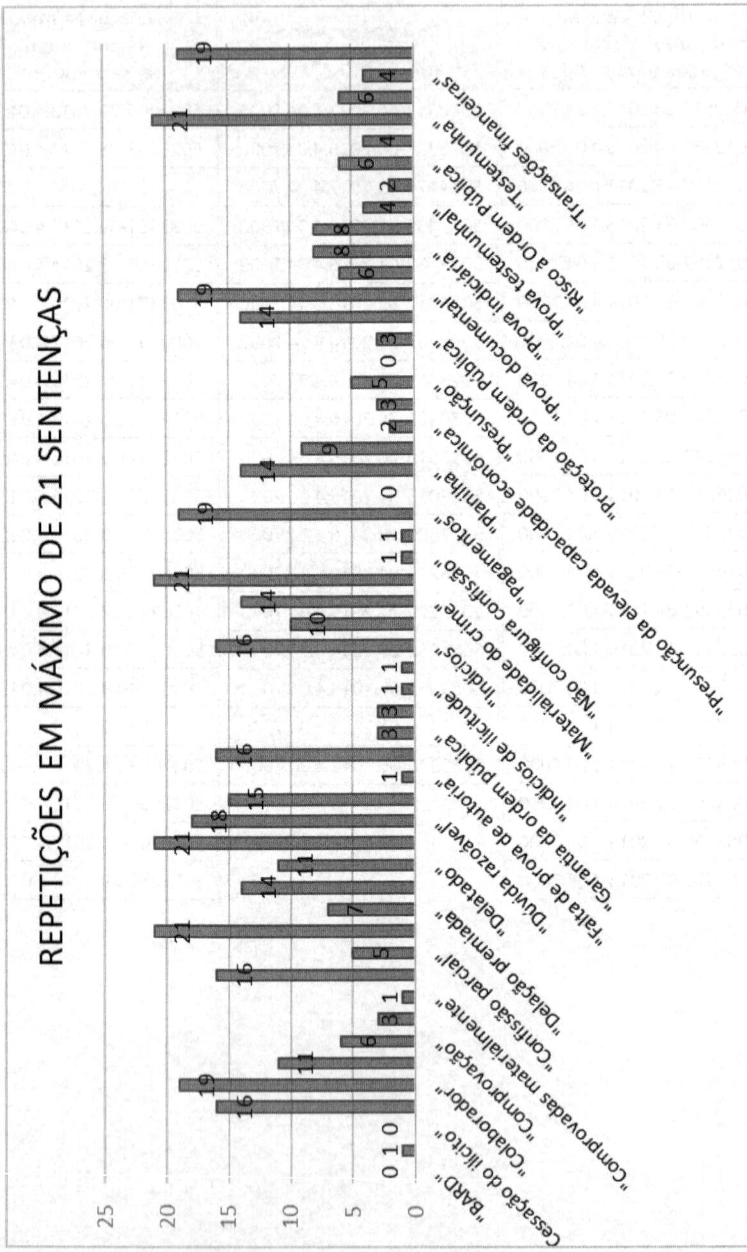
REPETIÇÕES EM MÁXIMO DE 21 SENTENÇAS
0
5
10
15
20
25
"BARD"
"Cessação do ilícito"
"Colaborador"
"Comprovação"
"Comprovadas materialmente"
"Confissão parcial"
"Delação premiada"
"Delatado"
"Dúvida razoável"
"Falta de prova de autoria"
"Garantia da ordem pública"
"Indícios de ilicitude"
"Indícios"
"Materialidade do crime"
"Não configura confissão"
"Pagamentos"
"Planilha"
"Presunção da elevada capacidade econômica"
"Presunção"
"Proteção da Ordem Pública"
"Prova documental"
"Prova indiciária"
"Prova testemunhal"
"Risco à Ordem Pública"
"Testemunha"
"Transações financeiras"

	CÓDIGOS	REPETIÇÕES EM 21
1	"BARD"	0
2	"Cadeia de provas"	1
3	"Cessação do ilícito"	0
4	"Colaboração premiada"	16
5	"Colaborador"	19
6	"Colaboradores"	11
7	"Comprovação"	6
8	"Comprovada a materialidade"	3
9	"Comprovadas materialmente"	1
10	"Confessou"	16
11	"Confissão parcial"	5
12	"Confissão"	21
13	"Delação premiada"	7
14	"Delação"	14
15	"Delatado"	11
16	"Depoimento"	21
17	"Dúvida razoável"	18
18	"Enriquecimento ilícito"	15
19	"Falta de prova de autoria"	1
20	"Falta de prova suficiente"	16
21	"Garantia da ordem pública"	3
22	"Indício do caráter ilícito"	3
23	"Indícios de ilicitude"	1
24	"Indícios de sobrepreço"	1
25	"Indícios"	16
26	"Leniência"	10
27	"Materialidade do crime"	14
28	"Materialidade"	21
29	"Não configura confissão"	1
30	"Ocultação de provas"	1
31	"Pagamentos"	19
32	"Para além de uma dúvida razoável"	0

33	"Planilha"	14
34	"Planilhas"	9
35	"Presunção da elevada capacidade econômica"	2
36	"Presunção da inocência"	3
37	"Presunção"	5
38	"Probidade da administração"	0
39	"Proteção da Ordem Pública"	3
40	"Prova de corroboração"	14
41	"Prova documental"	19
42	"Prova emprestada"	6
43	"Prova indiciária"	8
44	"Prova Oral"	8
45	"Prova testemunhal"	4
46	"Resguardar a Ordem Pública"	2
47	"Risco à Ordem Pública"	6
48	"Standard"	4
49	"Testemunha"	21
50	"Transações bancárias"	6
51	"Transações financeiras"	4
52	"Transações"	19

GRÁFICO II

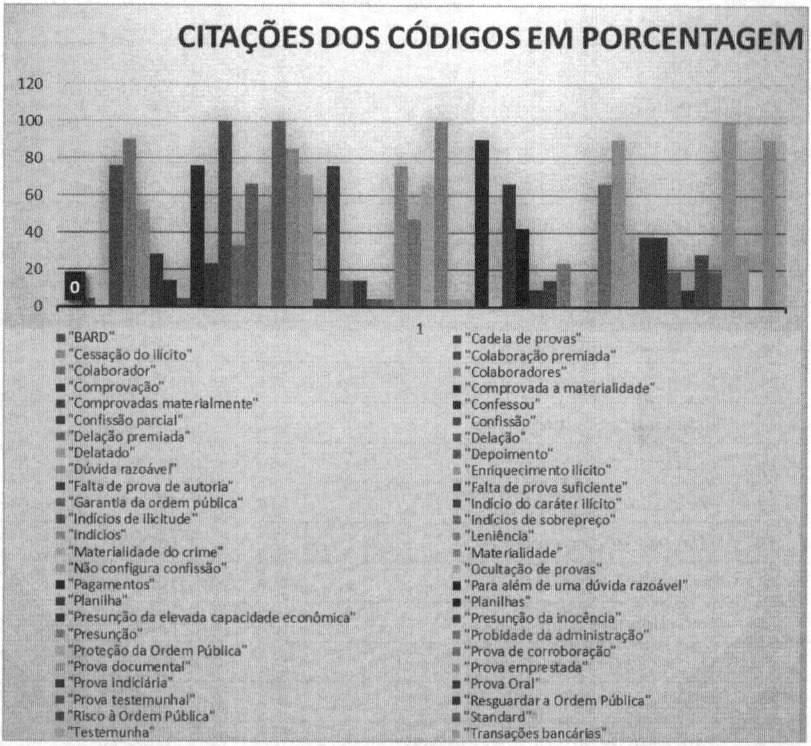

	CÓDIGOS	PORCENTAGEM
1	"BARD"	0
2	"Cadeia de provas"	4,761
3	"Cessação do ilícito"	0
4	"Colaboração premiada"	76,19
5	"Colaborador"	90,476
6	"Colaboradores"	52,38
7	"Comprovação"	28,571
8	"Comprovada a materialidade"	14,285
9	"Comprovadas materialmente"	4,761
10	"Confessou"	76,19
11	"Confissão parcial"	23,809
12	"Confissão"	100

13	"Delação premiada"	33,333
14	"Delação"	66,666
15	"Delatado"	52,38
16	"Depoimento"	100
17	"Dúvida razoável"	85,714
18	"Enriquecimento ilícito"	71,428
19	"Falta de prova de autoria"	4,761
20	"Falta de prova suficiente"	76,19
21	"Garantia da ordem pública"	14,285
22	"Indício do caráter ilícito"	14,285
23	"Indícios de ilicitude"	4,761
24	"Indícios de sobrepreço"	4,761
25	"Indícios"	76,19
26	"Leniência"	47,619
27	"Materialidade do crime"	66,666
28	"Materialidade"	100
29	"Não configura confissão"	4,761
30	"Ocultação de provas"	4,761
31	"Pagamentos"	90,476
32	"Para além de uma dúvida razoável"	0
33	"Planilha"	66,666
34	"Planilhas"	42,857
35	"Presunção da elevada capacidade econômica"	9,523
36	"Presunção da inocência"	14,285
37	"Presunção"	23,809
38	"Probidade da administração"	0
39	"Proteção da Ordem Pública"	14,285
40	"Prova de corroboração"	66,666
41	"Prova documental"	90,476
42	"Prova emprestada"	28,571
43	"Prova indiciária"	38,095
44	"Prova Oral"	38,095
45	"Prova testemunhal"	19,047

46	"Resguardar a Ordem Pública"	9,523
47	"Risco à Ordem Pública"	28,571
48	"Standard"	19,047
49	"Testemunha"	100
50	"Transações bancárias"	28,571
51	"Transações financeiras"	19,047
52	"Transações"	90,476

GRÁFICO III

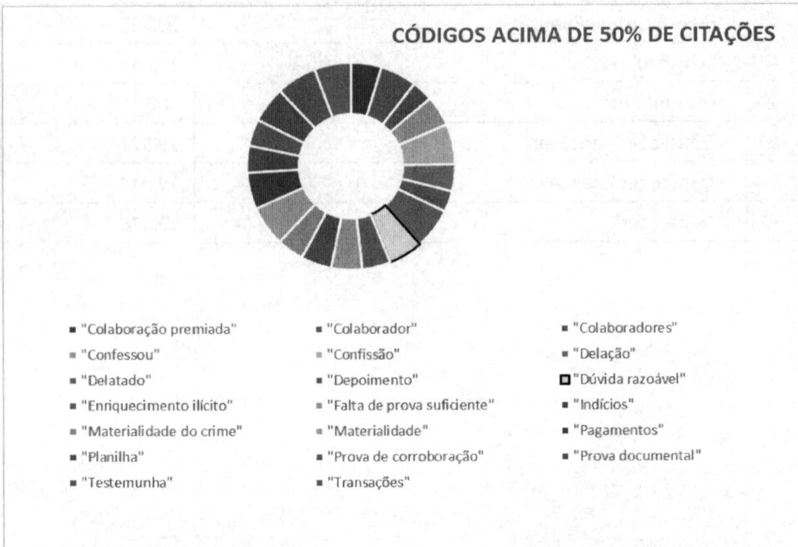

CÓDIGOS REPETIDOS		ACIMA DE 50%
1	"Colaboração premiada"	76,19
2	"Colaborador"	90,476
3	"Colaboradores"	52,38
4	"Confessou"	76,19
5	"Confissão"	100
6	"Delação"	66,666
7	"Delatado"	52,38
8	"Depoimento"	100
9	"Dúvida razoável"	85,714
10	"Enriquecimento ilícito"	71,428
11	"Falta de prova suficiente"	76,19
12	"Indícios"	76,19
13	"Materialidade do crime"	66,666
14	"Materialidade"	100
15	"Pagamentos"	90,476
16	"Planilha"	66,666
17	"Prova de corroboração"	66,666

18	"Prova documental"	90,476
19	"Testemunha"	100
20	"Transações"	90,476

Relatório de análise I

Processo nº 5025678-03.2014.4.04.7000/PR

Juízo da 13ª Vara Federal de Curitiba/PR

Autor: Ministério Público Federal

Réu: Alberto Youssef

Réu: André Catão de Miranda

Réu: Rene Luiz Pereira

Réu: Carlos Habib Chater

Processo identificado na Planilha I com o número 07.

Códigos ligados ao processo nº 07
"Dúvida razoável" - "Testemunha" - "Depoimento" - "Confissão" - "Pagamentos" - "Prova indiciária" - "Risco à Ordem Pública" - "Resguardar a Ordem Pública" - "Indício do caráter ilícito" - "Transações bancárias" - "Resguardar a Ordem Pública" - "Risco à Ordem Pública" - "Prova documental" - "Falta de prova suficiente" - "Colaborador" - "Materialidade do crime" - "Indícios" - "Prova documental" - "Comprovação" - "Transações" - "Risco à Ordem Pública" - "Materialidade" - "Prova indiciária" - "Resguardar a Ordem Pública" - "Standard"

Quadro resumo das denúncias:		Prova oferecida na denúncia:
Rene Luiz Pereira	Denunciado por tráfico internacional, associação para o tráfico, lavagem de dinheiro e evasão de divisas.	Apreensão de 698 Kg de cocaína em razão da interceptação telemática realizada no processo nº 5026387-13.2013.4.04.7000.
Alberto Youssef	Denunciado por lavagem de dinheiro e evasão de divisas.	Transações que totalizam USD 124 mil realizadas em ago./set. 2013; disponibilização de USD 36 mil a Rene Luiz Pereira, no dia 30/08/2013;
Carlos Habib Chater	Denunciado por lavagem de dinheiro e evasão de divisas.	Transações que totalizam USD 124 mil realizadas em ago./set. 2013; disponibilização de USD 88 mil a Rene Luiz Pereira, no dia 04/09/2013 e 11/09/2013

André Catão de Miranda	Denunciado por lavagem de dinheiro e evasão de divisas.	Depósitos realizados na conta de titularidade de Gilson M. Ferreiras Transportes ME e Gilson Ferreira (interposta pessoa sem capacidade financeira), cujo intento era a lavagem de dinheiro.

Quadro resumo das alegações finais	
MPF	Competência do Juízo da 13ª VF de Curitiba/PR (decisões das exceções); Existência de justa causa para a condenação; Validade da interceptação telefônica; Prova do crime de evasão de divisas através de operações "dólar-cabo"; Prova de internalização dos valores no Brasil e entrega aos fornecedores da Bolívia, sendo que tais valores dizem respeito ao pagamento de uma transação de drogas; Prova de que Carlos Habib Chater utiliza o Posto Torre para lavagem de dinheiro e operações de câmbio ilegal com doleiros; Prova do pagamento de 1% do valor da venda da droga à Carlos Habib Charter; Que André Catão de Miranda e Carlos Habib Chater agiram com dolo (ao menos eventual), já que André era gerente do Posto Torre e agiu a mando de Carlos Chater (seu chefe); Ausência de comprovação do dolo de Alberto Youssef; que Carlos Chater revela preocupação da interceptação telefônica de que a conta do Posto Torre fosse diretamente utilizada por Rene Pereira em suas transações, o que evidenciaria o seu conhecimento com relação à atividade ilícita; que a interceptação revela que a carga apreendida era de Rene Pereira.
Rene Luiz Pereira	Incompetência do Juízo da 13ª VF de Curitiba/PR (Territorial, a Competência seria do DF ou de Araraquara/SP); Inexistência de autorização judicial para a interceptação de algumas mensagens (períodos determinados); Ausência de fundamentação suficiente para as decisões de interceptações/prorrogações dos prazos de interceptação; Indisponibilidade dos áudios originais das interceptações à defesa (dúvida com relação à autenticidade da prova); Existência de laudo apontando situações anômalas nos áudios interceptados; Existência de interceptação ininterrupta do terminal de Carlos Chater no período de 22/07/2013 a 12/08/2013; Desvio de finalidade das interceptações (transmutada em uma espécie de *fishing expedition*); Indisponibilidade das provas colhidas na Operação Monte Polino, tendo em vista que a B.A. foi realizada sem autorização judicial;

	Inexistência de resposta aos quesitos apresentados pela defesa em petição (ev. 192 dos autos virtuais); Inépcia da denúncia (ausência de descrição do fato delitivo e todas as suas circunstâncias); Que a mera movimentação física de dinheiro não configura crime de lavagem de dinheiro; Que não há provas do crime de evasão de divisas, havendo a descrição de apenas uma operação de internação de valores; Que Rene Pereira atuou como emissário no Brasil do coacusado originário Sleiman Nassim El Kobrossy; Que o crime de evasão de divisas deveria ser absorvido pelo crime de lavagem de dinheiro; Que não há prova de que o crime de lavagem de dinheiro tenha sido praticado com recursos provenientes do tráfico de drogas; Que não há prova do envolvimento de Rene Pereira com o tráfico de drogas; Que não há prova da ocultação de valores para dar-lhes a aparência de recursos lícitos; Que Rene Pereira não tinha ciência da eventual origem ilícita dos recursos (ausência de dolo); Que não há prova da ligação entre Rene Pereira e as drogas apreendidas em Araraquara/SP; Que não há prova da transnacionalidade do tráfico de drogas; Que não há prova da associação para fins de tráfico de drogas.
Carlos Habib Chater	Incompetência do Juízo da 13ª VF de Curitiba/PR (Territorial, a Competência seria do DF); Impedimento do Juízo da 13ª VF de Curitiba/PR para julgamento da ação penal originária em decorrência da contaminação pela "gestão da prova" na fase de investigação e o etiquetamento dos réus como "criminosos profissionais"; Suspeição do Juízo da 13ª VF de Curitiba/PR para julgamento de qualquer ação penal vinculada à Alberto Youssef, em razão da "relação de confiança" formada com o referido colaborador; Cerceamento de defesa (em razão do aspecto eficientista da tramitação dada a esta ação penal); Que a totalidade do material probatório não foi exaurida em exame pela Polícia Federal; Inépcia da denúncia (ausência de individualização das condutas); Ilegalidade da intercepção telemática realizada nas mensagens do Blackberry Messenger (violação do tratado de cooperação internacional firmado entre Brasil e Canadá); Que a gestão do Posto Torre Ltda., acumula dívidas; Que o acusado socorreu-se de agiotas para manter o negócio;

	Inexistência de ciência do acusado com relação à ilicitude das transações financeiras operacionalizadas por Rene Pereira; Inexistência de prova de que os valores envolvidos na lavagem de dinheiro seriam provenientes do tráfico de drogas; Que não há prova de que Sleiman Nassim El Kobrossy teria participado do crime de tráfico internacional de drogas e que Carlos Chater teria agido a seu pedido; Que se o acusado tivesse ciência da origem ilícita dos recursos financeiros, não teria utilizado as contas da sua empresa; Que a operação financeira apenas foi realizada com o intuito de manter positivo o "fluxo de caixa" do Posto Torre; Inaplicabilidade da teoria da cegueira deliberada para o caso concreto; Que não houve tentativa de fuga; Que no caso de condenação a pena deve ser mínima; Que a prisão preventiva deve ser revogada.
Alberto Youssef	Que as interceptações telefônicas são válidas; Que o próprio MPF requereu a sua absolvição; Que houve nulidade na colheita de depoimento de Waldomiro de Oliveira como testemunha; Que o acusado apenas cedeu o espaço físico de seu escritório para uma operação de Carlos Habib Chater; Que não há comprovação do dolo do acusado, para fins de participação nos crimes cuja autoria é imputada aos demais.
André Catão de Miranda	Incompetência do Juízo da 13ª VF de Curitiba/PR (Territorial, a Competência seria do DF ou de Araraquara/SP); Nulidade da designação de audiência para oitiva de testemunhas, antes da apreciação das respostas preliminares; Que o acusado foi contratado em 2003 como gerente financeiro do Posto Torre; Que existem apenas dois diálogos interceptados de André Catão; Que o acusado não tinha conhecimento da origem ilícita do dinheiro ou do caráter fraudulento das operações; Que o acusado apenas atendeu, na condição de subordinado-empregado, as ordens de seu superior (Carlos Habib Chater); Que o MPF confundiu o acusado com André Antunes, que também trabalhava para Carlos Habib Chater; Que não há justificativa para a manutenção da prisão preventiva.

Resumo da fundamentação da decisão:

a) Competência Territorial, Especial e Conexão necessária: Debate exaurido pelos julgamentos das exceções de incompetência apresentadas nos autos, assim como pelo julgamento da 2ª Turma do STF, no sentido de reafirmar a competência do Juízo da 13ª VF de Curitiba/PF quando ausente autoridade com foro privilegiado (ev. 103 dos autos virtuais);

b) Impedimento/Suspensão, em razão da relação de confiança com Alberto Youssef: inadequação da via eleita em alegações finais (inexistência de exceção de suspeição/impedimento nos autos). Rejeição com relação aos argumentos baseados em doutrina estrangeira de sistema processual distinto do nosso (com relação à presença do Juiz de Garantias)[1]. Inexistência de sentido lógico-jurídico que a suspeição/impedimento do Juízo da 13ª VF de Curitiba/PR tenha sido levantada pela defesa de Carlos Habib Chater, remete-se à decisão prolatada na exceção de suspeição levantada por Alberto Youssef nos autos de nº 5045429-14.2014.04.04.7000, rejeitada pelo 1º Grau e mantida à unanimidade pelo 2º;

c) Nulidade processual em razão da designação da audiência para a oitiva de testemunha arrolada pela acusação, antes da decisão pertinente à apreciação das respostas preliminares: a celeridade do processo seria inevitável, já que a ação contaria com três réus presos preventivamente. Os fatos narrados pela acusação já eram de conhecimento de todos os réus. Desde a propositura da ação penal até o despacho de designação da audiência referente à esta oitiva passaram-se dois meses, tempo considerado pelo Juízo como adequado para o preparo das defesas. Não houve qualquer prejuízo na realização do ato, já que a testemunha invocou o seu direito constitucional ao silêncio, pois é ré também em ação penal conexa à esta;

d) Inépcia da denúncia: não se verifica. Há descrição suficientemente pormenorizada das condutas de cada acusado;

e) Ilegalidade da interceptação telefônica/telemática do dispositivo de Carlos Habib Chater (violação ao acordo de cooperação internacional Brasil-Canadá): Inexiste ilegalidade com relação à esta interceptação, porque não havia necessidade da Jurisdição brasileira

1. Interessante notar nesse ponto que para fundamentar a decisão com relação à utilização de prova indiciária como prova apta à comprovação de que o objeto do crime de lavagem de dinheiro é produto de um crime antecedente, a sentença utiliza-se do direito comparado (em termos de jurisprudência) e cita alguns precedentes estrangeiros (pontos 219; 220 e 221 da sentença).

valer-se da Jurisdição canadense para fins de persecução da prova, já que o crime foi praticado no Brasil, por brasileiro identificado e a empresa Blackberry possui uma subsidiária em território nacional (traçou-se em paralelo os casos que envolviam o fornecimento de dados pela Goolg.Inc os julgados do TRF4 e STJ sobre o tema);

f) Histórico das investigações e nulidade das interceptações por prorrogação não suficientemente fundamentada, período de escuta não coberto por decisão judicial e ausência de degravação integral: foram iniciadas em 2006 e 2009 (IPL nº 2009.7000003250-0 e IPL nº 2006.70000018662-8) e apuravam a origem de recursos movimentados em 2008 e 2009, através da CSA Project Finance Ltda., pelo ex-deputado federal José Mohamed Janene, que chegou a ser denunciado na AP470, mas não foi julgado (extinção da punibilidade pela morte). No rastreamento dos valores até Londrina/PR, foram identificados depósitos vultuosos realizados nas contas de duas empresas controladas por Carlos Habib Chater (Angel Serviços Terceirizados Ltda. e Torre Comércio de Alimentos Ltda.); em virtude desse fato, foi autorizada a interceptação telefônica de Carlos Habib Chater e seus subordinados associados, no período de 11/07/2013 a 17/03/2014 (autos nº 5026387-13.2013.4.04.7000), sendo que, nesse ínterim, foi identificada a prática sucessiva de diversos crimes financeiros e de lavagem de dinheiro cometidos por Carlos Habib Chater. A fim de justificar a prorrogação sucessiva das interceptações telefônicas realizadas (ante a ausência de fundamentação suscitada pela defesa), citou-se o entendimento do STF para casos análogos (Inquérito nº 2.424/RJ, Pleno STF, Min. Cezar Peluso, DJe 26/03/2010 e HC 99.619/RJ, 1ª Turma, Min. Rosa Weber, DJe 14/02/2012). A assertiva no sentido de que subsistiriam períodos de escuta não cobertos por decisão judicial não se justificaria, pois o lapso temporal existente entre as decisões e inserção da ordem no sistema da PF, com a respectiva requisição de colaboração da Blackberry, por si, no plano da realidade, afastaria tal assertiva.

Com relação à desnecessidade de degravação integral dos áudios interceptados, o Juízo cita jurisprudência do STF (Informativo 742, DJe 14/05/2014), afastando-se a hipótese de cerceamento de defesa levantada por Rene Luiz Pereira (a autenticidade de áudio gravado pelo próprio acusado não seria passível de questionamento, enquanto que a autenticidade dos três áudios considerados cruciais para o deslinde do processo, foi reconhecida pelos interlocutores, em sede de audiência, a saber: Carlos Habib Chater e André Catão de Miranda, que ainda assumiram a autoria das transações financeiras, negando apenas a ciência com relação à ilicitude da origem dos recursos). Alberto Youssef confirmou a utilização de seu escritório para fins de auxílio na transação realizada entre Carlos Chater e Rene Luiz Pereira, mas negou ter ciência da ilicitude do negócio. Em audiência, Rene Luiz Pereira teria permanecido silente com relação a isto;

g) Com relação ao cerceamento de defesa e ausência de resposta aos quesitos apresentados na petição vinculada ao ev. 192 dos autos virtuais pela defesa de Rene Luiz Pereira: não subsiste a assertiva de que o Juízo teria permanecido silente com relação aos quesitos apresentados pela defesa, isto porque, o Juízo teria se manifestado nos autos no sentido de reconhecer que pelos aparelhos apreendidos com a droga transportada para Araraquara/SP (autos nº 0014808-07.2013.4.03.6120), não era possível ligar o acusado Rene Luiz Pereira àquele carregamento de droga em específico; além do conteúdo das mensagens dos telefones apreendidos, fora realizada prova testemunhal, com os transportadores da droga, que negaram conhecer Rene Luiz Pereira, assim como o conteúdo ilícito do carregamento, não tendo sido declinado, no entanto, o nome de quem os teria contratado para o transporte (itens 123 a 127 da sentença).

g.1.) Suficiência ou não da prova para ligar Rene Luiz Pereira ao tráfico da droga apreendida: a prova testemunhal realizada nos autos nº 0014808-07.2013.4.03.6120 foi considerada de "reduzido valor probatório" já que os responsáveis pelo transporte da droga poderiam ter sido contatados por interposta pessoa, a mando de Rene Luiz Pereira, cuja identidade não foi revelada (no item 127, o Juízo apresenta uma digressão hipotética das diversas formas de como o contato poderia ter sido feito sem que as testemunhas soubessem a identidade de quem o fez); cita-se, também, como uma hipotética "contraprova" o fato de que a mensagem de áudio gravada por Rene Luiz Pereira revela que este havia contratado bolivianos que se encarregariam do transporte da droga até ele no Brasil, não há, contudo, elementos trazidos pelo Juízo em sua fundamentação que permitam concluir que este áudio refere-se ao carregamento apreendido em Araraquara/SP.

OBS: Trata-se, então, de uma hipótese de rebaixamento do *standard* de prova para o crime de tráfico internacional (prova testemunhal que não revela a identidade do contratante do transporte da droga e impossibilidade de ligar diretamente o suposto contratante ao transporte)?

g.2) Leva-se em consideração, o áudio de uma conversa gravada pelo próprio Rene Luiz Pereira com interposta pessoa identificada como "Colombiano", presente no smartphone apreendido (Iphone 5), de propriedade do acusado, onde se destacam os trechos em que o acusado (Rene Luiz Pereira) admitiria participar de tráfico de drogas, assim como daria detalhes de como seria realizada eventualmente a operação dólar-cabo dos valores destinados à compra da droga (proveniente da Europa, notadamente de países como Holanda e Espanha); em determinado trecho da sentença, o Juízo afirma que "(...) o diálogo reforça a conclusão de que era Rene o adquirente da carga de 698 quilos de cocaína trazidos da Bolívia e apreendidos em Araraquara/SP e que é objeto da denúncia.".

OBS: Reforça a conclusão? <u>Ou reforçam-se os indícios</u>? Sim, porque nos trechos destacados pela sentença não é possível também ligar o acusado à BA realizada na cidade de Araraquara/SP. Se for este o caso, é possível admitir-se a condenação de alguém com base em <u>prova indiciária</u>, se tratando de tráfico internacional de drogas?

g.3) Com relação à apreensão de USD 198 mil, em um quarto de hotel onde Rene Luiz Pereira estava hospedado, afirma-se a prescindibilidade do mandado de busca e apreensão, haja vista que: a uma, o acusado teria autorizado a entrada dos policiais no local; a duas, os "documentos vinculados aos autos" comprovariam que os policiais teriam agido sob a hipótese de exceção insculpida no art. 5º, XI da CRFB/88 (flagrante/iminência de crime); não há qualquer menção à natureza de tais crimes, ou seja, não se tem notícia na sentença de quais motivos foram considerados como comprobatórios de que os policiais adentraram no quarto do hotel em flagrante delito (de tráfico de drogas, frise-se).

g.4) Há a admissão de outros elementos de prova como "circunstanciais" (posse pelo acusado Rene Luiz Pereira, de veículo de luxo registrado em nome de terceiro, apreensão de vultuosa quantia em moeda estrangeira, incompatíveis com o seu rendimento declarado para a Receita Federal no ano de 2007, haja vista que a ausência de declaração para os anos seguintes).

g.5) Os depoimentos de Sidney do Nascimento Fagundes e de Mauro Gilberto Franco Marques comprovam que o acusado Rene Luiz Pereira era conhecido como empreiteiro de obras, fato que coincidiria com a informação prestada por este em conversa com o terceiro identificado como "Colombiano" no sentido de que todos pensam que esta é a sua profissão (itens 149 a 151 da sentença).

g.6) Por ocasião deste conjunto probatório, conclui-se, no item 152 da sentença, que restou provado "acima de qualquer dúvida razoável" que Rene Luiz Pereira está envolvido habitual e profissionalmente com o tráfico internacional de drogas, especificamente no que se refere a apreensão de 689 quilos de cocaína, realizada em Araraquara/SP, no dia 21/11/2013; não se reputa como comprovado, contudo, a associação para tráfico entre o acusado (Rene Luiz Pereira) e os transportadores da droga apreendida em São Paulo.

OBS: *BARD* utilizado para a condenação ao tráfico internacional de drogas, admitindo-se como comprovada a ligação entre Rene Luiz Pereira e a cocaína apreendida em Araraquara/SP; o acusado foi, entretanto, absolvido da acusação de associação para tráfico, tendo em vista que não foi possível liga-lo aos transportadores da droga (item 153 da sentença). É possível, em determinado raciocínio jurídico probatório, onde não sejam identificados elementos de prova da associação de pessoas para determinado fim, mas, ao mesmo tempo, admitir-se que uma dessas pessoas seja ligada ao produto do crime que estava em posse das demais, sem que para isto, exista qualquer ligação entre elas? Se for este o caso, é possível que o *BARD* seja rebaixado e utilizado para condenar, quando, logicamente, diante da análise do conjunto probatório que não permite ligar uma pessoa a determinada ocorrência de crime deveria, em verdade, absolver?

OBS: É possível o rebaixamento do *standard* em crimes de tráfico internacional de drogas? Verificar jurisprudência e o seu padrão de repetição para fins de condenação nesses casos (utilizar como chave de busca "ausência de provas seguras do tráfico de entorpecentes").

h) Passa-se à análise da ocorrência do crime de lavagem de dinheiro, através de operações "dólar-cabo", cuja principal prova seriam as interceptações telemáticas das conversas ocorridas entre Carlos Chater, Maria de Fátima, Rene Luiz Pereira e Sleiman Nassim (item 166 e seguintes). Em tais conversas, Rene negocia com Carlos, o pagamento de determinadas quantias, mediante depósito, cuja origem (da dívida) não é explicada. Um dos pagamentos tem o seu depósito de maneira fracionada e é determinada, por Carlos Chater, a entrega de parte do dinheiro a um emissário enviado por Rene ao escritório de Alberto Youssef (U$ 36 mil dólares). Posteriormente, outra parcela deveria ser disponibilizada para Rene, que requereu que o pagamento fosse realizado em real (U$ 88 mil dólares) e indicou duas contas de terceiros para o recebimento. Esse depósito aparentemente não chegou a ser realizado. A PF e o MPF passaram a monitorar as conversas, via interceptação telefônica e telemática, que foram estabelecidas entre os réus.

h.1) Chater revela preocupação com a realização de depósitos bancários em contas de pessoas identificadas e é tranquilizado por Rene a respeito da disponibilidade das contas para o recebimento dos valores (item 182). Isto é considerado, na fundamentação da sentença, como prova de que Carlos Chater sabia da origem ilícita do dinheiro e temia por seu rastreio;

h.2) O depósito de U$ 30 mil dólares que foi realizado em uma das contas fornecidas por Rene, cujo comprovante estaria em posse de uma pessoa chamada "André" (que se presume ser o corréu André Catão de Miranda), nunca foi encontrado pela PF em suas diligências (item 185);

h.3) Após não ter sido realizado o depósito (na conta dos terceiros indicados), Rene indica outras duas contas para Carlos Chater faça a transferência dos valores (item 187);

h.4) Se reproduz, então, o diálogo ocorrido entre Rene Luiz Pereira e André Catão de Miranda (empregado de Carlos Chater, responsável pela transferência); na primeira parte do diálogo, André diz que não pode passar as informações com exatidão para Rene, pois não tem controle sobre a ordem de pagamentos e que seria necessário aguardar pela chegada de Carlos Chater ao local (item 188). André Catão reconheceu a autenticidade dos diálogos em mesa de audiência, o que não se repetiu com Rene Luiz, que se utilizou de seu direito constitucional ao silêncio (item 190);

h.5) Posteriormente, foram interceptadas mensagens trocadas por Rene Luiz e um terceiro não identificado na sentença de codinome Matusalém, com o comprovante de depósito digitalizado de duas transações bancárias (o primeira tendo por depositante o Posto Torre LTDA, no valor de R$ 40.500,00 e o segundo sem a identificação do depositante, no valor de R$ 50.000,00, ambos em nome da empresa Gilson M. Ferreira ME). O depósito no valor de R$ 40.500,00 retornou para a conta do Posto Torre, o que motivou a divisão do pagamento (um depósito de R$ 33.400,00 e outro de R$ 7.000,00, ambos na conta de Gilson M. Ferreira ME). Esses depósitos foram comprovados através da obtenção de comprovantes, assim como pela quebra de sigilo bancário de Gilson M. Ferreira ME – itens 195/196);

i) No item 218, afirma-se: "Em casos envolvendo lavagem de produto de tráfico de drogas, a prova disponível será usualmente indireta ou indiciária no sentido técnico do art. 239 do Código de Processo Penal. " – para, na sequência, trazer de maneira ilustrativa de que forma o "direito comparado" trata do assunto. São citados precedentes dos EUA – e como a chamada *circumstantial evidence*[2] seria suficiente para a demonstração da "propriedade proveniente de atividade criminosa" nos casos onde o acusado não consegue explicar a origem dos recursos; e cita também julgados da Suprema Corte Espanhola (STE).

i.1) São citados, ainda, julgados provenientes do TRF4, em que, "(...) em casos envolvendo lavagem de dinheiro tendo por antecedentes crimes de contrabando, descaminho e contra o sistema financeiro, decidiu-se expressamente que 'não é exigida prova cabal dos delitos antecedentes, bastando apenas indícios da prática das figuras mencionadas nos incisos I a VII para que se complete a tipicidade.'"

OBS: Essa passagem é interessante por dois motivos: um, os julgamentos citados pela fundamentação da sentença dizem respeito ao aceite de prova indiciária em lavagem de dinheiro quando o crime antecedente é de caráter financeiro/econômico (ou seja, distinto do caso concreto, já que o crime antecedente seria o tráfico de drogas); dois, trata o julgado de tipicidade da conduta e não da materialidade do crime (como fora concluído pelo Juízo, no item 233)[3].

---

2. Essa parte da sentença me chamou a atenção pelo seguinte: a *circumstantial evidence* pode ser suficiente para apontar (ou demonstrar) a existência de uma irregularidade relacionada à titularidade de determinados bens, o que nos levaria à inferência de que tais bens possam ser produto de crime. A *circumstantial evidence* não é, assim, um *standard* de prova. É tão somente algo que se assemelharia, na nossa fase de investigação e instrução processual, aos "indícios de materialidade delitiva" necessários para o oferecimento e aceite da denúncia (dentro da lógica penal e processual penal vigentes no Brasil). Entretanto, por certo, há uma estrita relação entre a prova circunstancial e o *standard*, para além de uma dúvida razoável, na medida em que o primeiro diz respeito a uma prova que necessita de uma inferência lógica, uma análise da conjectura dos fatos, enquanto a segunda diz respeito ao mais forte *standard* existente no direito anglo-saxão, cujo postulado hermenêutico determina que a prova, para ser considerada fidedigna além de uma dúvida razoável, deve ser precisa, determinada e independente da análise circunstancial. Para ver mais sobre esse comparativo: https://law.jrank.org/pages/9664/Reasonable-Doubt.html, acesso em 13/04/2020.
3. Isto não se justifica sob a lente da teoria do injusto penal. Se temos que o crime é identificado pela tríade fato punível, antijurídico e típico, não se pode ignorar que, para ser fato típico, o delito precisa necessariamente atender ao critério de adequação mínima de ofensa ao bem jurídico tutelado, ou seja, não pode ser classificado como insignificante. Na realidade, mesmo a tipicidade em sua concepção formal, em uma análise meramente bifásica (tipicidade e antijuridicidade) não é suficiente para a comprovação da materialidade delitiva. O fato precisa ser antijurídico, culpável

j) Para Rene Luiz Pereira, o crime antecedente (tráfico de drogas) estaria então materializado pela tipicidade da conduta, embora a sua culpabilidade não tenha sido examinada na sentença (já que não era possível ligar Rene à droga apreendida, conforme admitido no item 124 da sentença); contudo, para além da responsabilidade do referido réu na prática do crime antecedente, afirma-se que o dolo do crime de lavagem de dinheiro estaria comprovado pelo seu envolvimento na realização de transações subreptícias[4], cujo intento era ocultar o produto do crime de tráfico. Seu dolo no crime de lavagem de dinheiro seria então "inegável" (item 234 da sentença).

l. No caso de Carlos Habib Chater, a admissibilidade da conduta praticada foi por ele realizada em audiência, que negou, todavia, a ciência da ilicitude com relação à origem do dinheiro (proveniente do crime de tráfico); o que não foi considerado pelo Juízo como plausível já que pelo caráter dissimulatório das transações, o referido réu deveria ter ciência da potencial ilicitude da conduta, o que se amoldaria em assunção do risco do cometimento do delito pela via do dolo eventual[5] (item 241). Em que pese ter sido realizada essa

---

e típico para ser material, de modo que a tipicidade carece, ainda, de uma análise substancial com relação aos elementos do crime, pois se o critério da ofensividade não tiver sido atendido, o fato é atípico. (SANTOS, Juarez Cirino dos. **Direito Penal: parte geral**. 3ª ed. rev. amplia., Curitiba: Lumen Juris, 2008, p. 225-226); Também nesse aspecto, é importante lembrar que a lavagem de dinheiro constitui delito *sui generis* de estreita ligação com o crime antecedente, uma vez que apenas se configura (tipicamente) como crime acessório, à semelhança do que ocorre nos crimes de receptação e favorecimento pessoal. Ver mais em: LIMA, Antenor Mafra Pereira. **Lavagem de dinheiro: uma análise da tipicidade do delito à luz da teoria do conflito aparente de normas.** Dissertação (Mestrado em Direito Penal) – Faculdade de Direito, Universidade do Estado do Rio de Janeiro, Rio de Janeiro, 2018, p. 80.

4. Embora tenha sido afirmado na sentença a impossibilidade de se estabelecer uma ligação entre Rene Luiz Pereira e uma parte do dinheiro apreendido, por exemplo (conforme itens 270 e 329 da sentença).

5. O foco do presente trabalho não é explorar a possibilidade de caracterização do dolo eventual nos crimes de lavagem de dinheiro ou não, mas, por certo, para a aplicabilidade da teoria da cegueira deliberada, como idealizada na fundamentação da sentença, é necessário que o agente do delito tenha consciência e vontade de manter-se na ignorância do fato delituoso para o qual está concorrendo. Ou seja, o dolo direto sobre o fato criminoso pode ser dispensável, mas para a configuração do dolo eventual é imprescindível a configuração do dolo direto do sujeito no que se refere à ignorância sobre o fato. Ver mais em: CABRAL, Bruno Fontenele. **Breves comentários sobre a teoria da cegueira deliberada (willful blindness doctrine)**: Jus Navigandi, Teresina, ano 17, n. 3193, 29 mar. 2012. Isto, aliás, é até admitido pela fundamentação da decisão, no seguinte trecho "(...) aquele que realiza condutas típicas à lavagem, de ocultação ou dissimulação, não elide o agir doloso e sua responsabilidade criminal se escolhe permanecer ignorante quando (sic.) à natureza dos bens, direitos ou valores envolvidos na transação, quando tinha condições de aprofundar o seu conhecimento sobre fatos." – item 245 – a despeito de não ter sido realizado o cotejo necessário entre esta afirmação e a hipótese de aferição do dolo eventual (ou risco assumido) de Carlos Habib Chater, que, na realidade foi considerado culpado por dolo direto em razão do conteúdo da troca de mensagens realizadas com Alberto Youssef.

digressão introdutória acerca da possibilidade de aferição da culpabilidade indireta do sujeito pela eleição da teoria da cegueira deliberada, o referido réu foi considerado culpado com dolo direto, por ocasião da troca de mensagens realizada com Alberto Youssef e Rene Luiz Pereira, onde é externada a sua preocupação em fazer a transferência bancária através de contas identificadas, o que, segundo a fundamentação da sentença deixa transparecer que Carlos Habib Chater tinha ciência da origem ilícita do dinheiro (itens 253 e 254).

m) Com relação à André Catão de Miranda, o Juízo considerou que a ausência de dolo em suas condutas não seria "plausível" – já que o mencionado réu trabalhava como gerente financeiro do Posto Torre desde 2003 e os diálogos obtidos pelas interceptações, entre André e Rene denotavam, segundo a fundamentação da decisão, que ambos teriam uma intimidade maior que aquela admitida em audiência, já que André completava, por assim dizer, as frases de Rene (item 262). A explicação oferecida para esse fenômeno por André, no sentido de que a comunicação com todos os clientes do Posto Torre seria realizada de modo a deixá-los à vontade, não seria convincente, segundo o Juízo, que não externalizou a sua motivação com relação à tal desconfiança, limitando-se a transcrever trechos do interrogatório do réu (item 263).

m.1) Concluiu-se que André Catão de Miranda teria agido com dolo, ainda que de maneira subordinada a seu chefe (Carlos Habib Chater), o que não elidiria a sua responsabilidade, pois a atuação subordinada seria ponto de análise afeto à dosimetria da pena.

OBS: Não foi realizada qualquer digressão ou apontamento pertinente à diferenciação de André Catão como partícipe do crime (e não co-autor).

n) Já Alberto Youssef foi absolvido, já que o escritório dele teria sido utilizado apenas como entreposto dos U$ 36 mil dólares que foram entregues a Rene Luiz Pereira, de modo que não teria restado comprovada a ciência de ilicitude do negócio por Alberto Youssef que apenas cedeu o espaço físico de seu escritório. Sua conduta não se amoldaria como participação, já que ele não teria se envolvido diretamente na transação e a utilização física de seu escritório configuraria uma "participação diminuta" não passível de reconhecimento do "agir doloso" (item 266)[6].

6. Interessante notar que, com relação à Alberto Youssef, a teoria da cegueira deliberada não foi objeto de ponderação da decisão.

o) Foram considerados culpados do crime de lavagem de dinheiro: Rene Luiz Pereira, Carlos Habib Chater e André Catão de Miranda. O réu Alberto Youssef foi absolvido dessa imputação.

p) Com relação ao crime de evasão de divisas, ponderou-se o seguinte:

   p.1) Não foi possível estabelecer o "caminho" dos U$ 36 mil dólares que foram entregues à Rene Luiz Pereira no escritório de Alberto Youssef e, apesar da narrativa do MPF no sentido de que tais valores foram internalizados no Brasil e depois repassados à Bolívia, tendo em vista a impossibilidade de se traçar o paradeiro do dinheiro, a materialidade delitiva não estaria configurada.

   p.2) Já os depósitos (total de R$ 90.500,00) realizados na conta Gilson M. Ferreira ME, controlada por casa de câmbio identificada como uma das auxiliares da internalização do dinheiro no Brasil, a despeito de não ter sido possível traçar a completude do "caminho do dinheiro", as mensagens interceptadas, trocadas entre Rene Luiz Pereira e os contatos bolivianos, revelam que o dinheiro foi recebido na Bolívia, o que configuraria a materialização deste crime.

   p.3) Pelo crime de evasão de divisas Rene Luiz Pereira foi considerado autor e por ter agido com dolo, foi condenado. Já com relação à Carlos Habib Chater e André Luiz de Miranda, apesar dos depósitos terem sido realizados na conta de interposta pessoa indicada pela casa de câmbio não restou comprovado que ambos tinham ciência de que esta etapa seria pertinente à remessa de valores para o exterior, razão pela qual ambos foram absolvidos.

q) Assim, a síntese da sentença afirma que restou comprovada, para além de qualquer dúvida razoável, a materialidade do crime de tráfico internacional de drogas e a autoria com relação à Rene Luiz Pereira; a materialidade do crime de lavagem de dinheiro procedente do crime de tráfico internacional de drogas e a autoria com relação à Rene Luiz Pereira, Carlos Habib Chater e André Catão de Miranda; com relação ao crime de evasão de dividas, pertinente aos 36 mil reais internalizados no Brasil, todos devem ser absolvidos por falta de provas; com relação ao crime de evasão de dividas, materializado pelos depósitos realizados na conta de Gilson M Ferreira ME, Rene Luiz Pereira deve ser considerado como autor e, portanto, condenado, excluindo-se os demais por ausência de provas. Alberto Youssef foi absolvido de todas as acusações e Rene Luiz Pereira absolvido do crime de associação para o tráfico.

A dosimetria de pena não faz parte do objeto de pesquisa do presente trabalho, razão pela qual não foi considerada neste estudo e relatório.

Relatório de análise II

Processo nº 5026212-82.2014.4.04.7000/PR
Juízo da 13ª Vara Federal de Curitiba/PR
Autor: Ministério Público Federal
Réu: Waldomiro de Oliveira
Réu: Pedro Argese Junior
Réu: Paulo Roberto Costa
Réu: Marcio Andrade Bonilho
Réu: Leonardo Meirelles
Réu: Leandro Meirelles
Réu: Esdra de Arantes Ferreira
Réu: Murilo Tena Barrios
Réu: Antônio Almeida Silva
Réu: Alberto Youssef
Processo identificado na Planilha I com o número 09.

Códigos ligados ao processo nº 09
"Dúvida razoável" - "Presunção da inocência" - "Garantia da ordem pública" - "Delação premiada" - "Testemunha" - "Delatado" - "Depoimento" - "Confissão" - "Planilhas" - "Pagamentos" - "Comprovadas materialmente" - "Prova de corroboração" - "Enriquecimento ilícito" - "Prova documental" - "Falta de prova suficiente" - "Colaborador" - "Materialidade do crime" - "Planilha" - "Transações" - "Colaboradores" - "Materialidade" - "Prova Oral" - "Indícios" - "Colaboração premiada" - "Prova indiciária" - "Comprovadas materialmente" - "Indícios de sobrepreço" - "Standard"

Quadro resumo das denúncias:		Prova oferecida na denúncia:
Todos os acusados	Crime de lavagem de dinheiro e pertinência à organização criminosa.	Relatório de auditoria e conclusões do TCU com relação à execução do contrato nº 0800.00534457.09.2, concernente à construção da refinaria de petróleo e gás Abreu e Lima (Petrobras) executada pelo Consórcio Nacional Camargo Correa (CNCC), mediante a subcontratação de duas empresas (Sanko Sider e Sanko Serviços), de propriedade dos acusados Murilo Barrios e Márcio Bonilho. Comprovação de transferência total de R$ 26.040.314,18 realizada da Sanko Sider e Sanko Serviços para a MO Consultoria e a GFD, ambas empresas controladas por Alberto Youssef.

		Comprovação de repasse dos valores depositados nas contas da MO e da GFD para as empresas Labogen Química, Labogen Petroquímica, RCI Software e Empreiteira Rigidez, além de valores que foram depositados diretamente na conta do réu Waldomiro Oliveira; assim como a comprovação de que tais valores foram remetidos para o exterior.
Alberto Youssef e Paulo Roberto Costa	Crime de lavagem de dinheiro.	Utilização de valores desviados para a compra de um veículo Land Rover Evoque, mediante depósitos realizados por pessoas interpostas diretamente na conta da empresa vendedora do veículo, que foi registrado em nome de Paulo Roberto Costa.

Quadro resumo das alegações finais	
MPF	a) A questão da competência da VFCuritiba/PR já teria sido dirimida pelo julgamento das exceções, assim como pela reafirmação prolatada pelos Tribunais Superiores; b) Justa causa da denúncia; c) Legitimidade das interceptações telefônicas e telemáticas realizadas; d) Validade da prova indiciária (crime complexo); e) Que o crime de associação ou o de organização criminosa não se confundem com os outros crimes praticados pelo grupo criminoso; f) Que a organização criminosa se dedicava a desviar valores da Petrobras através de contratações superfaturadas e posterior lavagem de dinheiro com o retorno de valores para os envolvidos e agentes públicos vinculados à organização, dentre eles, Alberto Youssef e Paulo Roberto Costa; g) Que as atividades da organização se estenderam até 2014; h) Que ocorreu o superfaturamento do contrato da Petrobras firmado com o CNCC para a obra da Refinaria de Abreu e Lima (RNEST); i) Que há indícios de fraude na licitação do CNCC; j) Que há prova de autoria e participação em relação à todos os acusados, com exceção de Murilo Tena Barrios, que deve ser absolvido; k) Pede a redução da pena de Alberto Youssef, em razão do acordo de delação premiada firmado.
Márcio Andrade Bonilho	a) Que houve cerceamento de defesa porque os seus defensores foram impedidos de indagar Alberto Youssef e Paulo Roberto Costa em seus interrogatórios; b) Que houve cerceamento de defesa porque os seus defensores não tiveram acesso ao conteúdo da delação premiada feita por Alberto Youssef e Paulo Roberto Costa, antes do interrogatório dos referidos réus; c) Violação ao princípio da indivisibilidade da ação penal;

	d) Que a instrução probatória revelou que a Sanko Sider e a Sanko Serviços de fato forneceram materiais pertinentes à execução da obra para o CNCC; e) Que as empresas (Sanko) não tiveram qualquer contato com agentes públicos e apenas intermediaram os repasses para pessoas indicadas por Alberto Youssef em razão da comissão; f) Que as empresas (Sanko) firmaram contrato de consultoria com Paulo Roberto Costa após a sua saída da Petrobras; g) Irretroatividade da lei penal (crime de organização criminosa só surgiu com a Lei nº 12.850/2013), tendo em vista a anterioridade dos fatos criminosos supostamente atribuídos à sua autoria; h) Que não existem elementos que autorizem o reconhecimento de uma organização criminosa; i) Que não tinha ciência da ilicitude dos valores ou, ainda, da existência de crime antecedente à lavagem de dinheiro, assim como que não teve contato com qualquer agente público; j) Que não tinha ciência dos repasses realizados para agentes públicos, assim como não tinha ciência dos repasses realizados aos diretores da Camargo Corrêa e que só tomou conhecimento de tais fatos após o término da relação com Alberto Youssef; k) Requer a liberação dos bens bloqueados.
Murilo Tena Barrios	a) Que houve cerceamento de defesa porque os seus defensores foram impedidos de indagar Alberto Youssef e Paulo Roberto Costa em seus interrogatórios; b) Que houve cerceamento de defesa porque os seus defensores não tiveram acesso ao conteúdo da delação premiada feita por Alberto Youssef e Paulo Roberto Costa, antes do interrogatório dos referidos réus; c) Violação ao princípio da indivisibilidade da ação penal; d) Que a instrução probatória revelou que a Sanko Sider e a Sanko Serviços de fato forneceram materiais pertinentes à execução da obra para o CNCC; e) Que as empresas (Sanko) não tiveram qualquer contato com agentes públicos e apenas intermediaram os repasses para pessoas indicadas por Alberto Youssef em razão da comissão; f) Que as empresas (Sanko) firmaram contrato de consultoria com Paulo Roberto Costa após a sua saída da Petrobras; g) Que o próprio MPF pleiteou a absolvição de Murilo Tena Barrios; h) Que não existem elementos que autorizem o reconhecimento de uma organização criminosa; i) Requer a liberação dos bens bloqueados.
Antônio Almeida Silva	a) Incompetência territorial da VFCuritiba/PR (fatos ocorridos em São Paulo/SP); b) Nulidade processual em razão da designação de audiência de instrução antes da apreciação das defesas preliminares; c) Irretroatividade da Lei penal concernente ao crime de organização criminosa;

	d) Que Antônio foi acusado de ter agido como contador da MO Consultoria (portanto, em subordinação); e) Que a denúncia contra Antônio se baseia apenas no depoimento de Waldomiro de Oliveira; f) Que não há provas da participação de Antônio nos fatos delitivos; g) Que não ocorreram "dezenas de crimes de lavagem" mas, no máximo, apenas um em continuidade delitiva.
Waldomiro de Oliveira	a) Incompetência da VFCuritiba/PR; b) Nulidade da interceptação telemática das mensagens BlackBerry; c) Inépcia da denúncia por desatendimento à individualização das condutas; d) Violação ao princípio da obrigatoriedade e da indivisibilidade da ação penal, pois a testemunha Meire Pozza deveria ter sido também denunciada; e) Irretroatividade da Lei penal pertinente ao crime de organização criminosa; f) Inexistência de provas com relação ao crime de organização criminosa ou de lavagem de capitais; g) Que não ocorreu o crime de lavagem, mas, no máximo, a consumação do crime antecedente (corrupção); h) Que não há provas da participação de Waldomiro de Oliveira; i) Que não ocorreram "dezenas de crimes de lavagem" mas, no máximo, apenas um em continuidade delitiva; j) Que o acusado colaborou com a justiça.
Paulo Roberto Costa	a) Que o acusado celebrou acordo de colaboração premiada com o MPF e revelou a integralidade de seus crimes; b) Que o acusado cedeu às vontades e exigências partidárias que lhe foram impostas; c) Que o acusado se arrependeu de seus crimes; d) Que o acusado revelou fatos e provas relevantes para a justiça criminal; e) Considerado o alto nível de colaboração, o réu faria *jus* ao perdão judicial ou, ainda, à fixação da pena no mínimo previsto no acordo de colaboração premiada.
Alberto Youssef	a) Que o acusado celebrou acordo de colaboração premiada com o MPF e revelou a integralidade de seus crimes; b) Que o acusado revelou fatos e provas relevantes para a justiça criminal; c) Que o acusado era um dos operadores do esquema de lavagem de dinheiro, mas não era o chefe da organização criminosa; d) Que o esquema criminoso servia ao financiamento político e a um projeto de poder; e) Que o réu não controlava a Labogen e Leonardo Meirelles não era pessoa interposta por ele;

	f) Considerado o alto nível de colaboração, o réu faria *jus* ao perdão judicial ou, ainda, à fixação da pena no mínimo previsto no acordo de colaboração premiada.
Leonardo Meirelles	a) Inconstitucionalidade do art. 4º, §14, da Lei 12.850/2013 (indisponibilidade do direito ao silêncio); b) Invalidade das provas obtidas através de acordos de colaboração premiada; c) Invalidade no procedimento de homologação dos acordos de delação premiada pelo STF, haja vista a impossibilidade de participação dos delatados; d) Que o réu não era responsável pela MO Consultoria e que não há prova suficiente para a sua condenação; e) Alternativamente, que em caso de condenação, seja reconhecida a sua colaboração com a justiça para a elucidação dos fatos.
Pedro Agrese	a) Inconstitucionalidade do art. 4º, §14 da Lei 12.850/2013 (indisponibilidade do direito ao silêncio); b) Invalidade das provas obtidas através de acordos de colaboração premiada; c) Invalidade no procedimento de homologação dos acordos de delação premiada pelo STF, haja vista a impossibilidade de participação dos delatados; d) Que o réu não era responsável pela MO Consultoria e que não há prova suficiente para a sua condenação; e) Alternativamente, que em caso de condenação, seja reconhecida a sua colaboração com a justiça para a elucidação dos fatos.
Leandro Meirelles	a) Inconstitucionalidade do art. 4º, §14, da Lei 12.850/2013 (indisponibilidade do direito ao silêncio); b) Invalidade das provas obtidas através de acordos de colaboração premiada; c) Invalidade no procedimento de homologação dos acordos de delação premiada pelo STF, haja vista a impossibilidade de participação dos delatados; d) Que o réu não era responsável pela MO Consultoria e que não há prova suficiente para a sua condenação; e) Alternativamente, que em caso de condenação, seja reconhecida a sua colaboração com a justiça para a elucidação dos fatos.
Esdra de Arantes	a) Inconstitucionalidade do art. 4º, §14, da Lei 12.850/2013 (indisponibilidade do direito ao silêncio); b) Invalidade das provas obtidas através de acordos de colaboração premiada; c) Invalidade no procedimento de homologação dos acordos de delação premiada pelo STF, haja vista a impossibilidade de participação dos delatados;

	d) Que o réu não era responsável pela MO Consultoria e que não há prova suficiente para a sua condenação; e) Alternativamente, que em caso de condenação, seja reconhecida a sua colaboração com a justiça para a elucidação dos fatos.

Resumo da fundamentação da decisão:

a) Competência Territorial: debate exaurido pelos julgamentos das exceções de incompetência apresentadas nos autos, assim como pelo julgamento da 2ª Turma do STF, no sentido de reafirmar a competência do Juízo da 13ª VF de Curitiba/PF quando ausente autoridade com foro privilegiado (ev. 1.317 dos autos virtuais).

b) Cerceamento de defesa em relação a Marcio Bonilho e Murilo Tena Barrios: impedimento de arguição direta pela defesa nos interrogatórios de Paulo Roberto Costa e Alberto Youssef (ev. 1.101), tendo em vista que não lhes fora oportunizado questionar quem era o político beneficiado pelo esquema criminoso da Petrobras, assim como pelo fato de que não tiveram acesso ao conteúdo dos depoimentos de ambos, prestados em colaboração premiada, antes da audiência de instrução. Tais perguntas não foram permitidas porque dentre os políticos citados como beneficiários do esquema, alguns teriam foro privilegiado sujeitos à competência do STF; com relação ao crime posterior (corrupção), cometido em decorrência da lavagem de dinheiro (que é o objeto desta ação penal), o Juízo indeferiu as perguntas por compreender que isto não teria relevância para o deslinde da ação penal em si, de modo que, por serem irrelevantes para o julgamento desta ação, não interfeririam no exercício da ampla defesa dos acusados.

  b.1.) Os depoimentos prestados por Paulo Roberto Costa e Alberto Youssef, em delação premiada, estavam guardados sob sigilo que, posteriormente, foi levantado pelo STF. Os fatos narrados por ambos, em nada influenciavam a defesa de Márcio Bonilho e Murilo Barrios que, segundo a fundamentação do Juízo, sequer renovaram seus argumentos nesse sentido (pontos 61 e 63 da sentença).

c) Inépcia da denúncia (falta de individualização das condutas): suscitada pela defesa de Waldomiro de Oliveira. A preliminar fora apreciada em decisão interlocutória (ev. 393), não haveria inépcia e a conduta de Waldomiro teria sido descrita pela inicial (responsável pelas empresas de fachada, utilizadas para a lavagem de dinheiro – a pedido de Alberto Youssef – tendo assinado contratos e emitido notas fraudulentas).

d) Violação ao princípio da obrigatoriedade e da indivisibilidade: suscitadas pelas defesas de Waldomiro de Oliveira, Márcio Andrade Bonilho e Murilo Tena Barrios, tendo em vista a existência de outros envolvidos que não foram denunciados em conjunto. O Juízo afirma que não haveria nulidade nesse ponto, já que os processos pertinentes ao esquema de lavagem de dinheiro da Petrobras seria "gigantesco" – fato que inviabilizaria a reunião de todos em um único processo e comprometeria o princípio da razoável duração do processo – vale-se a fundamentação, nesse ponto, da possibilidade de desmembramento das ações penais (art. 80 do CPP), sem prejuízo de sua própria prevenção para conhecimento, processamento e julgamento das denúncias futuras envolvendo os mesmos fatos (arts. 80, 81 e 82 do CPP).

OBS: a narrativa no sentido de que a Lava-Jato seria um processo extremamente complexo repete-se em mais de uma oportunidade, em todas as sentenças examinadas. Essa questão se encontra inserida no ponto 69 e no ponto 71 da fundamentação da decisão. Sendo tal operação complexa e os processos dela decorrentes igualmente complexos, haveria a possibilidade de tal operação ter sido concluída e dado origem a um processo estrutural? (Edilson Vitorelli)

e) Nulidade com relação à designação da audiência de instrução, antes de terem sido apresentadas as "defesas preliminares": o Juízo afastou a nulidade, por compreender que a designação da audiência apenas atendeu ao critério da celeridade (razoável duração do processo penal), mormente porque haveriam réus presos; a despeito disso, consignou expressamente que as defesas foram apreciadas antes da audiência, em 09/07/2014 (ev. 393), de modo que não haveria prejuízo para as defesas.

OBS: A despeito da reserva doutrinária existente quanto à aplicabilidade da instrumentalidade das formas no processo penal[7], na linha do que estabelece o art. 563 do CPP, assumamos que o princípio do prejuízo e da causalidade são aplicáveis ao processo penal[8], ainda assim, não se pode partir da premissa de que a atipicidade dos atos processuais seja irrelevante; o normal é que tal atipicidade gere prejuízo, de modo que, caracterizada a atipicidade do ato processual, alegada pela parte à qual ele se destinava ou

7. Nesse sentido: LOPES Jr., Aury. **Direito Processual Penal**. 12ª ed. – São Paulo: Saraiva, 2015, p. 934-937; ROSA, Alexandre Morais da; SILVEIRA FILHO, Sylvio Lourenço da. **Para um processo penal democrático: crítica à metástase do sistema de controle social**. 3ª tira. – Rio de Janeiro: Lumen Juris, 2011, p. 71.

8. BADARÓ, Gustavo Henrique. Processo Penal. 7ª ed. rev., atual. e amplia. São Paulo: Revista dos Tribunais, 2019, p. 815.

que dele se aproveitava, é dever do Juízo demonstrar fundamentalmente que a atipicidade não gerou prejuízo (e não da parte), pois a manutenção da eficácia do ato atípico ficará na dependência da explicação/demonstração de que tal atipicidade não causou qualquer prejuízo[9].

f) Ilegalidade da interceptação telefônica/telemática do dispositivo de Waldomiro de Oliveira (violação ao acordo de cooperação internacional Brasil-Canadá): inexistência de ilegalidade com relação a essa interceptação, porque não havia necessidade da Jurisdição brasileira valer-se da Jurisdição canadense para fins de persecução da prova, já que o crime foi praticado no Brasil, por brasileiro identificado e a empresa Blackberry possui uma subsidiária em território nacional (traçou-se em paralelo os casos que envolviam o fornecimento de dados pela Googl.Inc os julgados do TRF4 e STJ sobre o tema).

g) Manifesta-se o Juízo, de ofício, com relação à validade das interceptações telefônicas realizadas na fase de inquérito, consignando que a despeito de ser legal, a referida prova tem uma importância pequena para o julgamento da ação penal em questão, já que o conteúdo probatório recai sobre prova documental e pericial (quebra de sigilo bancário e fiscal).

h) A defesa de Leonardo Meirelles suscita nulidade com relação aos acordos de delação premiada celebrados por Paulo Roberto Costa e Alberto Youssef, que foram homologados pelo Ministro Teori Zavascki no STF: o direito ao silêncio e a renúncia desse direito pelos colaboradores, no momento de realização da colaboração premiada não configurariam infringência constitucional ao art. 5º, LXIII da CRFB/88 (como alegado pela defesa), pois o dever de prestar depoimento em compromisso com a verdade (art. 4º, §14º da Lei nº 12.850/2013) importaria em garantia aos eventuais delatados (ponto 93 da sentença) que, posteriormente, poderá exercer a ampla defesa e o contraditório nas eventuais ações penais que forem apresentadas em seu desfavor, consubstanciadas nas provas obtidas por meio de colaboração premiada[10].

---

9. BADARÓ, Gustavo Henrique. Processo Penal. 7ª ed. rev., atual. e amplia. São Paulo: Revista dos Tribunais, 2019, p. 817-818.

10. Aqui, vale a observação de que a colaboração premiada é um negócio jurídico bilateral – similar aos contratos –, e se sujeita às regras gerais da Teoria Geral do Direito para ser considerado válido. Se há vício de constituição no negócio jurídico, por exemplo, tal negócio é nulo e não produz os efeitos dele decorrentes por disposição das partes. Por outro lado, a sentença que homologa a decisão de colaboração premiada produz efeitos em relação ao terceiro delatado (art. 4º, §10º, da Lei 12.850/2013); nesse sentido, havendo decisão homologatória transitada em julgado, razão pela qual essa decisão se sujeita ao seu controle. Sobre a possibilidade de controle de validade da decisão que homologa acordo de colaboração premiada pelo terceiro delatado, ver mais em: DIDIER JR., Fredie;

h.1.) Estabeleceu-se que não haveria que se falar em questões relacionadas à credibilidade do depoimento prestado em acordo de colaboração premiada homologado, já que a qualidade do depoimento somente seria avaliada no momento de valoração da prova, considerando a sua densidade, consistência interna e externa, assim como pela existência de prova de corroboração.

OBS: Esse ponto da sentença é importante, já que os códigos ligados à colaboração premiada aparecem como elemento probatório para esta sentença; a observação é importante para que possamos analisar se o Juízo examinou, d e fato, no momento adequado de valoração da referida prova (que é a sentença), a densidade, consistência interna e externa, e a relação entre o depoimento e a prova de corroboração apresentada pelos colaboradores (item 99).

h.2.) Sem se manifestar quanto à qualidade dos depoimentos, ainda nesse ponto da sentença, reitera-se que a colaboração premiada é um importante instrumento de apoio para a resolução de crimes complexos (em especial, a lavagem de capitais); para, na sequência, afirmar-se que o negócio jurídico realizado entre os colaboradores e o MPF neste caso não seria passível de vícios, pois a narrativa dos réus (tortura psicológica) não encontraria respaldo na realidade: as prisões foram decretadas porque estariam presentes os seus requisitos (descritos como boa prova do crime e risco de reiteração da atividade[11]), a despeito de nada ter sido dito com relação ao *fumus comissi delicti* e o *periculum libertatis* (não restou esclarecido qual seria a "boa prova", tampouco qual seria o perigo gerado pelo estado de liberdade dos colaboradores, que justificasse a imputação da preventiva)[12].

h.3.) Afirma-se, por fim, quanto à análise de validade das colaborações realizadas por Alberto Youssef e Paulo Roberto Costa, não obstante terem sido negócios válidos, não houve necessidade de verificação da qualidade dos depoimentos (ou da validade das provas de corroboração), pois, no caso

---

BONFIM, Daniela. *Colaboração premiada (Lei n. 12.850/2013): natureza jurídica e controle da validade por demanda autônoma – um diálogo com o Direito Processual Civil.* **Civil Procedure Review**, v.7, n.2. 135-189, mai./ago. 2016, p.150. Disponível em: <http://www.civilprocedurereview.com/busca/baixa_arquivo.php?id=136&embedded=true>. Acesso em: 31/03/2020.

11. Um outro nome, aparentemente, para a continuidade delitiva.

12. Nesta parte, há uma frase que desponta na fundamentação, a saber: "(...) Não há qualquer invalidade ou reprovação cabível à postura da Acusação que, em troca da verdade e apenas da verdade, oferece ao criminoso tratamento legal mais leniente. Ameaçar alguém com o devido processo legal não é propriamente uma coação ilegal." – item 110 da sentença.

dos autos, havia prova preexistente "(...) acima de qualquer dúvida razoável da materialidade e da autoria dos crimes.".

OBS: Acontece que a autoria delitiva não é passível de um juízo de inferência probatória que admita o *BARD*. A autoria é um Juízo de certeza, que não admite qualquer dúvida (seja ela razoável ou não). Esse trecho da sentença, passa a impressão de que o *BARD* fora utilizado como *standard* único para os dois requisitos da justa causa para a condenação, quando, na realidade, somente poderia ter sido utilizado para fins de aferição da materialidade (item 115).

i) Passa-se à análise do crime de lavagem de dinheiro. Teriam ocorrido cinco crimes de lavagem de dinheiro, descritos pelo Ministério Público: o primeiro seria referente aos repasses realizados pelo Consórcio Nacional Camargo Correa (CNCC) para as empresas Sanko Sider e Sanko Serviços; o segundo seria pertinente ao repasse da Sanko Sider e Sanko Serviços para a empresa MO Consultoria; o terceiro da MO Consultoria para a Labogen, Indústria Labogen, Piroquímica, RCI Software e Empreitera Rigidez; o quarto seria da Labogen, Indústria Labogen e Piroquímica para o exterior; o quinto envolveria a aquisição de um veículo para Paulo Roberto Costa.

i.1.) Tais fatos criminosos representavam fases diversas de um mesmo ciclo de lavagem de dinheiro, que visava direcionar recursos públicos desviados a agentes públicos e agentes políticos (não identificados na sentença).

i.2.) A lavagem de dinheiro seria proveniente do superfaturamento/desvio de pagamentos realizados ao Consórcio Nacional Camargo Correa (CNCC) pela Petrobras S/A, para a construção da Unidade de Coqueamento Retardado (UCR) e de Tratamento Cáustico Regenerativo (TCR) da Refinaria do Nordeste Abreu e Lima (RNEST).

OBS: No item 124 (até 135), a sentença passa a discorrer sobre uma suposta fraude licitatória do certame que teve como empresa vencedora, o Consórcio Nacional Camargo Correa (CNCC) – não restou esclarecido, entretanto, em que medida isso seria ou não relevante para a apreciação dos fatos narrados da denúncia (lavagem de dinheiro proveniente das obras executadas pelo CNCC na Refinaria de Abreu e Lima).

i.3.) Para a execução da obra, o CNCC teria subcontratado a Sanko Sider e a Sanko Serviços de Pesquisa e Mapeamento dos acusados Murilo Barrios e Márcio Bonilho (fornecimento de materiais e serviço); a Sanko, por sua vez, teria contratado a MO Serviços para prestar serviço de ordem financeira e tributária pertinente à execução das obras da Refinaria de Abreu e Lima por ela (Sanko) executadas.

A tese do Ministério Público seria no sentido de que a partir da contratação da MO, não haveria causa lícita para os repasses realizados pela Sanko, pois a MO era controlada por Alberto Youssef (item 148 da sentença). Os repasses seriam um artifício para o excedente pago pela Petrobras, que seria destinado ao esquema administrado por Alberto Youssef (com o pagamento de propinas para agentes públicos e políticos não identificados).

No decorrer da instrução, Paulo Roberto Costa e Alberto Youssef confessaram os fatos (em decorrência do acordo de colaboração premiada realizado entre eles e o MPF); Waldomiro de Oliveira, Leonardo Meireles e Márcio Andrade Bonilho confessaram parcialmente o cometimento dos crimes (itens 151 e 152).

Ainda na fase de investigação, foi decretada a quebra de sigilo telemático do endereço de e-mail paulogoia@hotmail.com que era utilizado por Alberto Youssef; nas conversas interceptadas, foram identificadas planilhas de transação e, nessas planilhas, as anotações pertinentes a vinte transferências realizadas pelas empresas Sanko à MO, no período de 23/07/2009 e 02/05/2012, e valor total de R$ 18.645.930,13 (dezoito milhões seiscentos e quarenta e cinco mil novecentos e trinta reais e treze centavos) – itens 156 a 166 da sentença.

A confirmação de que a MO era controlada por Alberto Youssef teria surgido a partir de uma busca e apreensão realizada em seu escritório (item 167).

i.4.) Fora requerida perícia nos documentos apreendidos, em comparação com os documentos oferecidos pela própria defesa (Márcio Bonilho e Murilo Tenas Barrios, dirigentes das empresas Sanko), a fim de identificar-se a natureza dos serviços prestados pelas empresas Sanko ao CNCC para a execução das obras da Refinaria Abreu e Lima. Os quesitos fixados pelo Juízo foram transcritos para a sentença, contudo, não há qualquer citação com relação aos quesitos apresentados pelas defesas. A conclusão do laudo, elaborado por peritos da própria Polícia Federal, é no sentido de que a documentação comprovaria a ocorrência de fraude (item 170 da sentença).

O laudo confirmou, efetivamente, o fornecimento de serviços pela Sanko Sider ao CNCC, confirmou, entretanto, que a fraude estaria relacionada a serviços conexos aos serviços que foram efetivamente prestados (fornecimento de tubos, flangers, curvas e conexão), tais como: prospecção de fornecedores dos produtos no exterior (pertinentes à importação dos tubos que era realizada pela Sanko para a revenda feita para o CNCC); entrega dos produtos ao comprador; preparo da documentação relativa ao produto (item 174 da sentença).

Tais serviços, segundo o entendimento esboçado na sentença, seriam inerentes ao próprio fornecimento das mercadorias e não haveria motivo para uma cobrança separada do pagamento das próprias mercadorias. Não restou esclarecido, na fundamentação da sentença, a base dessa afirmação.

OBS: Em contratos, é perfeitamente possível admitirmos a contratação de dois serviços conexos, porém, distintos. O serviço de prospecção de fornecedores compatíveis com os valores aprovados na licitação é um serviço; o serviço de preparo de toda a documentação pertinente à importação dos produtos e despacho aduaneiro, por exemplo, é outro serviço; o serviço de deslocamento e entrega dos produtos, com aluguel de veículos e pessoal competente para o transporte, também, por exemplo, seria outro serviço; e todos eles são serviços distintos do fornecimento dos produtos inerentes à execução da obra. Haveria, em hipótese, um contrato principal e outros contratos acessórios, o que, a princípio, não é ilegal à luz da teoria dos contratos. Para ser ilegal, há que existir vício no negócio e a existência de contratos acessórios do principal, não nos parece ser um vício propriamente dito.

i.5.) A perícia teria revelado, ainda, a existência de dois pagamentos realizados em 2010, no valor total de R$ 8.000.000,00 (oito milhões de reais), a título de adiantamento do CNCC para a Sanko Sider, muito antes de terem sido faturadas mercadorias para o CNCC (o que ocorreu apenas em 2011); enquanto que o demonstrativo gerencial de custos dos serviços no projeto CNCC ilustravam que, entre 2009 e 2013, 43% (quarenta e três por cento) dos custos dos serviços prestados pela Sanko ao CNCC, decorriam de pagamentos realizados para a MO Consultoria (empresa controlada por Alberto Youssef).

Haveria um "jogo de planilhas" no fornecimento dos produtos pela Sanko ao CNCC e, deste, para a Petrobras, com o superfaturamento de dezessete vezes o valor de compra original (cobrado pelas empresas Sanko).

i.6.) Como elemento probatório adicional, transcreve-se o diálogo de Alberto Youssef e Márcio Bonilho, interceptado nos autos dos processos nº 5026387-13.2013.404.7000 e nº 5049597-93.2013.404.7000, onde, Alberto Youssef se mostra indignado com o inadimplemento de uma dívida de dois milhões de reais, onde o suposto devedor seria conhecido de ambos pelo codinome de "Leitoso"; em Juízo, Alberto Youssef teria admitido a autenticidade das gravações e teria esclarecido que a pessoa a quem ele se referia era Eduardo Hermelino Leite, diretor de óleo e gás da Petrobras/SA. Os valores, por sua vez, seriam pertinentes ao pagamento de propina que era devido a ele, pela Camargo Correia. Eduardo Hermelino Leite foi denunciado em outra ação penal (5083258-29.2014.404.7000) – item 187 e 188.

i.7.) Também nos diálogos interceptados, Alberto Youssef teria citado nominalmente Paulo Roberto Costa, como destinatário do pagamento dos valores de propina; os outros elementos probatórios pertinentes aos pagamentos recebidos por Paulo Roberto Costa seriam: o veículo Evoke, da marca Land Rover, avaliado em R$ 250.000,00 (duzentos e cinquenta mil reais), razão pela qual, ambos foram acusados de mais um crime de lavagem de dinheiro nesses autos; e o sequestro de U$ 23.000.000,00 (vinte e três milhões de dólares) na conta de titularidade de Paulo Roberto Costa aberta na Suíça, que foram repatriados e, à época, se encontravam à disposição do STF (item 190 e 193).

i.8.) Outro elemento probatório seria a auditoria do TCU (processo nº 009.830/2010-33), no sentido de que os critérios utilizados pela Petrobras para a estimativa do custo da obra, parâmetro utilizado na licitação e na contratação do CNCC, teriam sido inadequados (item 196).

O primeiro relatório citado pela sentença, narra que as fiscalizações das obras da RNEST (Abreu e Lima), começaram em 2008 e, inicialmente, se restringiram à análise dos contratos e execução das obras de terraplanagem; até o ano de 2010, quando a Petrobras modificou a forma de preenchimento dos formulários de gastos e se negou a fornecer o detalhamento dos insumos para o TCU, o que levou à fiscalização a adotar critérios de estimativa de custo. Segundo a estimativa adotada pelo TCU, os contratos teriam sobrepreços que resultavam na diferença de cifras acima de um bilhão de reais.

O segundo teria como conclusão a existência de indícios de superfaturamento total de R$ 167.041.615,39 (cento e sessenta e sete milhões quarenta e um mil seiscentos e quinze reais e trinta e nove centavos), decorrentes de condições de reajustes contratuais desfavoráveis à Petrobras.

OBS: Nenhum dos dois relatórios, contudo, guarda uma relação direta com os fatos narrados na inicial acusatória, resumidos pela sentença: *a uma*, porque não há qualquer liame entre as obras de terraplanagem realizadas em 2008 e os fatos ocorridos a partir de 2009; *a duas*, porque os reajustes praticados nos preços contratuais obedeceram os critérios que foram estabelecidos pela própria Petrobras, o que foi dito pelo Juízo no item 196. Não restou esclarecido de que modo os relatórios do TCU (parcialmente transcritos) serviriam à comprovação do superfaturamento dos contratos firmados entre a CNCC e as empresas Sanko, para o fornecimento de materiais de construção na obra da RNEST.

A sentença afirma, nesse ponto, que os dois relatórios do TCU, o primeiro apontando sobrepreço na estimativa de custos do preço referência da Petrobras; o outro apontando efetivo prejuízo pelo pagamento dos valores indevidos, constituiriam indícios adicionais ao sobrepreço e superfaturamento das obras da Petrobras, executadas pelo CNCC (item 202).

É possível falar-se em prova indiciária adicional? Acessória? A prova indiciária nesse caso, conforme a construção da sentença, refere-se ao crime antecedente à lavagem de dinheiro (crime de peculato) – conforme itens 207 e 208 da sentença. O outro crime antecedente seria o de fraude à licitação (item 211).

- Do item 216 ao item 224: vê-se na fundamentação da sentença, uma digressão a respeito da utilização de prova indiciária no direito comparado, que é simplesmente idêntica à fundamentação existente do item 218 ao item 229 da sentença nº 07, a única diferença é que, na sentença de nº 09 (objeto desta análise) o crime que é colocado como passível de comprovação através de prova indiciária é o crime de lavagem de dinheiro, enquanto na sentença de nº 07 é o crime de tráfico de drogas. Não há, qualquer diferenciação com relação aos elementos de cada tipo penal e sua relação com o conteúdo de direito comparado suscitado pelas sentenças.
- No item 224 (sentença nº 09): afirma-se que admitir como válida a prova indiciária para o crime de lavagem de dinheiro não contém qualquer diferença em relação à admissão desse tipo de prova (indiciária) em relação a qualquer outro crime. Nesse item, fala-se que ainda indiciária que, a prova deve ser "convincente" para satisfazer o *standard* da prova acima de qualquer dúvida razoável.

Essa parte da fundamentação da sentença nos faz questionar se não haveria uma confusão, para o Juízo, entre o *standard* da prova clara e convincente (*clear and convincing evidence*) e o para além de uma dúvida razoável (*beyond a reasonable doubt – BARD*), já que este não é um requisito do *BARD*. A prova não tem que ser convincente, ela tem que ser maciça, em termos de comprovação, acima de qualquer dúvida razoável. Não se trata de um Juízo de convencimento, mas sim de certeza.

i.9.) Reputa-se como comprovada a materialidade da primeira fase do crime de lavagem de dinheiro, pelas provas indiciárias acima suscitadas (indícios de sobrepreço nos contratos do CNCC com a Petrobras em decorrência dos relatórios do TCU; indícios de sobrepreço nos contratos do CNCC com a Petrobras em decorrência dos serviços simulados com a MO Consultoria; utilização de expedientes de simulação e ocultação dos repasses dos valores do CNCC para os destinatários finais através do superfaturamento dos contratos firmados com as empresas Sanko e a simulação de prestação de serviços pela MO).

i.10.) A segunda fase da lavagem de dinheiro estaria materialmente comprovada pelas transferências internacionais realizadas pela MO Consultoria para as empresas Labogen e Piroquímica; as transferências eram justificadas por contratos de câmbio de importação (simulada) e eram contabilizadas como se fossem pagamentos aos fornecedores estrangeiros.

O elemento circunstancial de prova suscitado seria o fato de que as declarações de importação prestadas pelas empresas Labogen, assim como pelas empresas Piroquímica, seriam inconsistentes com os contratos de importação celebrados com a MO Consultoria e as transferências recebidas (itens 245 e 247). Com a quebra de sigilo bancário e fiscal, o Juízo constatou que: a Indústria Labogen não teria apresentado declaração de rendimentos para a Receita Federal, a empreiteira Rigidez apresentou declarações em branco. A Labogen Química e Piroquímica apresentaram declarações inconsistentes. Com relação à RCI Software, foi apresentada uma declaração que não era manifestamente inconsistente com os créditos recebidos da MO Consultoria (itens 249 e 250).

Traçado o paralelo, entre os pagamentos realizados pela MO Consultoria, empresa que era administrada por Alberto Youseff, e as empresas que receberam os pagamentos em contas administradas no exterior, cuja atividade não era compatível com os recebíveis, o Juízo concluiu que as referidas empresas eram de "fachada" (itens 254 e 255).

Complementa-se, ainda, que a MO Consultoria teria feito o repasse indevido de pelo menos R$ 18.645.930,13 (dezoito mil seiscentos e quarenta e cinco novecentos e trinta reais e treze centavos) – oriundos, por sua vez, do superfaturamento das obras da RNEST, executadas pelo CNCC (item 257).

Todavia, a despeito de ter suscitado a existência de um fio condutor entre os pagamentos que foram realizados pela MO Consultoria e as empresas Labogen e Piroquímica, o Juízo reputou como desnecessária e inviável a demonstração específica de rastreamento de cada valor (item 260).

<u>OBS</u>: A leitura desses itens deixa aparente que o raciocínio do Juízo não é um raciocínio indutivo (como deve ser, quando se utiliza *standards*

probatórios, para justificar racionalmente a conclusão da decisão), mas sim dedutivo: traça-se um paralelo entre pagamentos que foram recebidos, cuja origem não pode ser explicada, e os pagamentos superfaturados que foram realizados pela Petrobras, com a execução das obras da RNEST, sem, contudo, esclarecer-se para o leitor, qual o caminho percorrido (com a demonstração específica do rastreamento de cada valor), pois isso não seria "necessário". A questão é a seguinte: se a MO Consultoria era mesmo operada por Alberto Youssef, qual prova, efetivamente, garante que o dinheiro desviado da RNEST e repassado para a MO Consultoria era exatamente o mesmo dinheiro que foi depositado pela MO Consultoria para as contas das *offshores*? Isso é importante, na medida em que pode significar até mesmo a exclusão da participação das *offshores* e seus dirigentes nos crimes descritos pela acusação.

O Juízo continua sua narrativa, no sentido de que a materialidade do crime de lavagem de dinheiro estaria comprovada apenas por esses repasses (para além da existência de confissões, depoimentos e testemunhas) e, então, afirma que os dois ciclos da lavagem de dinheiro não constituem condutas criminosas autônomas, enquadradas em cinco fatos delitivos distintos (conforme descrito na denúncia), mas sim, vinte e uma operações de lavagem de dinheiro, conforme comprovado pelas vinte e uma transações que foram realizadas pela MO Consultoria (itens 264 e 268); reputando, como comprovadas, a materialidade delitiva de pelo menos vinte e uma operações de lavagem de dinheiro.

OBS: Foi feita uma *emendatio libelli* (art. 383 do CPP)? Acreditamos que não, porque o código de processo penal proíbe expressamente o Juízo de "modificar os fatos narrados na inicial" – evidentemente, pois o contrário significaria admitir uma quebra na correlação existente entre acusação e sentença, além de manifesta infringência ao contraditório, pois o réu não teria se defendido dos fatos narrados na sentença, mas sim da acusação[13]. Esse parece ter sido exatamente o caso, já que o Juízo modificou a narrativa da acusação, a despeito de ter mantido a mesma capitulação dada ao crime (lavagem de dinheiro proveniente de peculato).

j) Nesse ponto da sentença, afirma-se que, quanto à autoria dos crimes de lavagem de dinheiro, há provas do envolvimento de Alberto Youssef, Paulo Roberto Costa, Márcio Bonilho, Waldomiro de Oliveira, Leonardo Meirelles, Leandro Meirelles, Pedro Argese Júnior e Esdra Arantes Ferreira (item 270), mas não é mencionado qualquer outro "detalhe".

---

13. BADARÓ, Gustavo Henrique. **Correlação entre acusação e sentença**. 2ª ed. rev. atual. e amplia. – São Paulo: Revista dos Tribunais, 2010, p. 101.

k) Passa a sentença a analisar a prova oral pertinente ao depoimento prestado pela Sra. Meire Poza (titular da empresa de contabilidade que prestava serviço para a MO Consultoria). Neste depoimento, a testemunha teria afirmado que a empresa era de fachada e nunca prestou os serviços referentes às notas emitidas; narra, também, que Alberto Youssef não teria ingerência alguma sobre a MO Consultoria[14].

l) Ainda na fase de inquérito, Leonardo Meirelles, Leandro Meirelles, Pedro Argese, Esdra de Arantes e Waldomiro de Oliveira confessaram parcialmente os fatos e a utilização das contas as empresas por Alberto Youssef; assim como confessaram total ou parcialmente, a inatividade das empresas e o caráter fraudulento dos contratos cambiários (item 277). Em Juízo, contudo, Pedro Argese, Esdra de Arantes e Leandro Meirelles utilizaram-se de seu direito ao silêncio, de modo que, o Juízo levou em consideração o teor dos depoimentos prestados exclusivamente na fase de inquérito, justificando que não haveria prejuízo porque as partes estavam acompanhadas de advogado (item 283)[15].

l.1.) O Sr. Leonardo Meirelles, por sua vez, teria reiterado a confissão realizada na fase de inquérito, transcrita para a sentença; admitiu que era o principal responsável pelas transações fraudulentas, mas que os senhores Leandro Meirelles, Pedro Argese e Esdra de Arantes estavam cientes de todas elas (itens 284 a 287).

l.2.) O Sr. Waldomiro Oliveira teria também admitido ser o responsável pela abertura e gestão da MO Consultoria e que

14. Isto não se comunica com os objetivos do presente trabalho, mas é interessante notar a contradição entre a narrativa da sentença, construída inteiramente no sentido de que Alberto Youssef seria a pessoa responsável pelas transações da MO Consultoria e, na análise da prova oral deduzida nos autos, notar que a pergunta realizada pelo próprio Ministério Público, acerca da ingerência ou não de Alberto Youssef sobre a empresa de "fachada", foi respondida de maneira negativa (item 276).

15. Ainda que isso não seja propriamente pertinente ao objeto de estudo desta pesquisa, é devido ponderar a absoluta inadmissibilidade dos atos de inquérito como atos de prova, uma vez que os atos produzidos na fase de investigação acompanham a denúncia única e exclusivamente para que seja possível ao Juízo exercer a análise de admissibilidade da ação penal proposta. Os atos de prova são dirigidos ao Juiz da verdade de uma afirmação, estão a serviço do processo e integram o processo penal, dirigem-se a formar um Juízo de certeza, servem à sentença, exigem a observância da publicidade, contradição e imediação, são praticados perante a autoridade judiciária. Pouco importa, assim, a presença de advogados de defesa (responsáveis pela defesa técnica do acusado) no momento de feitura do seu interrogatório de investigação, pois a produção daquele ato não é direcionado ao Juízo de certeza (sentença), mas sim ao Juízo hipotético (admissibilidade da ação penal). O valor probatório dos atos de investigação são, portanto, limitados ao fim a que se destinam: comprovar a existência de Justa Causa para o recebimento e a procedibilidade da ação penal. (LOPES Jr., Aury. **Direito Processual Penal**. 12ª ed. – São Paulo: Saraiva, 2015, p. 155-156).

recebia uma comissão pelas transações realizadas por esta, assim como pelas outras empresas (Empreiteira Rigidez e RCI Software), a pedido de Alberto Youssef (item 288 a 290).

1.3.) O Sr. Márcio Bonilho, em seu interrogatório de investigação teria negado a realização das fraudes e pagamentos de "comissões" para Alberto Youssef, tendo modificado o teor do seu depoimento em Juízo, assumindo a veracidade das acusações (item 291), admitindo também que os repasses dos valores eram realizados nas contas da MO Consultoria e GFD Investimentos (item 292).

1.4.) Os senhores Alberto Youssef e Paulo Roberto Costa (diretor de abastecimento da Petrobras S/A.) formularam acordos de colaboração premiada visando a obtenção de redução da sua pena, ao passo que declararam em seus respectivos termos, que as empreiteiras brasileiras, reunidas em cartel (dentre elas a Camargo Correa), fraudaram as licitações da Petrobras e pagavam sistematicamente de 2% a 3% sobre cada contrato da estatal para os dirigentes da empresa (diretoria de abastecimento, diretoria de serviços etc.). Admitiram que esse esquema também teria ocorrido nas obras da RNEST, sendo que o Sr. Paulo Roberto Costa ainda admitiu que persistiu recebendo vantagem indevida mesmo depois de ter deixado o cargo de diretor de abastecimento, em 2012, e que o veículo Evoque da marca Land Rover, avaliado em R$ 250.000,00, seria pertinente à parte de pagamento que estavam "pendentes" (itens 293 a 300).

OBS: Foi realizada a transcrição de parte dos depoimentos prestados por Paulo Roberto Costa, com a descrição de como funcionava a operação fraudulenta, os repasses que eram realizados (a partir do item 300). Não há, contudo, correlação entre os trechos destacados na sentença e as obras executadas pelo CNCC na RNEST. Foi também transcrita parte dos depoimentos prestados por Alberto Youssef (item 301). Em determinado ponto, este descreve de que forma as obras da RNEST foram superfaturadas pelo CNCC (através das notas referentes aos materiais fornecidos e serviços prestados pela Sanko e dos repasses que eram feitos desta para a MO Consultoria). Ainda segundo Alberto Youssef, a planilha de pagamentos seria autêntica, os valores lançados como "repasses" seriam concernentes ao pagamento de propina para agentes públicos e os valores lançados como comissões seriam valores a ele devidos pelas intermediações realizadas entre o CNCC e a Sanko Sider (item 302). Não há qualquer menção à existência de uma prova de corroboração ou, ainda, de prova documental que sirva à correlação entre essa afirmação e os depósitos que foram identificados nas contas das empresas Sanko.

l.5.) A conclusão parcial da sentença, nesse ponto, é no sentido de que estaria provado o crime de peculato e fraude à licitação (como crimes antecedentes), não sendo esclarecido, entretanto, qual seria a prova – além do depoimento prestado por Alberto Youssef, acima citado –, que serviria como prova de corroboração das declarações prestadas. Não é possível identificar na fundamentação da decisão, também, a correlação entre a prova que demonstre a veracidade das declarações prestadas (testemunhal, documental etc.) e as alegações do referido colaborador (itens 314 a 319).

m) No item 338 da sentença, há uma afirmação interessante, no sentido de que a ciência dos envolvidos acerca da procedência criminosa dos valores concernentes às transações podia ser inferida pela prática prévia da conduta de ocultação e dissimulação; o que nos leva a questionar, se não haveria, aqui, uma presunção relacionada ao dolo dos agentes.

m.1.) O dolo de Alberto Youssef e de Paulo Roberto Costa seria manifesto, já que nenhum dos dois negou o seu envolvimento com o esquema; o dolo do Sr. Márcio Bonilho seria comprovado pelo depoimento prestado por Alberto Youssef, no sentido de que ele deveria saber da ilegalidade das transações[16], a despeito de seu álibi inicial no sentido de que as empresas Sanko teriam efetivamente prestado serviços para o CNCC e de que ele não teria conhecimento da emissão de notas ou contratos frios (item 341) e do próprio Alberto Youssef ter dito, em seu depoimento, que o Márcio Bonilho não tinha qualquer ganho em relação aos repasses.

m.2.) O dolo de Leonardo Meirelles, Leandro Meirelles, Pedro Argese Júnior e Esdra Arantes Ferreira deve ser reconhecido, em virtude da aplicação da teoria da cegueira deliberada, já que realizaram sistematicamente remessas internacionais vinculadas aos contratos de câmbio cuja importação a eles relacionada era inexistente (itens 344 a 346).

m.3.) A instrução revelou que Mutilo Tena Barrios estava afastado da direção da empresa Sanko Serviços à época dos fatos e não

---

16 Vale a transcrição do texto do depoimento, pela inexatidão das palavras utilizadas por Alberto Youssef: "(...) olha, o Márcio Bonilho frequentava meu escritório e sabia que meu escritório frequentava várias pessoas, agentes públicos. Acredito que ele sabia."

teve qualquer contato direto com a sua realização, de maneira que deve ser absolvido das acusações (item 353).

m.4.) O réu Antônio Almeida Silva (contador das empresas MO Consultoria; Empreiteira Rigidez e RCI Software) também deve ser absolvido, já que a única prova utilizada pelo MPF no seu pedido de condenação, é o depoimento prestado por Waldomiro Oliveira, mas as declarações prestadas por ele podem ter sido motivadas por sua tentativa de redução da própria responsabilidade.

OBS: Interessante notar que esse raciocínio não foi feito para os demais, com relação às declarações prestadas por Alberto Youssef. Não poderia ele, Alberto Youssef, também estar agindo em uma tentativa de diminuição da sua própria responsabilidade?

m.5.) Reputa o Juízo, assim, que restou comprovada, "acima de qualquer dúvida razoável, a materialidade e a autoria", à exceção de Antônio Almeida Silva, que será absolvido.

Quadro descritivos dos dois ciclos da lavagem de dinheiro	
Primeiro ciclo	**Segundo ciclo**
• Simulação de serviços e superfaturamento de mercadorias fornecidas pelas empresas Sanko, mediante a confecção de notas e contratos fraudulentos, concernentes às obras executadas pelo CNCC na RNEST. • Simulação de serviços, mediante a confecção de notas e contratos fraudulentos, por parte da MO Consultoria para as empresas Sanko.	• Transferências das contas da MO Consultoria para a RCL Software, Empreiteira Rigidez, Labogen Química, Indústria Labogen e Piroquímica. • Remessas internacionais por parte da Labogen Química, Indústria Labogen e Piroquímica, através de contratos de câmbio fraudulentos.

n) A última imputação criminosa apontada nos autos diz respeito ao crime de pertinência à organização criminosa e, segundo a fundamentação da sentença, restou comprovado nos autos a existência de um esquema criminoso envolvendo cartel, fraudes à licitação, pagamento de propinas a agentes públicos e a agentes políticos, assim como da lavagem de dinheiro (item 374).

n.1.) Restou demonstrada a existência de vínculo associativo entre os diversos envolvidos nos crimes, o que "transcende a coautoria na prática dos crimes" pois haveria a presença de desígnios autônomos para a prática de crimes em série e indeterminados, objetivando o enriquecimento ilícito dos envolvidos, em maior ou menor grau, caracterizaria a hipótese de associação criminosa, conforme a descrição do art. 288 do CP, de modo que para os crimes praticados até 19/09/2013 teria incidido este tipo penal (itens 380 e 381).

n.2.) Restou demonstrada a prática de crimes após 19/03/2013, o que seria comprovado pelas interceptações telefônicas realizadas pouco antes da prisão cautelar de Alberto Youssef, cujo teor revelavam a entrega de valores a terceiros por solicitação das empreiteiras mesmo após a sua prisão e o "desfazimento" do grupo. Desse modo, após a data de 17/03/2014, o grupo teria incidido o tipo penal de organização criminosa (art. 2º da Lei nº 12.850/2013)[17].

n.3.) A conclusão da sentença com relação ao crime de lavagem de dinheiro é no sentido de que teriam restado comprovadas a materialidade e autoria do referido tipo penal, de modo que Paulo Roberto Costa, Márcio Andrade Bonilho e Waldomiro de Oliveira deveriam ser condenados pela prática do referido crime, enquanto que a responsabilização de Alberto Youssef, Esdra de Arantes Ferreira, Leandro Meirelles, Leonardo Meirelles e Pedro Argese Junior teria sido prejudicada pela existência de litispendência em relação a esse delito com ação penal conexa. Os réus, Antônio Almeida Silva e Murilo Tena Barrios, foram absolvidos da imputação.

A dosimetria de pena não faz parte do objeto de pesquisa do presente trabalho, razão pela qual não será totalmente descrita neste estudo e relatório.

17. A despeito deste não ser o foco do presente trabalho, não se passa por despercebido que nessa parte da sentença não há a descrição dos elementos concernentes ao enquadramento do tipo penal de organização criminosa, conforme descritos pelo §1º do art. 1º da Lei nº 12.850/2013. A fundamentação traz em seu texto o que seria considerado como elemento probatório da manutenção do vínculo associativo entre o grupo, principalmente no que se refere ao destaque para as datas de ocorrência dos delitos, mas não caracteriza de que forma, a estrutura era ordenada, tampouco caracteriza qual era a divisão de tarefas executadas por cada um dos pertencentes ao grupo. A redação precária dos itens 391 e 392, assim como no item 405, não pode ser considerada como uma apropriada descrição dos elementos do tipo de organização criminosa. Outro ponto curioso, a ser notado, é que na fase da fixação de pena, o Juízo reconheceu a existência do crime de organização criminosa, aplicando-lhe a pena pertinente, ao mesmo tempo em que considerou a "transnacionalidade" (um dos elementos especiais do tipo de organização criminosa) como uma circunstância negativa, aumentando a pena base fixada para o crime de lavagem de dinheiro, incorrendo, assim, em *bis in idem*. Remete-se ao item 419 da sentença, a título exemplificativo (fixação da pena base do Sr. Márcio Andrade Bonilho).

Relatório de análise III

Processo nº 5047229-77.2014.4.04.7000/PR

Juízo da 13ª Vara Federal de Curitiba/PR

Autor: Ministério Público Federal

Réu: Ediel Viana da Silva

Réu: Carlos Alberto Pereira da Costa

Réu: Alberto Youssef

Réu: Carlos Habib Chater

Processo identificado na Planilha I com o número 17.

Códigos ligados ao processo nº 17
"Confissão" - "Depoimento" - "Dúvida razoável" - "Garantia da ordem pública" - "Pagamentos" - "Presunção da inocência" - "Prova emprestada" - "Prova testemunhal" - "Standard" - "Testemunha" - "Colaboração premiada" - "Colaborador" - "Comprovação" - "Confessou" - "Enriquecimento ilícito" - "Falta de prova suficiente"- "Indícios" - "Materialidade do crime" - "Materialidade" - "Prova documental" - "Prova indiciária" - "Risco à Ordem Pública"- "Transações bancárias" - "Transações financeiras" - "Transações"

Quadro resumo das denúncias:		**Prova oferecida na denúncia:**
Todos os acusados	Crime de lavagem de dinheiro e de associação criminosa	A conclusão da AP470 no sentido de que o Dep. José Janene (extinta punibilidade por morte) havia repassado propina para outros deputados do Partido Progressista, cuja destinação era a compra de votos no Congresso Nacional, assim como para alimentar o esquema fraudulento do publicitário Marcos Valério. Cerca de R$ 1.165.600,08 de titularidade de José Janene foram investidos subrepticiamente na empresa Dunel Indústria, deste total, R$ 537.252,00 seriam originários de empresas controladas por Carlos Habib Chater e R$ 618.434,08 seriam originários de empresas controladas por Alberto Youssef.
Alberto Youssef e Carlos Alberto Pereira da Costa	Apropriação indébita e estelionato	Transferência de equipamentos industriais para o galpão JN Rent a Car., de propriedade de Assad Jannani, irmão de José Janene e a simulação de uma ação cautelar preparatória trabalhista que pudesse justificar o arresto dos bens da empresa e do restante dos equipamentos industriais.

Carlos Habib Chater, Ediel Viana da Silva e Carlos Alberto Pereira da Costa	Falsidade ideológica e uso de documento falso	Um contrato de mútuo ideologicamente falso apresentado por Ediel Viana Filho (fl. 1.862 do inquérito), como justificativa falsa do depósito efetuado pela empresa Angel Serviços Terceirizados LTDA., em favor da empresa CSA – Project Finance, no montante de R$ 130.013,50. O contrato foi assinado pelos réus e tem como testemunha Carlos Alberto Pereira da Costa.

Quadro resumo das alegações finais	
MPF	a) A questão da competência da VFCuritiba/PR já teria sido dirimida pelo julgamento das exceções, assim como pela reafirmação prolatada pelos Tribunais Superiores; b) Justa causa da denúncia; c) Que a informação técnica apresentada pelo MPF ao final da instrução foi formulada com base no laudo pericial apresentado em ação penal conexa (5001438-85.2014.4.04.7000); d) Que em crimes complexos a prova indiciária tem relevante papel; e) Que o Dep. José Janene teria recebido pelo menos R$ 4.100.000,00 de empresas controladas por Marcos Valério, conforme restou comprovado na AP 470; f) Que Alberto Youssef admitiu que os recursos de José Janene, por ele geridos, tinham origem criminosa; g) Que José Janene investiu R$ 1.165.600,08 na empresa Dunel Indústria, realizando as transações através de Alberto Youssef; h) Que R$ 618.343,08 têm origem em recursos criminosos da empresa CSA Project; i) Que R$ 537.252,00 foram transferidos por Alberto Youssef com o auxílio do esquema de lavagem comandado por Carlos Habib Chater; j) Que há confissão de parte dos acusados; k) Que Alberto Youssef, Carlos Alberto Costa e Ediel Viana agiram com dolo direto e que Carlos Habib Chater agiu com dolo eventual; l) Que os acusados falsificaram documentos em 2012, durante a investigação; m) Que os acusados devem ser condenados pelo crime de lavagem de dinheiro e uso de documento falso; n) Que Alberto Youssef deve ser absolvido da imputação de estelionato e apropriação indébita, por falta de provas; o) Que restou comprovada a associação para prática de crimes entre José Janene, Alberto Youssef, Carlos Habib Chater, Carlos Pereira da Costa, Rubens de Andrade e Ediel Viana; p) Que Carlos Pereira da Costa colaborou com o MPF, mas ainda não existe a análise final dos resultados eficazes de sua colaboração.

Carlos Alberto Pereira da Costa	a) Inadmissibilidade da prova emprestada por violação ao contraditório; b) Incompetência da VFCuritiba/PR (crimes praticados por autoridade com prerrogativa de função); c) Nulidade processual, em razão da oitiva da testemunha da defesa, realizada antes da apresentação da resposta preliminar dos acusados; d) Inexistência de prova de que os recursos utilizados na Dunel eram provenientes dos crimes que foram objeto da AP 470; e) Que o acusado não tinha ciência de que os valores envolvidos nas transações possuíam origem ilícita; f) Que em caso de condenação, deve ser reconhecida a participação de menor importância do acusado; g) Que não há prova do crime de associação criminosa; h) Que o crime de falso deve ser absorvido pelo crime de lavagem; i) Que o acusado não teve qualquer participação nos crimes de estelionato e de apropriação indébita; j) Que o acusado confessou e ainda colaborou com o MPF.
Carlos Habib Chater	a) Que há usurpação da competência do STF (investigação de crimes que eram objeto da AP 470); b) Invalidade da decisão que determinou a quebra de sigilo bancário e fiscal do acusado, visto que foi baseada em denúncia anônima e não foram esgotados os outros meios de investigação; c) Que Hermes Freitas Magnus foi condenado por denunciação caluniosa (com trânsito em julgado); d) Que os depoimentos prestados por Ediel Viana em colaboração com o MPF não foram submetido ao contraditório; e) Que houve retratação por parte de Ediel Viana, com relação à proposta de colaboração, de sorte que os documentos e provas por ele oferecidos não podem ser utilizados no processo; f) Que os valores recebidos por José Janene das empresas de Marcos Valério, já haviam sido lavados e não poderiam ser objeto de nova lavagem de dinheiro; g) Que na redação original da Lei nº 9.613/1998, o crime de lavagem não poderia ser o crime antecedente ao crime de lavagem; h) Que foi proposta outra ação penal (5032531-37.2012.4.04.7000) que já tem por objeto a lavagem de recursos auferidos por José Janene nos crimes que foram objeto da AP 470; i) Que não há prova da origem ilícita dos recursos; j) Que não restaram comprovadas as condutas de ocultação e de simulação; k) Que as empresas Angel Serviços e Torre Comércio não eram de fachada;

	l) Que como o Posto Torre passava por dificuldades financeiras, o acusado recorria ao saldo das outras empresas (Angel Serviços e Torre Comércio); m) Que os depósitos realizados em favor da Dunel eram devolução de um empréstimo firmado entre Carlos Chater e Alberto Youssef; n) Que os depósitos foram feitos em espécie porque o Posto da Torre tinha disponibilidade elevada de dinheiro em espécie; o) Que sem a ocultação ou dissimulação, não há crime de lavagem; p) Que o acusado não agiu com dolo e que desconhecia a procedência dos valores (pertencentes a José Janene); q) Que não há aplicação de dolo eventual ou, ainda, da teoria da cegueira deliberada, quando o agente não representa em absoluto a origem criminosa dos bens; r) Que o crime art. 1º, §2º, I, da Lei nº 9.613/1998, em sua redação original, não aceita o dolo eventual; s) Que o crime de falso deve ser absorvido pelo crime de lavagem; t) Que não há prova do crime de associação criminosa.
Alberto Youssef	a) Que a acusação se baseia em presunções; b) Que o acusado não tinha qualquer relação com a empresa Dunel; c) Que o acusado agiu à mando de José Janene, porém sem a intenção de ocultar qualquer dinheiro do ex-parlamentar; d) Que o acusado só participou das transferências realizadas por intermédio de Carlos Habib Chater; e) Que o acusado não tem responsabilidade sobre as transferências realizadas pela CSA; f) Que não há provas do crime de associação criminosa; g) Que não há provas da origem ilícita do dinheiro utilizado para pagamento da Dunel; h) Que o acusado celebrou acordo de colaboração premiada com o MPF e revelou todos os seus crimes; i) Que o acusado revelou fatos e provas relevantes para a justiça criminal; j) Que o acusado era um dos operadores do esquema de lavagem de dinheiro, mas não era um dos chefes; k) Que o esquema criminoso servia ao financiamento político de um projeto de poder; l) Que considerado o nível da colaboração do acusado, este, faz *jus* ao perdão judicial ou à aplicação da pena mínima.
Ediel Viana da Silva	a) Que o acusado era subordinado a Carlos Habib Chater e apenas cumpria as suas ordenes; b) Que não sabia da origem dos recursos que entravam e saiam do Posto Torre em Brasília;

	c) Que não há prova da associação criminosa ou mesmo de que o acusado tivesse ciência da natureza criminosa dos valores envolvidos nas transações; d) Que o acusado era gerente do Posto Torre e que a parte financeira era cuidada pelo próprio Carlos Habib Chater, com o auxílio de André Catão de Miranda; e) Que o acusado assinou os documentos falsos de empréstimo a pedido de Carlos Habib Chater; f) Que o acusado deve ser absolvido ou, em caso de condenação, lhe deve ser concedido o perdão judicial, haja vista a sua colaboração e elucidação com relação ao programa Sismoney.

Resumo da fundamentação da decisão:

a) Competência Territorial: debate exaurido pelos julgamentos das exceções de incompetência apresentadas nos autos, assim como pelo julgamento da 2ª Turma do STF, no sentido de reafirmar a competência do Juízo da 13ª VF de Curitiba/PF quando ausente autoridade com foro privilegiado, o que seria exatamente o caso dos autos, já que José Janene faleceu antes mesmo do julgamento da AP470 (item 45).

b) Nulidade procedimental (quebra de sigilo amparada em denúncia anônima e sem o esgotamento das instâncias ordinárias) e usurpação da Competência do STF: não haveria que se falar em nulidade procedimental quanto à quebra de sigilo bancário de Alberto Youssef e dos terceiros envolvidos porque a despeito da denúncia ter sido anônima, ela teria sido acompanhada de vasta documentação apta à comprovação de causa provável para a produção da prova; na época em que as quebras de sigilo foram determinadas, José Janene não detinha mais foro privilegiado, em razão de sua aposentadoria. Não haveria também qualquer conexão entre esta ação e a AP470, porque os crimes de lavagem pertinentes a essa ação não se comunicariam com o objeto da AP470, cuja decisão judicial de 09/02/2009 foi citada apenas para determinar a causa provável a justificar a quebra de sigilo (produção da prova)[18].

c) Nulidade da prova emprestada: a arguição de nulidade da prova emprestada pela defesa de Carlos Alberto Pereira da Costa não seria suficiente para ensejar uma análise acurada do Juízo, pois não se

18. Não existem maiores digressões sobre o assunto e nem uma explicação mais detalhada entre a diferenciação e o distanciamento existente entre os crimes de lavagem apontados pela AP470 e os crimes de lavagem de dinheiro concernentes à esta ação (item 54 da sentença).

referia diretamente qual prova pretendia questionar; os elementos probatórios emprestados ao presente caso, foram produzidos em observância ao contraditório na AP470 e são suscitados na presente ação penal apenas como prova da origem ilícita dos recursos lavados que são objeto desta ação.

d) Nulidade processual decorrente da oitiva de testemunhas antes do oferecimento de resposta à acusação: inexistiria nulidade, porque a antecipação da prova testemunhal, pautada no art. 225 do CPP e do depoimento de duas vítimas, visava a garantia da proteção das testemunhas e vítimas (ameaçadas), os réus já haviam sido citados, as testemunhas foram ouvidas em contraditório e não haveria qualquer prejuízo para a defesa (art. 563 do CPP).

e) Impossibilidade de utilização do depoimento de Ediel Viana da Silva, prestado em colaboração premiada: não se verifica essa impossibilidade porque o MPF não celebrou acordo de colaboração com Ediel Viana da Silva, que prestou depoimento depois de Carlos Habib Chater em audiência e, ao contrário do que defenderia a defesa, não citou o "Sistema Money" (sistema de contabilidade financeira utilizado pelo Posto Torre). A existência do sistema, como elemento de prova, foi suscitada pelo próprio Carlos Habib Chater, que teve direito à produção de prova, a qual foi renovada para ambas as partes (item 73). Não haveria que se falar em cerceamento de defesa já que, intimada para requerer o que lhe fosse conveniente, a defesa de Carlos Habib Chater nada apresentou. Não haveria que se falar em desconsideração das declarações prestadas por Ediel Viana da Silva, porque mesmo sem a realização do acordo de colaboração, o réu manifestou-se no sentido de confessar e colaborar, buscando os benefícios legais disso decorrentes.

f) Conforme consta da denúncia, os recursos investidos na Dunel Indústria e Comércio LTDA., teriam origem nas empresas CSA Project Finance Consultoria e Intermediação de Negócios Empresarial LTDA., controladas por José Janene; de modo que tais valores, seriam provenientes dos recursos desviados que foram objeto da AP470.

   f.1.) Em depoimento, Hermes Freitas Magnus e Maria Teodora Silva, que figuraram como sócios de fachada para o empreendimento, afirmaram que foram ameaçados de morte por José Janene, e que tiveram suas empresas envolvidas no esquema, mas que não faziam ideia de quem era José Janene, assim como da origem ilícita dos recursos investidos. Ambos afirmaram que se negaram a assinar um acordo de mútuo fraudulento, cujo intento seria dar ares de licitude para uma parte do dinheiro (itens 90 e 91);

f.2.) Em depoimento, Alan Siedman, que trabalhou como projetista na empresa afirmou que os investimentos partiram de José Janene e que o seu "primo" Meheidin Hussein e sua filha Danielle Janene ficaram à frente da gerência da empresa (Dunel);

f.3.) Em depoimento, Marcos Aurélio Alves, que trabalhou como vendedor externo na empresa Ferramentas Gerais, declarou que José Janene participou das negociações e que deu a última palavra na compra dos equipamentos/insumos para a Dunel, confirmou que viu José Janene várias vezes na empresa e que os valores devidos pelo maquinário foram realizados em vários depósitos em nome de terceiros (item 93);

Foram identificados inúmeros depósitos realizados na conta da Ferramentas Gerais, em datas e valores distintos, em espécie, mediante a utilização de um terminal bancário localizado na cidade de Brasília/DF, assim como por interpostas pessoas jurídicas; em um dos depósitos foi identificado que o depositante seria o Sr. Helton Rodrigo Gomes dos Santos (itens 94 e 96).

f.4.) Em depoimento, Helton Rodrigo Gomes dos Santos, que era funcionário da Angel Serviços Terceirizados LTDA., de titularidade do réu Ediel Viana, narrou que a empresa prestava serviços para o Posto da Torre, pertencente ao réu Carlos Habib Chater. Narrou, além disso, que recebia ordens deste e que o próprio Ediel Viana também era subordinado a ele. Confirmou a realização de todos os depósitos e afirmou que pensava que os valores se referissem a pagamentos de combustível (item 96).

Com relação à transferência eletrônica realizada em 08/07/2008, feita pela empresa Angel na conta da Ferramentas Gerais no valor de R$ 130.013,50 (cento e trinta mil e treze reais e cinquenta centavos), foi apresentado um contrato fraudulento, datado de 08/07/2008, cujo teor estabelecia que a empresa Angel teria emprestado exatamente esse valor para a empresa CSA e recebido a devolução em 20/10/2008. Tal contrato foi apresentado por Ediel Viana da Silva em seu interrogatório de inquérito (item 97).

OBS: Nesse ponto, faz-se a observação de que a realização contínua e estruturada de transações em espécie constituiria técnica própria do crime de lavagem de dinheiro, entretanto, não há uma vinculação entre essa afirmação e os elementos essenciais do crime, que também não são suscitados.

f.5.) Em depoimento, Carlos Alberto Pereira da Costa (sócio formal da CSA), confessou que participou da realização do negócio e que os valores investidos pertenciam a José Janene e confirmou que Alberto Youssef era responsável pelas transações, pois seria o administrador dos recursos de "caixa dois (02)" pertencentes a José Janene e não teria como justificar a origem do dinheiro (itens 114 e 115). Confirmou, também, a falsidade ideológica do contrato de mútuo firmado entre a CSA e a Angel Serviços (item 116) e a ciência de que o dinheiro seria proveniente de "empreiteiras" que deviam para José Janene (item 117).

Não há informação de que tenha sido oferecido qualquer prova documental apta a confirmar isto.

f.6.) Em depoimento, Alberto Youssef confessou os crimes, tendo em vista a celebração de acordo de colaboração premiada, de modo que admitiu ser o administrador dos recursos ilícitos de José Janene, cuja procedência seriam de fato criminosa, tendo sido o responsável pela estruturação das transações financeiras e depósitos que foram realizados por Carlos Habib Chater (itens 118 e 119); a despeito de sua participação nas transações, este último, não tinha ciência de que os valores seriam de titularidade de José Janene, conforme narrado por Alberto Youssef (item 120). Por fim, confessou também a fraude dos contratos de mútuo realizados entre a CSA e a Angel, a seu pedido (item 121).

<u>OBS</u>: A sentença não menciona nessa parte qual teria sido a prova de corroboração.

f.7.) Em depoimento, Ediel Viana da Silva também confessou a autoria dos crimes, afirmou que foi ele quem fez o depósito na conta da Ferramentas Gerais, entre outras transações bancárias, a pedido de Carlos Habib Chater, para quem trabalhava (item 122); afirmou, entretanto, desconhecer a procedência dos recursos, mas confirmou que conhecia Alberto Youssef e que fazia diversas transações para ele, assim como para "terceiros" (item 123). Admitiu a falsidade do contrato de mútuo (item 124), assim como a existência da contabilidade informal, realizada através do sistema "Money" e que, apesar de não conhecer José Janene, sabia que outro agente político (Pedro Silva Correia) frequentava o Posto Torre e retirava dinheiro "em espécie" frequentemente de lá (item 126).

f.8.) Em depoimento, Carlos Habib Chater confessou parcialmente a autoria dos crimes, assumindo que realizou os depósitos na conta da Ferramentas Gerais, mas que desconhecia o fato de que o beneficiário da transação seria José Janene e que, na realidade, o dinheiro seria pertinente ao pagamento de dívidas que possuía com Alberto Youssef (item 127). Confirmou ainda a existência do sistema "Money" de contabilidade no Posto Torre, assim como a fraude do contrato de mútuo firmado entre a CSA e a Angel (itens 128 e 129).

OBS: Embora Carlos Habib Chater tente justificar a procedência dos depósitos, o Juízo reputa como justificável apenas a transferência realizada da Angel para a CSA, em 08/07/2008, contudo, isto seria inconsistente com o recebido datado de 20/10/2008 (item 133).

Conclui, assim, que a autoria do crime de lavagem de dinheiro se encontra comprovada para todos os réus. Reputa, entretanto, que a despeito de Carlos Habib Chater ser o responsável direto pelos depósitos realizados em Brasília, teria sido comprovada acima de uma dúvida razoável a realização apenas dos depósitos feitos por Helton Gomes, Torre Comércio e Angel Serviços (item 137).

Tendo em vista que houve fracionamento dos depósitos realizados (técnica comum ao crime de lavagem de dinheiro) e que o espaço de tempo advindo entre as transações foi curto (dois meses), o Juízo reputou como uma única conduta para cada um dos réus (item 139).

g) A sentença passa à análise da prova relacionada à origem criminosa dos valores envolvidos nas ocultações e dissimulações (item 140).

- Do item 141 ao item 154: vê-se na fundamentação da sentença, uma digressão a respeito da utilização de prova indiciária no direito comparado, que é, simplesmente, idêntica à fundamentação existente do item 218 ao item 229 da sentença nº 07, assim como do item 216 ao item 224 na sentença de nº 09, com a única distinção relacionada ao crime que é colocado como passível de comprovação através de prova indiciária (crime de lavagem de dinheiro para as sentenças nº 09 e 17 e o crime de tráfico de drogas para a sentença nº 07). Não há qualquer diferenciação a respeito dos elementos de cada tipo penal e sua relação com o conteúdo de direito comparado suscitado pelas sentenças.
- No item 155: afirma-se que existem, nos autos, indícios robustos da origem ilícita dos recursos que foram objeto da lavagem de dinheiro, uma vez que tais valores pertenciam ao ex-deputado José Janene, que seria notoriamente um dos articuladores do esquema

de compra de votos no congresso nacional, cuja condenação na AP 470 não teria ocorrido apenas em razão do seu falecimento no curso do processo (itens 156 e 159).

São citados trechos do acórdão vinculado pelo MPF com a denúncia, cujo conteúdo denotaria a culpabilidade de José Janene naqueles autos. Nesse ponto, há que se considerar que, na realidade, no início do relatório do acórdão o Min. Joaquim Barbosa (relator do voto condutor em questão) deixa claro que não fará o exame de culpabilidade de José Janene em razão da extinção de sua punibilidade (morte).

g.1.) São suscitados pelo Juízo, os depoimentos prestados pelos réus, no sentido de que o dinheiro utilizado como investimento seria proveniente de recursos de José Janene e que, tais recursos, teriam como origem o pagamento de propina por parte de empreiteiras.

OBS: Admite o Juízo, nessa parte da sua fundamentação, que a prova com relação a essa ligação (pagamento ilícito realizado por empreiteira para José Janene) seria meramente circunstancial, pois na época das transações, a CSA teria recebido créditos significativos da Galvão Engenharia (cujos envolvidos responderiam em ação penal conexa pela ocorrência de crime de corrupção, lavagem de dinheiro e associação criminosa) – conforme itens 171 e 172. Aparentemente, há uma confusão entre a utilização de prova indiciária, prova circunstancial e prova direta ou indireta verificada acima de uma dúvida razoável.

g.2.) Afirma-se que pelo princípio da autonomia do crime de lavagem de dinheiro, não seria necessário comprovar os elementos e circunstâncias dos crimes de lavagem, sendo necessário apenas demonstrar a origem ilícita dos recursos (itens 176 e 177).

- Haveria, nos autos, provas indiciárias robustas, no sentido de que os recursos empregados no empreendimento de Londrina/PR, seriam os recursos que foram objeto de corrupção, por parte de José Janene, praticados conforme a descrição das condutas na AP470. O crime antecedente seria então o crime de corrupção daquela ação. O problema, repise-se, é que não foi analisada a extensão da culpabilidade de José Janene naquela ação. Poder-se-ia afirmar a existência de materialidade, mas a inexistência de uma conclusão com relação à culpabilidade no acórdão prolatado pelo STF, não permite afirmar a extensão de suas práticas, ou seja, não se sabe exatamente quais os valores que eram pertencentes exclusivamente a José Janene e que foram objeto de lavagem de dinheiro.

h) Passa-se à análise do dolo dos acusados quanto à lavagem de dinheiro, objeto dessa sentença.

h.1.) Reconhece-se o dolo direito de Alberto Youssef, que confessou a prática dos crimes e a consciência de que os valores seriam provenientes de crimes praticados por José Janene.

h.2.) Reconhece-se também o dolo direito de Carlos Alberto Pereira da Costa, que elaborou o contrato de mútuo fraudulento, cujo intento era esconder a participação de José Janene nos investimentos do empreendimento.

h.3.) Reconhece-se também o dolo direito19 de Carlos Habib Chater, que atuaria em conjunto com Alberto Youssef, ciente de todas as ilicitudes, o que teria sido comprovado – para além da confissão e depoimentos das partes – através de interceptação telefônica realizada (conversa entre Carlos Habib Chater e Alberto Youssef) onde este narra a existência de uma "operação" que teria sido alvo de diligência policial (Tal operação seria a Op. Miqueias, conduzida pela Polícia Federal, que teria culminado na prisão do doleiro Fayed Traboulsi).

h.4.) Reconhece-se, por fim, o dolo direto de Ediel Viana da Silva, que teria agido como subordinado de Carlos Habib Chater, o que, conforme a fundamentação do Juízo, teria implicações práticas na dosimetria da pena, mas não na análise pertinente à sua culpabilidade.

i) Com relação à tese de defesa suscitada por Carlos Habib Chater, no sentido de que não haveria a caracterização do crime de lavagem de dinheiro (objeto da sentença analisada), uma vez que os recursos da AP 470 já tinham sido objeto de uma lavagem de dinheiro prévia e já se encontravam "limpos" quando foram utilizados pelos réus no empreendimento de Londrina/PR, não podendo ser objeto de novo crime de lavagem de dinheiro, o Juízo ponderou que:

i.1.) A referência à AP 470 se dá como prova indireta da origem ilícita dos recursos, que, por seu grau de complexidade, não foram integralmente rastreados naquela ação penal;

i.2.) O fato de os valores terem sido objeto de lavagem de dinheiro anterior não teria o condão de torná-los "limpos" – de modo

19. Aqu,i o Juízo faz uma digressão com relação à teoria da cegueira deliberada e a impossibilidade de reconhecimento do dolo eventual (tese de defesa), tendo em vista que – ainda que se pudesse admitir que Carlos Habib Chater não sabia da titularidade dos recursos (pertencentes a José Janene), ele sabia da origem ilícita, já que operava com Alberto Youssef, em outros negócios ilegais.

que, os recursos empregados em questão, ainda que fossem submetidos a inúmeras lavagens, seriam sempre "sujos".

j) O crime de falsidade documental também restaria comprovado, mas deveria ser absorvido pelo crime de lavagem de dinheiro (item 223); o crime de utilização do documento falso, contudo, restaria comprovado e representaria um desígnio autônomo do réu Ediel Viana da Silva, no sentido de enganar as autoridades policiais, anos após a ocorrência do crime de lavagem de dinheiro, de forma que apenas este réu deveria responder por sua materialidade e autoria (item 225).

k) Não teria restado comprovada a associação criminosa entre os acusados (item 227), assim como não teria restado comprovada a existência de apropriação indébita e estelionato por parte de Alberto Youssef e Carlos Alberto Pereira da Costa (item 233), tendo sido ambos absolvidos da imputação realizada pelo MPF no sentido de que teriam agido, após o crime de lavagem de dinheiro, em conjunto, para apropriar-se do empreendimento em Londrina/PR e prejudicar os demais sócios (Hermes Freitas Magnus e Maria Teodora Silva), inclusive com a utilização de lide trabalhista simulada.

OBS: Interessante notar, nesse ponto, que apesar de terem sido absolvidos dessa imputação (apropriação e estelionato), os réus foram condenados a indenizar civilmente os antigos sócios do empreendimento, Hermes Freitas Magnus e Maria Teodora Silva, por terem sido reconhecidas as suas responsabilidades indiretas nos danos experimentados por estes últimos, cuja ocorrência se deu em razão do crime de lavagem de dinheiro (itens 242 e 244).

l) A conclusão da sentença com relação ao crime de associação criminosa é no sentido de absolver os réus por ausência de provas; absolver também Alberto Youssef e Carlos Alberto Pereira da Costa da imputação de apropriação indébita e estelionato, assim como Carlos Habib Chater e Carlos Alberto Pereira da Costa, do crime de uso de documento falso. No que diz respeito ao crime de lavagem de dinheiro, todos os réus foram condenados, de modo que Ediel Viana da Silva foi também condenado pelo crime de uso de documento ideologicamente falso.

A dosimetria de pena não faz parte do objeto de pesquisa do presente trabalho, razão pela qual não será descrita neste estudo e relatório.

EDITORA
*Jus*PODIVM
www.editorajuspodivm.com.br

JUS2743